60,00

# Figuras da teoria
# PSICANALÍTICA

RENATO MEZAN

# Figuras da teoria
# PSICANALÍTICA

Casa do Psicólogo®

© 2010 Casapsi Livraria e Editora Ltda.
É proibida a reprodução total ou parcial desta publicação, para qualquer finalidade,
sem autorização por escrito dos editores.

**2ª Edição**
*2010*

**Editores**
*Ingo Bernd Güntert e Juliana de Villemor A. Güntert*

**Assistente Editorial**
*Aparecida Ferraz da Silva*

**Capa**
*Carla Vogel*

**Foto da Capa**
*Orlov Mihail Anatolevich*

**Projeto Gráfico & Editoração Eletrônica**
*Sergio Gzeschenik*

**Produção Gráfica**
*Fabio Alves Melo*

**Preparação de Original e Revisão**
*Jerome Vonk*

**Dados Internacionais de Catalogação na Publicação (CIP)**
**(Câmara Brasileira do Livro, SP, Brasil)**

Mezan, Renato
    Figuras da teoria psicanalítica / Renato Mezan. -- 2. ed. -- São Paulo :
Casa do Psicólogo®, 2010.

ISBN 978-85-62553-11-0

1. Psicanálise I. Título.

10-03347                                                          CDD-150.195

**Índices para catálogo sistemático:**
1. Psicanálise : Teorias : Psicologia  150.195
2. Teorias psicanalíticas : Psicologia  150.195

**Impresso no Brasil**
*Printed in Brazil*

Reservados todos os direitos de publicação em língua portuguesa à

**Casapsi Livraria e Editora Ltda.**
Rua Santo Antônio, 1010
Jardim México • CEP 13253-400
Itatiba/SP – Brasil
Tel. Fax: (11) 4524.6997
www.casadopsicologo.com.br

*Para Yvoty,*
*Francisco e*
*Eleonora*

# SUMÁRIO

Prefácio à primeira edição ........................................... 9

Nota para a segunda edição ......................................... 15

## PARTE I - ESTUDOS

As filhas dos filisteus: um lapso de Freud ..................... 21

A história de David ...................................... 23

Uma identificação passageira .......................... 28

Terra e feminino ......................................... 35

Da capo ..................................................... 37

"As filhas", dezessete anos depois ........................ 41

Metapsicologia/Fantasia .................................... 51

A feiticeira .................................................. 53

Pulsão x sedução? ......................................... 64

As duas faces da metapsicologia ....................... 76

Três concepções do originário: Stein, Le Guen, Laplanche.. 83

A situação analítica como estrutura antropofântica ....... 87

Uma nova visão do complexo de Édipo ................ 93

A dialética: entrelaçamento do real e do saber ......... 98

Onde situar o originário? ............................... 106

A necessidade estrutural da sedução .................. 113

Os alfaiates, o rei e o castelo psicanalítico .......... 124

7

## PARTE II - LEITURAS

Sobre a Psicanálise e o psicanalista ............................ 133

Caleidoscópio ................................................................ 183

Homenagem a Conrad Stein .......................................... 227

Narciso e seus espelhos ................................................ 241

Sete sugestões para quem escreve ................................ 265

Narração e argumentação no *Homem dos Ratos* ......... 266

Singularidade e generalidade ....................................... 273

Persuasão e público imaginário .................................... 275

Até onde é necessário fundamentar nosso argumento? ........ 276

Dialética do narrativo e do teórico ............................... 279

Os círculos concêntricos ............................................... 282

A direção do texto ......................................................... 289

*Da capo* ....................................................................... 295

NOTA SOBRE A ORIGEM DOS TEXTOS ........... 297

ÍNDICE DE OBRAS CITADAS ............................ 299

ÍNDICE REMISSIVO ............................................ 307

# PREFÁCIO À
# PRIMEIRA EDIÇÃO[1]

O título *Figuras da Teoria Psicanalítica* pode soar um tanto estranho; uma palavra, então, sobre as razões que me levam a escolhê-lo.

Os elementos de base a partir dos quais se elabora uma teoria são os conceitos; estes, por sua vez, referem-se, sob a forma da generalidade, a fenômenos ou a processos que têm algo em comum, discernível em cada ocorrência singular por um procedimento de abstração, que precisamente afasta o que é incomensurável e extrai de uma multiplicidade o fator invariante. A teoria psicanalítica não se desvia desta característica universal: em diferentes níveis de distanciamento da experiência, os conceitos por ela articulados denotam aspectos relevantes do seu campo de referência, o funcionamento psíquico do ser humano tal como aparece à luz da situação analítica. É o caso quer de noções abrangentes, como "transferência" ou "inconsciente", quer de outros cuja esfera de sentido é mais restrita, como "neurose obsessiva" ou "fase oral".

Ocorre que os conceitos não têm apenas uma função denotativa; a Psicanálise nos ensina que a vida psíquica contém

---

[1] Retomo aqui, com pequenas alterações, o prefácio da primeira edição deste livro: Editora Escuta, 1995. Mais adiante se poderá ler a apresentação para a segunda, que o leitor tem em mãos.

uma rica textura de fantasias, e que essas fantasias possuem uma *dimensão plástica*. O processo primário opera sobre fragmentos de imagens, recompondo-as e organizando-as de modo a que formem "cenas", isto é, situações nas quais personagens interagem, opõem-se, fazem coisas uns aos outros. Nossos sonhos de todas as noites o mostram com clareza. A hipótese que proponho é que, sob a dimensão abstrata dos conceitos, sujeita às regras do pensamento racional – que a Psicanálise designa como "processo secundário"– continua a pulsar o lado plástico, sensorial, cênico, que ancora as produções do secundário no terreno movediço do processo primário.

Afastemos de imediato um possível mal-entendido: não se trata de confundir os planos e de reduzir conceitos a fantasias; muito menos de, ao investigar o substrato imagético deles, insinuar uma psicanálise selvagem dos seus inventores. Quero apenas, por meio de alguns estudos preliminares, verificar se aquela hipótese se sustenta: se é possível resgatar a dimensão figural que, a meu ver, habita mesmo as mais rarefeitas abstrações da teoria.

E isto porque um dos eixos que dão origem aos conceitos analíticos é a atividade do psicanalista em seu trabalho clínico. Ora, sabemos que esta atividade – que tem por condição a atenção equiflutuante e por resultado a formulação da interpretação – oscila entre os processos primário e secundário. Escutando um paciente, o analista se deixa levar por suas associações, impregna-se com fragmentos do já ouvido, é conduzido por ligações entre palavras ou entre imagens que pertencem ao seu próprio universo mental. É deste magma de representações, cujo vínculo com o conteúdo manifesto do que está ouvindo é no mais das vezes pouco evidente, que surge a interpretação, um pouco como o cogumelo brotando do micélio a que Freud se referia para ilustrar a relação entre o conteúdo latente e o conteúdo manifesto do sonho.

Prefácio à primeira edição

É evidente que *interpretar* não significa comunicar ao paciente o novelo de associações que sua fala suscitou ao analista; há uma depuração, um momento de "secundarização" do imaginado que corresponde ao exercício da capacidade de julgamento, quando comparamos o que ouvimos e o que pretendemos dizer, a fim de ponderar sobre a oportunidade e a adequação de dizê-lo *desta* maneira e *neste* momento. Mas isso não impede que a linguagem da interpretação comporte um denso espectro de imagens, mais ou menos concentradas ou subentendidas, mais ou menos explícitas, mais ou menos próximas da trama de que a interpretação é um nó ou um condensado.

A interpretação não é o conceito, quando mais não fosse porque se refere por essência à singularidade do paciente e do momento vivido pelos protagonistas da situação analítica. Mas, se faz algum sentido supor que a construção da teoria se enraíza *também* na experiência clínica, é preciso admitir que a formulação dos conceitos terá como um de seus suportes o prolongamento, a generalização, a abstração, o contraste, ou outro movimento de pensamento que tenha relação com as interpretações oferecidas em sessão. É sobre este suporte – que, repito, não é o único esteio da teorização, mas me parece de extrema importância – que desejo chamar a atenção nos estudos que se seguem.

Soma-se a isso o fato de que, além e fora das sessões, o analista dispõe, como qualquer pessoa, de um repertório próprio de imagens e de fantasias. Talvez até disponha dele em grau mais intenso do que outros, em virtude de uma maior permeabilidade entre o inconsciente e o pré-consciente (resultado esperável de sua análise pessoal), e da constante solicitação à qual aquele é submetido durante suas horas de trabalho. Seu pensamento teórico estará neste caso *mais*, e não *menos*, habitado, enriquecido e colorido pelo processo primário. A meu ver, isso está longe de ser um defeito, como se vê pelas metáforas que acabo de empregar. E é neste sentido que a expressão "figuras da teoria analítica" ganha uma potencialidade conceitual, para além do seu halo evocativo e expressivo.

Apresento aqui quatro estudos nos quais, de alguma forma, essa questão está presente como pano de fundo, e em que ela própria se torna ocasionalmente a *Gestalt*. O primeiro, "As filhas dos filisteus", parte de um lapso de Freud assinalado por Strachey na *Standard Edition*, e que – até onde sei – não foi ainda explorado pela insaciável curiosidade dos analistas quanto ao inconsciente do seu ancestral comum[2]. Repito que não pretendo oferecer nenhuma interpretação estrambótica dos "complexos" de Freud, mas somente assinalar uma circunstância na qual, ao que tudo indica, o pensamento teorizante (no caso, Freud argumenta contra a sua "teoria de sedução" na famosa carta 69 a W. Fliess) esteve por um momento entrelaçado com elementos de um repertório imagético do qual se sabe muito. O ensaio explora a possibilidade de que tenha ocorrido, então, uma momentânea identificação dele com o rei David.

"Metapsicologia/Fantasia" explora uma indicação de Monique Schneider a respeito de outro tópico, em aparência dos mais abstrusos: a teoria das pulsões, que – não por acaso – se situa no prolongamento do assunto a respeito do qual surgiu o *lapsus calami* estudado no primeiro artigo. A partir de um parágrafo de *Análise terminável e interminável*, evidencia-se a pressão que o processo primário pode exercer sobre o secundário, originando um movimento teórico claramente impelido por um impulso proveniente do subsolo de imagens e de figuras.

---

[2]   Haim Yerushalmi, historiador da Columbia University, referiu-se a este lapso em *Judaísmo terminável e interminável*, Rio de Janeiro, Imago, 1992; quanto aos analistas, continuam em silêncio...

Prefácio à primeira edição

Utilizando para outros fins uma ideia de Pierre Fédida, pode-se falar aqui de "policenia" da linguagem – no caso, a linguagem reflexiva, em Freud sempre tão rica e tão vibrante.

"Sobre a Psicanálise e o psicanalista", composto por reelaborações de algumas resenhas de livros, coloca o problema do papel do outro – no caso, o outro psicanalista, no mais das vezes – na composição do acervo de imagens e de temas que, a meu ver, cada analista preserva no seu pré-consciente, e do qual se serve de modo mais ou menos imediato em seu trabalho clínico. Quis neste artigo retomar um diálogo, que sempre me parece fecundo, com estudos que tive oportunidade de ler nos últimos anos, e que me motivaram a deles dar notícia em revistas e jornais.

Por fim, "Três concepções do originário: Stein, Le Guen, Laplanche" focaliza, sob um prisma específico, a obra destes autores, contrapondo-os quanto ao problema do originário. Por natureza, essa parte da teoria analítica é especialmente permeável ao figural, já que do originário não se pode ter experiência direta: dele só se pode falar por metáforas, por imagens evocadoras – ainda que "o originário" seja um conceito. A própria noção de "cena originária" implica essa dimensão plástica, assim como "fantasia originária", "Édipo originário", "sedução originária" e outras mais.

Destes quatro trabalhos, os dois primeiros são reimpressões de artigos publicados em 1988 e 1989, já difíceis de encontrar. O terceiro incorpora, numa nova textura, diversos artigos pequenos e os faz dialogar entre si, respondendo-se mutuamente. O quarto, inédito em português, foi traduzido por Mônica Magalhães Seincman, a quem agradeço por sua versão correta e agradável de ler.

A Silmara dos Reis e Angela Maria Vitório, que datilografaram cuidadosamente os originais, cabe um agradecimento especial. E a você, leitor, para quem foram escritos estes ensaios, quero expressar meu desejo de que eles possam servir como estímulo para a composição de novas figuras – da teoria psicanalítica, ou do que for.

São Paulo, fevereiro de 1995

# NOTA PARA A SEGUNDA EDIÇÃO

Quinze anos se passaram desde a publicação deste livro; esgotado há muito tempo, ele agora vem à luz pela Casa do Psicólogo, num formato bastante diferente do original. Os quatro textos que o compunham foram extensamente revisados, e receberam algumas notas de atualização; acrescentei cinco outros que de um modo ou de outro se conectam com a ideia central da coletânea, a saber, que os conceitos da teoria psicanalítica comportam uma face "figural", cujos rastros é possível perceber nos textos a que dão origem.

"'As Filhas', dezessete anos depois" surgiu de uma solicitação da revista *Percurso*: para comemorar o vigésimo aniversário do Departamento de Psicanálise do Instituto Sedes Sapientiae, o Conselho Editorial pediu aos que escreveram no número 1 que comentassem seus textos com a perspectiva que só a distância pode permitir. Embora não seja comum revisitar por escrito algo que nós mesmos escrevemos, a experiência se mostrou útil para evidenciar alguns dos processos graças aos quais se constrói um texto analítico, assunto que me interessa sobremaneira e ao qual retorno de tempos em tempos.

"Caleidoscópio" e "Narciso e seus espelhos" tomam a questão da figura por um outro vértice. O primeiro reúne trinta e uma breves apresentações redigidas para livros de colegas e orientandos; o segundo, cinco prefácios para obras que em algum momento do seu trajeto abordam esta ou aquela faceta do narcisismo. O termo "figuras" se refere aqui aos desenhos que os conceitos vão formando ao serem trançados uns com os outros na tapeçaria de uma investigação. Tomados em conjunto, os trabalhos para os quais quis chamar a atenção oferecem uma visão da Psicanálise em nosso país que, embora necessariamente parcial, a mim parece demonstrar sua impressionante vitalidade.

"Homenagem a Conrad Stein", até agora inédito em português, foi publicado com o título de "Traces durables d'une rencontre" no número especial de *Cliniques Méditerrannéenes* destinado a comemorar os setenta anos do meu professor. A versão brasileira, ampliada, incorpora os prefácios para os dois livros dele disponíveis em nossa língua. O pensamento de Stein me parece ainda hoje tão original e instigante como quando tomei contato com ele pela primeira vez; quis apresentá-lo a uma nova geração de leitores, que, espero, sentir-se-ão estimulados por sua peculiar mescla de sagacidade clínica e ousadia teórica.

Por fim, "Sete sugestões para quem escreve" remaneja algumas aulas dadas no Programa de Estudos de Pós-Graduação em Psicologia Clínica da PUC/SP. Se os artigos anteriores buscam desvendar o figural em textos já "prontos", este abre um pouco a porta da cozinha e mostra algumas técnicas que costumo recomendar aos alunos para construir um texto, ilustrando-as com o processo de elaboração de uma leitura de *A piada e sua relação com o inconsciente*.

A Angela Maria Vitório, que decifrou meus manuscritos e com sua habitual competência digitou todo o material, meus sinceros agradecimentos; aos alunos e colegas cujos trabalhos me permitiram essas viagens pelo imaginário analítico, um "muito obrigado" por as terem tornado possíveis.

São Paulo, novembro de 2009

*Hâtez-vous lentement, ne perdez pas courage:*
*Cent fois sur le métier remettez votre ouvrage[3].*

Boileau, *L'Art Poétique*

---

[3] Vai com pressa lenta, não perde a coragem:
Cem vezes no tear repõe teu trabalho.

# Parte I
## Estudos

# AS FILHAS DOS FILISTEUS: UM LAPSO DE FREUD

Poucos textos de Freud são tão famosos quanto a carta 69 a Fliess, na qual anuncia ter abandonado a sua *neurotica*. Após enumerar os motivos pelos quais a viga mestra desta teoria – a ideia de que a neurose seria provocada pelas ações sexualmente perversas do pai sobre a filha – precisa ser descartada, Freud comenta que não se sente nem deprimido, nem confuso, mas, ao contrário, orgulhoso por ser capaz de se autocriticar de modo tão radical. E prossegue:

> Também é digno de nota que não tenha havido qualquer sentimento de vergonha, para o que, afinal, esta poderia ser a ocasião. Certamente, não vou contar isso em Dan nem publicá-lo em Ashkelon, na terra dos filisteus. Mas, *inter nos,* tenho mais a sensação de um triunfo que de uma derrota, por inadequado que isso possa parecer[1].

James Strachey assinala que a referência bíblica está equivocada, e menciona o texto do qual, com toda a certeza, Freud se

---

[1] Carta 69 a Fliess, 21.9.1897, in *Obras Completas*, Madrid, Biblioteca Nueva, 1973, p. 3580. (A edição espanhola de Freud será designada pela sigla B.N.; o texto alemão da *Studienausgabe* – Frankfurt, Fischer Verlag, 1975 – pela sigla S.A.).

FIGURAS DA TEORIA PSICANALÍTICA

lembrou neste momento[2]. Trata-se de um versículo do segundo livro de Samuel, cujo enunciado é o seguinte: "*Al tagídu beGát, al tevassrú behutzót Ashkelón, pen tismákhna bnot haplishtim, pen taalózna bnot hearelím*", e que pode ser traduzido como: "Não o digais em Gat nem o anuncieis nos arredores de Ashkelon, para que não se alegrem as filhas dos filisteus, para que não se regozijem as filhas dos incircuncisos".

Lembrança truncada, como se vê, e não apenas truncada, mas submetida a uma elaboração secundária: Freud substitui as filhas dos incircuncisos pela terra dos filisteus, coloca Dan no lugar de Gat, e redige toda a frase na primeira pessoa do singular, eliminando a figura dos destinatários a quem se endereça a apóstrofe bíblica. Qual poderia ser o sentido dessas alterações?

Em relação ao contexto histórico-cultural, o termo "filisteus" não coloca problemas: é nítido o emprego que dele faz Freud. Era comum, nos meios acadêmicos alemães, referir-se com este epíteto aos burgueses tacanhos: "filisteus" são aqueles que recusam a liberdade de pensamento e de costumes, nada compreendem da arte ou da literatura, caracterizam-se pela baixeza de sentimentos e pela estreiteza de ideias. Na primeira de suas *Considerações extemporâneas*, Nietzsche se refere ao crítico David Strauss como "filisteu da cultura" (*Bildungsphilister*)[3].

Além de fazer parte do acervo cultural da época, a palavra é empregada por Freud, com este sentido, pelo menos uma

---

[2] *Edição Standard Brasileira*, 2ª ed., Rio de Janeiro, Imago, 1987, vol. I, p. 281. Um primeiro comentário desta passagem encontra-se na nota 62 do segundo capítulo de *Freud, Pensador da Cultura*, São Paulo, Companhia das Letras, 2005, p. 223.

[3] Comentando este artigo de Nietzsche, Charles Andler cita alguns exemplos cômicos do que era a atitude dos filisteus perante a cultura, tomados de escritos de Heine e de Franz Brentano. Freud estava familiarizado com as obras destes autores, um dos quais foi seu professor de Filosofia. Cf. Andler, *Nietzsche, sa vie et sa pensée*, Paris, Gallimard, 1958, vol. I, p. 501.

As filhas dos filisteus: um lapso de Freud

vez, na carta 29 a Martha[4]. Na que escreve ao amigo berlinense, os filisteus são claramente os adversários das ideias psicanalíticas, os hipócritas a quem choca a teoria da etiologia sexual das neuroses, e que não deixariam de aproveitar a ocasião para ridicularizá-lo por ter proposto e defendido uma teoria errada. Compreende-se que Freud se sentisse próximo dos criadores em guerra com a sociedade burguesa, e que não tivesse pressa de divulgar aos quatro ventos que havia necessitado abjurar sua crença na hipótese da sedução.

Tudo seria muito simples se, na carta a Fliess, ele tivesse se limitado a usar o termo "filisteu" em seu sentido corrente e metafórico, como o faz na enviada à noiva. Mas por que precisou acrescentar a referência às cidades principais dos filisteus bíblicos? Por que quis associar os filisteus modernos aos incircuncisos do Livro de Samuel? Por que acabou por suprimir da citação obscuramente presente em seu espírito a alegria sacrílega das filhas deles? Minha hipótese é que estamos diante de um lapso em regra da parte de Freud, que, salvo engano meu, ainda não foi reconhecido como tal. Será possível interpretá-lo?

## A história de David

Voltemo-nos para o relato da Bíblia, a fim de situar a frase em seu contexto. Trata-se de um fragmento da ode composta por David em honra do rei Saul e de seu filho Jônatas, cujas mortes acabam de lhe serem anunciadas: rasgando as vestes em sinal de luto, lamenta em termos comoventes a queda dos dois

---

[4] "Sentei-me em meio aos filisteus de Leipzig, escutando o que diziam e contemplando a expressão de seus rostos. Espalham seus ideais como manteiga sobre o pão, sem se sentirem mais concernidos por eles do que nossos próprios filisteus." (Carta 29 a Martha, 16.12.1883, in *Epistolario I*, Barcelona, Plaza y Janet, 1974).

23

FIGURAS DA TEORIA PSICANALÍTICA

heróis. Mas o leitor que tivesse acompanhado as vicissitudes do relacionamento entre David e Saul ficaria surpreso com a tristeza e a dor manifestadas no poema: pois nada menos pacífico que a convivência entre os dois primeiros reis de Israel.

Ameaçadas pela invasão dos filisteus no século XI a. C., as tribos hebraicas abandonam o regime federativo em que até então haviam coexistido, e exigem do profeta Samuel que lhes nomeie um rei. A escolha divina recai sobre Saul, homem forte e corajoso, porém psiquicamente frágil. Confrontado à poderosa personalidade de Samuel, cuja ascendência sobre os hebreus é reforçada pela função de porta-voz da divindade, Saul sucumbe logo ao primeiro embate, motivado pelo não cumprimento de uma ordem cruel (aniquilar até o último dos amalequitas).

A cólera de Samuel mergulha Saul numa profunda melancolia: a Bíblia diz que "o espírito maligno do Senhor se apoderou dele", e seus conselheiros recomendam que, para se distrair, faça vir um harpista. Já ungido secretamente como sucessor de Saul, mas sem que este saiba nada a respeito, o adolescente David é convocado para a função de terapeuta do rei. Mas eis que os filisteus voltam a atacar, e, num lance de audácia, o jovem músico desafia e mata o gigante Golias. As mulheres de Israel festejam a façanha com um cântico: "Saul golpeou mil, mas David golpeou dez mil". O fato dá lugar a uma crise de ciúmes do rei, que tenta matar aquele a quem já percebe como um rival perigoso (isto se repetirá várias vezes ao longo da história), e a ponderações de Jônatas, seu filho, que se tornara amigo inseparável de David.

Como se não bastassem o talento musical e a glória militar, David ainda é cortejado pelas mulheres, entre as quais Mihal, filha de Saul. Para dá-la como esposa ao jovem, este exige "cem prepúcios de filisteus" (I Sam, 18:25), na expectativa de que ele morresse combatendo os invasores. Galhardamente, David traz duzentos prepúcios (18:27), e casa-se com Mihal, tornando-se assim genro do monarca. A história prossegue com

As filhas dos filisteus: um lapso de Freud

Saul mergulhando cada vez mais em depressão e manifestando sintomas mais e mais preocupantes, até que, vencido na batalha de Guilead, suicida-se junto ao corpo do filho, que também perecera naquele combate.

É neste momento que, ao tomar conhecimento dos fatos, David compõe a ode fúnebre da qual Freud se recordou ao escrever a Fliess. A história de David ocupa todo o segundo livro de Samuel, e ressaltarei aqui alguns dos seus episódios mais marcantes. Uma prolongada luta com a "casa de Saul" precede a confirmação de sua autoridade sobre as tribos de Israel; há resistência por parte de Abner, o general de Saul, que empossa no trono real a Ishbóshet, outro filho do monarca falecido. Abner é morto por Joab, o general de David, e Ishbóshet é assassinado em sua cama por dois indivíduos, que vão em seguida comunicar seu feito ao novo rei.

Para que ninguém pense que tal crime tenha sido cometido sob sua inspiração, David manda executá-los. Da mesma forma, pranteia Abner, escreve outra ode fúnebre em sua homenagem, e acompanha pessoalmente o enterro do ex-adversário. Havia, aliás, mandado matar o "mancebo amalequita" que lhe trouxera a notícia da morte de Saul: pretendendo captar suas boas graças, o jovem mentira, dizendo que o próprio rei lhe havia pedido que enterrasse a espada no seu peito.

A insistência com que David age no sentido de afastar qualquer suspeita de que fosse responsável por estas oportunas mortes – oportunas, porque objetivamente favorecem sua política – não deixa de suscitar o interesse do leitor, tanto mais que elas envolvem substitutos do pai ou rivais equivalentes.

Para os propósitos deste trabalho, dois outros momentos da saga de David merecem atenção. O primeiro concerne a Batsheva, bela mulher do oficial Urias, que vê no banho e por quem se apaixona perdidamente. Urias é enviado à batalha portando uma carta que é sua sentença de morte: nela, o rei ordena a

25

FIGURAS DA TEORIA PSICANALÍTICA

Joab que o coloque na linha de frente, exposto ao máximo perigo. Morto Urias, David possui Batsheva, e o escândalo provoca uma áspera reprimenda do profeta Natan (II Sam., cap. 11 e 12).

O segundo se refere a Absalão, filho de David, personagem de uma tenebrosa história na qual mata à traição seu meio-irmão Amnon, rebela-se contra o pai – que precisa fugir precipitadamente de Jerusalém –, dorme em público com as concubinas que David deixara no palácio, e termina morto pelo fiel Joab, quando, batendo em retirada, sua cabeleira se enrosca numa árvore e o general o alcança. Apesar do caráter violento do filho, David chora sentidamente a sua morte, e mais uma vez o vemos acompanhando o enterro de um homem que o ameaçara em sua vida e em seu poder. O resto do texto, que não focalizaremos, descreve as conquistas militares de David, as bênçãos que Deus lhe proporciona, sua velhice tranquila, e sua morte nos braços da jovem Abigail.

Este breve resumo da narrativa bíblica dá o que pensar. Uma história movimentada, certamente, e que não deixou de impressionar o menino Sigmund quando a leu na Bíblia de Philippsohn, presente de seu pai por ocasião do seu sétimo aniversário. Salvo engano, a única menção explícita de Freud ao rei David encontra-se no segundo ensaio de *O homem Moisés e a religião monoteísta*, no início da seção 6, mas ela é suficiente para provar que Freud conhecia estes episódios:

> Com toda a probabilidade, a história do rei David e de sua época é obra de um contemporâneo. É propriamente um relato histórico, cinco séculos antes de Heródoto, o Pai da História. Aproximamo-nos da compreensão dessa obra se, de acordo com nossa hipótese, pensarmos numa influência egípcia[5].

---

[5] *Moisés...*, II, 6. Cf. *Studienausgabe*, S.A. IX, p. 492; B.N. III, p. 3264.

26

A passagem testemunha familiaridade com os livros de Samuel, mas não deixa de ser intrigante a associação com a "influência egípcia", tanto mais que a sequência do texto fala dos escribas da época de Moisés, os quais teriam algo a ver com a invenção do primeiro alfabeto (usualmente atribuída aos fenícios). A escrita alfabética teria sido criada para substituir os hieróglifos, cuja natureza figurativa se chocava com a proibição de reproduzir imagens imposta por Jeová.

O que teria David a ver com os egípcios? Historicamente, nada: seus inimigos são os filisteus e outros povos que habitavam a terra de Israel, e em momento algum o Egito figura em sua detalhada biografia. O vínculo entre ambos só pode provir de uma relação estabelecida pelo próprio Freud. Com efeito, nas associações sobre o sonho "Mãe querida e personagens com bico de pássaro", Freud se refere a uma ilustração da Bíblia de Philippsohn que representa um féretro egípcio.

Devemos à perseverança de Alexander Grinstein a identificação desta estampa: efetivamente, nela figuram dois personagens trajados à moda do Nilo, e um terceiro deitado num catafalco. O espantoso é o fato de o rabino Philippsohn colocar esta imagem (reproduzida de uma tumba egípcia) como ilustração *para a passagem em que o narrador bíblico descreve a reação de David à morte de Abner*: "rasgou suas vestes, pôs cinza na cabeça e foi atrás do caixão" (II Sam. 3:31)[6]. A imagem reaparece no sonho analisado na *Traumdeutung*, que Freud data de seus sete ou oito anos[7]; mas o texto que ela ilustra na Bíblia dada por seu pai permaneceu gravado em sua memória, para ressurgir quando da redação do *Moisés*. Nessa obra, tal reminiscência se inscreve numa cadeia de associações muito particular, da qual direi algumas palavras mais adiante.

---

[6] Cf. Alexander Grinstein, *Los Sueños de Sigmund Freud*, México, Siglo Veintiuno, 1981, p. 397 ss.

[7] A *Interpretação dos Sonhos*, cap. VII, seção D: S.A. II, p. 555; B.N. I, p. 699.

## Uma identificação passageira

Tendo estabelecido o conhecimento efetivo da história por parte de Freud – que a citação truncada da carta 69 deixava entrever, mas não era suficiente para provar – posso adiantar o argumento central deste trabalho. Parece-me que, escrevendo a Fliess em setembro de 1897, Freud estava sob o efeito de uma identificação constituída naquele momento, porém proveniente de um conteúdo psíquico intensamente reprimido na época de sua infância. Este conteúdo encontra pontos de apoio nos momentos cruciais da biografia de David, e acredito ser possível chegar à mesma conclusão tanto partindo do relato bíblico quanto examinando com mais vagar o texto e o contexto da carta 69. Este segundo caminho é mais conforme ao método psicanalítico; sigamo-lo, então.

O que faz Freud nesta carta? Como muitos comentadores já notaram, a renúncia à hipótese da sedução implica inocentar o pai da responsabilidade pela histeria de sua prole. Para minha finalidade atual, não é relevante que tal renúncia não seja completa, que o *tema* da sedução (que não é a mesma coisa que a *teoria* da sedução) continue presente na obra de Freud[8]. O que importa é o interesse dele pelos pais e pelos chefes assassinados (além de Saul no caso que estamos examinando, recorde-se entre outros o exemplo de Júlio César, que ocupa lugar tão eminente em seus sonhos e fantasias[9]), e o fato de que, longe de se sentir deprimido ou envergonhado porque sua teoria se revelara insustentável, é um sentimento de *triunfo* que experimenta nessa ocasião. A menção a tal sentimento emoldura, antes e depois, a lembrança do trecho bíblico; parece plausível supor que tenha

---

[8] Cf. J. Laplanche, *Teoria da Sedução Generalizada*, Porto Alegre, Artes Médicas, 1988; e L. R. Monzani, "Sedução e Fantasma", *Manuscrito* VII/1-2, Campinas, Unicamp, 1984.

[9] Cf. Wladimir Granoff, *Filiations*, Paris, Minuit, 1975, p. 297 ss.

As filhas dos filisteus: um lapso de Freud

alguma relação com ele, relação a ser precisada através de uma leitura do contexto e de uma interpretação das significações latentes que tal leitura nos sugere.

"Não o direi em Dan nem o anunciarei em Ashkelon, na terra dos filisteus": há três equívocos nesta sentença. O primeiro consiste em colocar Dan no lugar do Gat original; o segundo, na omissão das "filhas dos incircuncisos"; o terceiro, na substituição delas pela "terra". Vamos então por partes, começando pela troca dos nomes.

O verso de David parece ter-se transformado, já na época bíblica, numa frase feita; encontramo-lo por exemplo no livro de Miquéias, que viveu muito depois, no século VIII a. C. Apostrofando Jerusalém e Samaria por seus pecados, o profeta compara estas cidades a duas prostitutas (lugar comum na retórica profética), e anuncia sua destruição iminente. E acrescenta (Miq. 1:10): *BeGat al tagidu*, "não o digais em Gat, nem choreis muito...". Como os filisteus haviam deixado de ser um perigo real há pelo menos três séculos, deduz-se que "anunciar em Gat" tinha tomado a significação de "trair um segredo" a inimigos que se alegrariam com o infortúnio em questão. O sentido imediato do verso adapta-se com toda a evidência ao propósito manifesto de Freud, que consiste em não oferecer a seus adversários armas para o atacar.

Mas por que *Dan* e não *Gat*? Tudo indica que aqui se operou uma condensação: a leitura do capítulo 3 do Segundo Livro de Samuel (o mesmo ilustrado pela gravura representando o catafalco egípcio, a propósito do enterro de Abner) mostra que o nome Dan figura num contexto muito próximo ao que tanto impressionou Freud quando criança. O filho de Saul, Ishbóshet, recrimina Abner por ter tido relações com uma concubina do falecido rei; ele se irrita com o rapaz, e lhe diz que Deus transferiu "o reino da casa de Saul, e levantou o trono de David sobre Israel e sobre Judá, *desde Dan até Beersheva*" (II Sam. 3:10). Dan e Beersheva eram os extremos norte e sul do território habitado pelos hebreus; a expressão *mi Dan veád Beersheva* (equivalente ao nosso "do Oiapoque ao Chuí") veio a designar por metonímia "toda a terra de Israel", "todo Israel"[10].

Se o menino Freud se impressionou com este capítulo a ponto de utilizar uma de suas ilustrações no sonho de angústia ao qual o adulto Freud confere importância suficiente para colocá-lo como fecho da *Interpretação dos Sonhos* (é o último sonho seu relatado no livro), não é improvável que o tenha lido e relido, fixando na memória nomes e palavras que, em seguida, passaram a fazer parte de seu estoque de imagens, portanto submetidas a todas as operações do processo primário e à possibilidade de retornar inopinadamente quando aptas a contornar a censura. O que me parece de grande importância é que Dan não é em absoluto uma cidade dos filisteus, *mas o ponto extremo dos domínios de David*, e que figura num discurso no qual se exalta a figura do rei, além de lhe prometer poder e glória sobre todo Israel.

Freud observa que está possuído por um sentimento de vitória. De onde provém este sentimento, quando a ocasião pareceria levar a emoções exatamente opostas? O texto da carta o atribui ao trabalho intelectual "sincero e pesado", à satisfação de se perceber capaz de autocrítica suficiente para abrir mão de uma ideia muito investida de afeto se ela se demonstra errônea. Freud se apresenta, pois, como tendo renunciado a uma realização de desejo, como sendo obediente ao *superego*, e vivenciando a satisfação moral do dever cumprido.

Talvez o bom senso considerasse suficiente tal explicação; o psicanalista, porém, não pode deixar de se perguntar o que vem fazer neste cenário a referência às palavras de David, tanto mais que Freud delas se apropria duplamente: citando-as, e se colocando no lugar daqueles a quem se dirigem ("Não o *direi...*

---

[10] Entre outras ocorrências da expressão, cf. Juízes 20:1, II Sam. 17:11 e I Reis 4:25.

nem o *anunciarei...*"). Penso que o sentimento de vitória provém de uma identificação com David, tornada possível porque a figura do rei bíblico se presta bem à expressão disfarçada de uma série de emoções e de fantasias que se originam no inconsciente.

A identificação diz respeito primeiramente a David na sua qualidade de conquistador, daquele que "tomou a fortaleza de Sion" para nela instalar sua capital, que afasta a ameaça dos invasores filisteus, e que, como grande capitão, tem seu lugar na galeria de guerreiros semitas cuja figuração exemplar é Aníbal. E creio que a referência a Dan, neste contexto muito preciso em que o capítulo que o impressionou na infância retorna do seu exílio no inconsciente, vem-se insinuar sob a pena de Freud em virtude de uma condensação entre a cidade dos inimigos a ser conquistada (Gat) e a cidade-fronteira do reino de David, Dan representando a primeira porção da Terra Prometida. Como se aquele que não quer proclamar seu infortúnio em Gat já se encontrasse no limiar mesmo dos domínios dos quais em breve se tornará senhor: pois este é o sentido da fala de Abner na qual figura o nome Dan. E esta ideia ganha credibilidade quando, examinando a carta a Fliess, damo-nos conta de que na frase que precede à referência bíblica, Freud escreve: "Será que estas dúvidas são apenas um episódio no meu progresso rumo a novos conhecimentos?".

Se a menção de Dan sugere a identificação com o conquistador, tema conhecido e sobre o qual não é preciso estender-me aqui, é preciso investigar qual poderia ser a origem da identificação específica com *este* conquistador, David. Ainda no plano da carta 69, parece que o repúdio da teoria da sedução aproxima Freud, sob um ângulo muito particular, do rei hebreu. Abandoná-la implica *inocentar um pai*, considerar que as representações da sedução *não* se originam nos atos dele, mas na fantasia e no desejo das filhas. E Freud dirá, na não menos célebre carta 70 de 3.10.1897, que "o velho [seu pai, RM] não desempenhou nenhum papel ativo em meu caso".

Independentemente de sua validade objetiva, a nova hipótese teórica dá expressão a um movimento de *reconciliação* com o pai, ou pelo menos a uma modificação na economia das relações com a imago paterna. Neste contexto, retomar palavras de lamento pronunciadas por um sucessor em homenagem a um predecessor, por um genro em homenagem a seu sogro (David havia desposado a filha de Saul), é um gesto que, mediante um pequeno deslocamento, presta-se bem a expressar profundo alívio, tanto pela comprovação de que o pai não era culpado quanto pelo fato de ele já estar morto. Em outras palavras, a identificação de Freud com David provém de fontes infantis que a teoria psicanalítica situa nas duas vertentes do complexo de Édipo: a nostalgia pelo pai e os desejos de morte contra ele.

É possível trazer subsídios para esta hipótese tanto a partir da história bíblica subjacente à carta 69 quanto a partir do sonho infantil com os personagens de bico de pássaro, que pressupõe esta mesma história. Tudo no relato do cronista remete ao conflito edipiano: as desventuras de Saul frente ao poderoso personagem paterno representado por Samuel, as repetidas tentativas de homicídio num contexto de rivalidade e ciúmes, a alusão às fantasias de castração contida na história dos cem prepúcios de filisteus, os assassinatos do filho de Saul (Ishbóshet) e do duplo do rei (seu general Abner), o crime de David para possuir uma mulher proibida (Urias, Batsheva), o incesto cometido por Amnon com sua irmã Tamar, o capítulo de Samuel II em que David figura como vítima do ódio de seu filho Absalão... Como observam os comentadores, não é de admirar que o pequeno Sigmund tenha se impressionado vivamente com semelhante narrativa.

Na qualidade de rei que precede David, Saul corresponde a um pai adotivo; seu ódio contra o homem mais jovem, no qual pressente um adversário perigoso, faz pensar em Laio e no filicídio malsucedido que intenta contra Édipo. Mas, sendo Saul

As filhas dos filisteus: um lapso de Freud

um homem psiquicamente frágil, não é impossível superpô-lo à figura de Jakob Freud, humilhado no famoso episódio do chapéu de pele atirado à lama.

A hostilidade, porém, não governa apenas a relação entre o pai e o filho; a insistência de David em se inocentar publicamente a cada vez que alguém ligado a Saul morre de modo violento sugere que ela perpassa igualmente a relação entre o filho e o pai. A presença no enterro de Abner, a ode a Saul, a presteza em condenar o pretenso assassino do rei e os dois moços que mataram Ishbóshet, soam como formações reativas destinadas a recobrir desejos de morte tão intensos quanto ocultos.

A hostilidade *do* pai fornece assim um excelente disfarce para a hostilidade *frente ao* pai, certamente presente no contexto do desejo incestuoso do filho pela mãe e das fantasias de castração que este desejo não deixou de suscitar. Todos estes fatores, acredito, favoreceram a retenção pelo menino Sigmund da história na qual desempenham papel tão essencial. Muitos anos depois, o pesquisador da histeria formulará uma hipótese que exprime em linguagem científica o ódio infantil pelo pai, suposto perverso e sedutor; quando esta teoria se torna dispensável e o pai é reconhecido como inocente, a reminiscência de um filho que também soube perdoar (David) surgirá como ponto de apoio para a identificação, que transparece no fato de o Freud adulto expressar seus sentimentos com palavras emprestadas ao herói com quem se identifica. E ambas as tendências, a hostil e a carinhosa, podem concorrer para originar o sentimento de triunfo, pois, embora inocente, o pai está morto, e o filho vivo.

Que no espírito de Freud a figura do rei David esteja mesclada às representações da morte, do pai e da morte do pai é o que revela o parágrafo do *Moisés* mencionado anteriormente. Falando do caráter vívido do texto escrito pelo anônimo biógrafo do rei, Freud o compara com o de Heródoto, o "Pai da História"

# FIGURAS DA TEORIA PSICANALÍTICA

(as aspas estão no original). E, via a mediação dos egípcios, sustentada na reminiscência da ilustração *egípcia* para um fato da biografia de David, o texto continua sem transição aparente na direção do crime: com efeito, algumas linhas mais abaixo, encontramos a célebre comparação entre a deformação de um texto e o assassinato – "a dificuldade não está em cometer o crime, mas em apagar seus traços"[11]. *Qual* crime? Não um delito qualquer, mas, tanto pelo contexto do livro quanto pela natureza da história ressurgida do reprimido, precisamente um *parricídio*. Ainda dentro do contexto edipiano, a história que tanto impressionou o menino Sigmund contém uma série impressionante de detalhes referentes ao incesto e à castração. Incesto: Absalão dorme com as concubinas do pai, Abner faz o mesmo com a de Saul e é repreendido por Ishbóshet, David afasta um rival e tem relações com uma mulher proibida, para não falar do incesto fraterno cometido por Amnon e Tamar. Castração: inúmeras referências a "feridas", os cem prepúcios dos filisteus, a constante designação destes últimos pelo adjetivo "incircuncisos", a cabeleira de Absalão que se prende na árvore...

Outro detalhe provavelmente significativo, e que não deixou de ser reinterpretado como uma agressão sexual (a julgar pelo sonho narrado em seguida ao da "Mãe Querida", no qual um homem é perseguido por outro com um machado, o que o remete à visão do lençol manchado de sangue no leito de sua mãe), é o fato de Ishbóshet ser assassinado na sua *cama*: no sonho infantil de Freud, a mãe aparece deitada num leito, e ladeada por dois personagens trajados à egípcia. Não nos estenderemos sobre este sonho, interpretado tanto por Alexander Grinstein como por Eva Rosenfeld no sentido dos impulsos incestuosos e do temor às consequências de tais desejos[12]. E este tema nos

---

[11] *Moisés e o Monoteísmo*, S.A. IX, p. 492; B.N. III, p. 3264.
[12] Cf. Grinstein, op. cit., p. 400, e Eva Rosenfeld, "Traum und Vision", in *Der unberkannte Freud*, München, Kindler Verlag, 1973, p. 34.

As filhas dos filisteus: um lapso de Freud

traz ao terceiro dos equívocos da citação na carta 69: aquele por meio do qual Freud substitui as "filhas dos incircuncisos" pela "terra dos filisteus".

## Terra e feminino

O verso bíblico está construído segundo um padrão rítmico frequente na literatura da época: uma cesura interpõe-se entre dois hemistíquios, cada um dos quais contém uma ideia e sua reduplicação:

"Não o digais em Gat/ não o anuncieis nos arredores de Ashkelon//
para que não se alegrem as filhas dos filisteus/
para que não se rejubilem as filhas dos incircuncisos".

A ação da censura parece ter-se exercido com mais intensidade sobre o segundo hemistíquio, produzindo um deslocamento que faz surgir a "terra" no lugar das filhas, e elimina a referência ao regozijo. É certo que este sentimento aparece no tom geral da carta, mas não me parece excluído que, entre os motivos determinantes da supressão da alegria, devamos contar o sentido do nome de Freud (= alegria). É como se, suprimindo esta parte do versículo, ele tivesse buscado apagar sua própria presença deste conjunto de temas e de desejos, de tal modo que podemos ler esta omissão como um "nada tenho a ver com isso".
Quem se alegraria com a morte de Saul? As "filhas dos filisteus". Sabendo-se como era constituída a clientela de Freud, poderíamos pensar que a noção de "mulheres" aludisse de algum modo às pacientes que atendia, mas nada no conteúdo da carta 69 justifica tal inferência. Penso que, por uma reviravolta típica do processo primário, as filhas censuradas remetem antes a uma figura materna.

O fundamento dessa interpretação provém primeiramente do sonho do pequeno Sigmund, cujo personagem principal é sua mãe, e, em segundo lugar, do sentido inconsciente que parece ter tido a renúncia à teoria da sedução no adulto que sublimou sua curiosidade sexual infantil inventando a Psicanálise. O que não deve ser proclamado em Gat não é apenas que o pai é inocente, mas também que ele morreu, *deixando portanto livre o caminho para o leito da mãe.*

Embora isso não passe de uma conjetura, arrisco a sugestão de que o que não deve ser anunciado é que o pai morreu, e não deve ser anunciado a uma mulher, a saber, a mãe. E isso porque, num movimento simétrico e inverso ao que inocenta o pai do desejo incestuoso, ele estaria sendo atribuído à mãe: seria ela quem desejaria o filho. Será preciso esperar os *Três ensaios* para que Freud formule a ideia de que, no Édipo feminino, a criança é um substituto do pênis do pai, mas, se ela é verdadeira, o fato de não estar ainda no regime do conceito não anula sua eficácia como fantasia.

A imagem da terra parece assim recobrir uma figura materna de contornos ainda imprecisos, de cujo desejo de sedução o filho necessita se proteger. Talvez seja essa a mãe que Freud afasta de si, recusando-se a anunciar-lhe que ficou viúva. Tal gesto bem poderia exprimir simultaneamente o desejo de ser desejado/seduzido por ela *e* o movimento defensivo que tal desejo não deixaria de suscitar.

Pois é preciso levar em conta não apenas o omitido, mas ainda a formação substitutiva que ocupa o lugar do omitido. No caso em questão, trata-se da terra, que, segundo Freud, representa uma das imagens inconscientes da Mãe. São inúmeros os exemplos em que a terra, e, de modo mais geral, a Natureza toda, aparecem ligadas a uma representação do feminino em seu aspecto ameaçador e destrutivo: basta lembrar o *Leonardo*, o capítulo III de *O mal-estar da cultura*, o *Tema dos três cofrezinhos*, o sonho *Goethe ataca Herr M.*, com a exclamação *"Natur! Natur!"*[13]. As forças desembestadas da Natureza, porém, são menos temíveis do que a figura de mãe atualizada pelo abandono da teoria da sedução pelo pai, mãe esta que é rapidamente substituída, nas cartas 70 e 71, pela figura da babá velha e feia, que Freud considera como "originadora da sua neurose".

Nesse sentido, parece-me que a substituição das filhas dos incircuncisos pela expressão mais neutra "terra dos filisteus" esboça um movimento simultaneamente de aproximação e de afastamento desta figura tenebrosa, cuja presença no espírito de Freud é atestada por sua aparição nas entrelinhas das cartas subsequentes[14].

## Da capo

Resumamos nosso percurso. A citação relativa aos filisteus se origina numa identificação de Freud com o rei David, identificação que obedece à regra enunciada na *Interpretação dos sonhos*: "apropriação fundada sobre uma pretensão etiológica comum, que permanece no inconsciente"[15]. A pretensão comum, no caso, consiste em ter afastado um pai da posição que ocupava anteriormente (de rei e/ou de sedutor), em tê-lo inocentado de seus desejos funestos (de agressão e/ou de sedução), em escrever um texto que vale por uma ode fúnebre (mesmo em forma de carta).

---

[13] Cf. *Leonardo*, S.A. X, p. 144; B.N. II, p. 1611; o sonho de Goethe encontra-se na *Traumdeutung*, capítulo VI, seção G: S.A. II; p. 425; B.N. I, p. 613.

[14] Em *Freud et le Plaisir*, Paris, Denoël, 1980, Monique Schneider sugere uma hipótese semelhante a essa; utilizo-a mais amplamente no texto "Metapsicologia/Fantasia", neste mesmo volume. Cf. igualmente a discussão dela por Danièle Brun, "Les sources infantiles de la théorie chez Freud", *Revue Française de Psychanalyse*, 3/1982, p. 583-599.

[15] A *Interpretação dos Sonhos*, cap. IV, S. A. II, p. 166; B.N. I, p. 438.

O personagem de David, encontrado na leitura infantil da Bíblia, constituiu para Freud um modelo identificatório pelos episódios que marcam sua vida, por ter sido um conquistador e um poeta, por ter combatido os filisteus, e por ter sido o favorito de uma figura onipotente, representada na Bíblia por Deus e na vida do fundador da Psicanálise por sua mãe. Esta identificação, porém, foi apenas *preparada* pelo contato com a história do rei hebreu; somente no momento em que Freud redige sua carta a Fliess é que ela se concretiza, dada a aptidão do personagem para representar de modo indireto toda uma série de ideias e fantasias mobilizadas pelo trabalho intelectual "sincero e pesado" que o conduziu a modificar sua teoria: a relação com o pai, os temas da morte, da sexualidade, da castração, da conquista simbólica de um campo de conhecimento, etc.

Identificando-se passageiramente com David, Freud podia expressar o alívio pela transformação da figura do pai que a teoria expressa fazendo-o passar da posição de inimigo das filhas à de inimigo do filho. E podia expressar simultaneamente o triunfo sobre esta nova figura de pai, triunfo representado pela retomada e pela reelaboração da ode fúnebre composta pelo rei.

Identificação passageira, disse: passageira porque logo mais o trabalho da análise fará surgir material infantil de importância consideravelmente maior. De qualquer modo, nada permite afirmar que a identificação com David provenha da infância de Freud: não é o mesmo ter-se impressionado com uma história, ter utilizado alguns elementos dela para dar forma onírica a desejos e fantasias atuantes no momento em que a descobre, e ter-se identificado com o protagonista da narrativa. A identificação com David parece ter-se constituído momentaneamente sobre a base de reminiscências infantis num determinado contexto da vida adulta; uma vez modificadas as condições em que era economicamente útil, ela se desfez em proveito de outras.

Uma última observação. Na sua ode, David não presta homenagem apenas a Saul, mas também a Jônatas, seu melhor amigo, com quem concluíra um pacto solene de fidelidade (I Sam. 20:11). Homenagem a Jônatas, que "o amara com todo o amor de sua alma" (I Sam. 20:17), e de quem David dirá no poema: "mais maravilhoso me era o teu amor que o amor das mulheres" (II Sam. 3:26). Quem sabe se, no momento em que se constitui a identificação de que falamos, ela não é também apoiada pelos sentimentos de Freud por seu amigo berlinense, convenientemente disfarçados atrás dos traços do filho de Saul?

Se assim for, também a ambivalência frente a Fliess terá encontrado expressão no lapso aqui examinado, contribuindo para alimentar o sentimento de vitória que perpassa toda a carta. Sentimento que, na identificação com David, poderia ter levado Freud a se recordar de outra passagem do livro de Samuel, na qual, por intermédio do profeta Natan, Deus envia uma mensagem a seu fiel servidor:

> Eu te tomei de detrás das ovelhas, para que fosses o chefe sobre meu povo, sobre Israel; e fui contigo onde quer que fosses, e destruí teus inimigos diante de ti, e fiz para ti um grande nome, como o nome dos grandes que há na terra (...); tua casa e teu reino serão firmados para sempre diante de ti, teu trono será firme para sempre. (II Sam. 7:8-9, 16)

Diante de tal promessa, por que temer os filisteus?

# "AS FILHAS", DEZESSETE ANOS DEPOIS

*Em 2005, para comemorar os vinte anos do Departamento de Psicanálise, a Comissão Editorial de* Percurso *solicitou aos autores que haviam escrito no número 1 que revisitassem seus artigos, discutindo-os da perspectiva do presente. Os textos foram republicados no número 34, cada qual com o respectivo comentário. O que se segue foi minha contribuição para o número, revisada para a presente edição deste livro.*

Curiosa, a sensação de retomar tantos anos depois um trabalho escrito por mim mesmo: sensação próxima daquilo que Freud chama de *unheimlich*, não tanto na acepção de sinistro ou insólito, mas de "estranhamente familiar". Familiar, porque reconheço no texto certos temas, um estilo, referências, etc., que são os meus; estranheza, até certo ponto, pela posição um tanto esquerda de comentar algo que eu mesmo fiz. Posição talvez próxima a de um pintor a quem se encomendasse um autorretrato...

Primeiras impressões: o artigo ainda me parece convincente. Se o tivesse de escrever hoje, creio que o faria da mesma forma – talvez não colocando esta ou aquela frase, mas, no essencial, diria a mesma coisa. Ele propõe uma hipótese acerca das condições emocionais em que Freud escreveu sua célebre

FIGURAS DA TEORIA PSICANALÍTICA

carta 69 a Fliess, na qual renuncia à teoria da sedução: o sentimento de triunfo do qual se sente possuído não provém de uma negação do recuo teórico a que se vê obrigado, nem somente dos motivos explícitos que menciona – em suma, a sensação de ter correspondido às exigências do ideal do ego, que prescreve abandonar uma ideia, mesmo que cara ao nosso coração, em nome da disciplina da verdade. O *lapsus calami* na citação bíblica aponta para fatores inconscientes, e a reconstituição que proponho continua a me soar razoável: identificação passageira com o rei David, figura heroica da história dos hebreus de cujos feitos Freud havia tomado conhecimento quando criança, ao ler a Bíblia na tradução comentada e ilustrada do rabino Philippson. Eu havia notado este lapso dez anos antes, ao realizar a pesquisa para o que viria a ser o livro *Freud, pensador da cultura*, e colocara em nota uma observação a respeito dele. A familiaridade com a Bíblia, resultado de anos como professor de História Judaica e de um interesse pessoal no uso das Escrituras como fonte histórica, havia-me alertado para seguir a pista oferecida por James Strachey: encontrei o versículo ao qual Freud estava se referindo – o que não era nenhuma façanha sherlockiana, já que bastava abrir o segundo livro de Samuel no lugar indicado pelo tradutor inglês – e, comparando o texto hebraico com o que Freud escrevera, percebi os enganos que se haviam infiltrado na sua reminiscência. Contudo, no momento em que redigia a tese, não soube ir além desta constatação.

A atenção a esse detalhe aparentemente sem maior importância inscrevia-se no contexto de um problema mais amplo, a saber a eventual influência do fato de Freud ser judeu sobre a criação da Psicanálise. Levantada por Lacan nos anos cinquenta, esta "lebre" havia-se tornado um tema de pesquisa entre os "freudólogos", como denominei os estudiosos que se interessavam pela biografia de Freud como fonte para compreender melhor a sua obra, e, por extensão, a própria Psicanálise. No

42

"As filhas", dezessete anos depois

ambiente francês no qual foi escrito *Freud, pensador da cultura*, a questão do judaísmo havia adquirido importância considerável, como parte de uma temática ainda mais ampla: a autoanálise de Freud, considerada por muitos um momento particularmente significativo no processo que o levou à invenção da Psicanálise.

Com o recuo de quase trinta anos, vejo hoje que a ênfase dada por estes autores aos processos psíquicos do indivíduo Freud – processos a serem inferidos da vastíssima documentação que ele nos deixou, tanto na obra publicada quanto na correspondência com seus íntimos – tinha por pressuposto o desejo de não reduzir a criação da nossa disciplina a um caminho apenas lógico ou epistemológico, mas a apresentá-la como fruto objetivamente valioso de um percurso subjetivo passível de ser reconstituído, e que portanto adquiria valor exemplar.

Tal intenção, por sua vez, era uma das consequências mais importantes do "retorno a Freud" promovido por Lacan: retorno não apenas à sua obra, valorizando-a como sempre atual – na contramão do *mainstream* anglo-americano, que tendia a ver no trabalho dos sucessores do fundador motivos para relegar Freud à condição de "bom, porém superado" –, mas ainda retorno à forma como ele produzia seus conceitos e hipóteses. Para investigá-la, era consensual na época que se deveriam utilizar dados biográficos para tentar elucidar de que modo tal ou qual circunstância havia influído na criação de determinada ideia freudiana.

O tema do judaísmo de Freud passou assim a ser um *topos* frequente nas discussões francesas, e, por tabela, também entre certos autores americanos desejosos de escapar à monotonia da leitura então corrente em seu próprio meio. Livros como *L'autoanalyse de Freud*, de Didier Anzieu, *D'Oedipe à Moïse: Freud et la conscience juive*, de Marthe Robert, e outros, que cito em *Freud, pensador da cultura*, mostravam como se podia trabalhar de modo inteligente com os dados disponíveis, iluminando de um ângulo

43

propriamente psicanalítico o processo de criação conceptual na nossa disciplina[1]. Havia aqui a aplicação da Psicanálise a um território que, em virtude da minha formação anterior em Filosofia, atraía-me muito: aquilo a que chamei, num texto posterior, de "camada de fantasias subjacente a um argumento teórico"[2].

Assim, quando pensei em como poderia contribuir para o II Encontro da Associação Internacional de História da Psicanálise, que se realizaria em Viena, em julho de 1988, e cujo tema era "Freud", ocorreu-me que o lapso da carta 69 poderia ser uma boa escolha: era adequado ao Encontro, tanto quanto eu tinha conhecimento, não havia sido esclarecido – portanto satisfazia ao quesito "originalidade" – e, se tivesse êxito em elucidá-lo, estaria colocando minha pequena azeitona na grande empada dos estudos a que me referi.

Também estava presente o desejo de impressionar meu professor Conrad Stein, cujos trabalhos sobre o modo de pensamento de Freud haviam sido fundamentais em meu próprio trajeto. Stein havia dedicado anos do seu seminário no *Institut de Psychanalyse* da Rue Saint Jacques a uma investigação detalhada da *Interpretação dos sonhos*, partes da qual chegaram a ser publicadas em seus livros[3]. A delicadeza da análise, a erudição empregada para mostrar o caminho de pensamento do autor, a

---

[1] Hoje existem vários livros sobre este tema em português. Além do indispensável *O Moisés de Freud*, de Hayim Yerushalmi (Imago), posso citar *Um judeu sem Deus*, de Peter Gay (também da Imago); *Freud, leitor da Bíblia*, de Theo Pfrimmer (*idem*); e, da safra nacional, os trabalhos de Daniel Delouya (*Entre Moisés e Freud: tratados de origens e de desilusão do Destino*, Via Lettera) e de Betty Fuks (*Freud e a judeidade*, Zahar). O de David Bakan, *Freud et la tradition mystique juive* (Payot) é muito ruim, e ignoro se foi traduzido. Melhor que não o tenha sido...

[2] Cf., neste volume, "Metapsicologia/Fantasia", conferência de 1989 atualizada em 2004 para o *Jornal de Psicanálise*.

[3] Alguns destes textos foram incluídos na coletânea de artigos de sua lavra que preparei em 1988 para a Editora Escuta, *O psicanalista e seu ofício*, cujo prefácio reproduzo no presente livro.

"As filhas", dezessete anos depois

finura do percurso, o brilho das conclusões, fazem destes pequenos exercícios de Psicanálise verdadeiras joias. Elas facilitam a compreensão do percurso freudiano, enraizando-o nas vivências de quem o realizou, e, ao mesmo tempo, evitam o risco de psicologizar a invenção conceitual: não é porque Freud utiliza suas próprias lembranças de infância para construir o conceito de complexo de Édipo que este deixa de ter valor objetivo.

Deste modo, o desejo de explorar o lapso freudiano se inscrevia tanto em meu percurso pessoal – no qual a figura de Stein tem um papel eminente – quanto num contexto mais amplo, o destes debates sobre as condições da criação freudiana. Eu já havia investigado a temática do judaísmo em Freud no livro *Psicanálise, judaísmo: ressonâncias*, com o qual Manoel Berlinck e Cristina Magalhães inauguraram a Editora Escuta; estava familiarizado com a bibliografia então disponível, e espicaçado pelo desejo de descobrir alguma coisa valiosa neste terreno.

Pus-me então em campo, e tive a sorte de encontrar no livro de Alexander Grinstein, *Los Sueños de sigmund Freud*, a referência à imagem da Bíblia de Phillippson que motivou o sonho "Mãe Querida". Esta imagem – para minha total surpresa – *não* ilustra um texto do Êxodo (livro que narra a história dos judeus no Egito), onde seria natural encontrar personagens egípcios, mas a passagem de Samuel II em que o narrador descreve a reação de David à morte do general Abner, o qual se havia se oposto à ascensão dele ao trono hebraico e defendido seu oponente, o filho do falecido rei Saul.

Não é difícil imaginar a alegria do pesquisador diante de tal descoberta. A Psicanálise aplicada é um terreno escorregadio, em que é fácil projetar nossas fantasias ou nossos preconceitos sobre o objeto estudado, porque – em seu silêncio obsequioso – ele não pode refutar o que dizemos. Daí a importância de que elementos extraídos de *outro* lugar venham em apoio da hipótese que sustentamos: eles cumprem um papel análogo ao que, nas ciências naturais, tem a reprodução de um experimento por investigadores independentes.

No caso do lapso de Freud, era preciso encontrar provas documentais de que ele conhecia a história do rei David – o que é atestado pela passagem do *Moisés e o monoteísmo* a que me refiro no artigo – e também que esta história era, ou tinha sido, relevante para ele, a ponto de guardá-la na memória: o uso da figura retirada da Bíblia de Phillippson num sonho de infância tão importante como "Mãe Querida" satisfazia esta condição. Assim ficava justificada a inferência de que a figura de David, de cujas palavras ele se apropria de modo truncado na carta 69, faz parte da galeria de heróis semitas da qual Aníbal é o personagem mais conhecido (a famosa história do chapéu de pele de Jakob Freud relatada na *Traumdeutung*).

A partir daí, tratava-se de reconstituir – ainda que de modo conjetural – a identificação que eu supunha ter ocorrido no momento em que Freud escreve a Fliess sobre o abandono da sua *neurotica*. Não vou retomar aqui os passos desta reconstituição, que apresento no artigo; basta dizer que, a dezessete anos de distância, parecem-me ainda plausíveis. Ela utilizava – numa homenagem implícita – a teoria de Stein sobre a identificação histérica "a partir de uma pretensão etiológica comum"; com efeito, meu professor havia resgatado esta ideia da *Interpretação dos sonhos* e a empregava para dar conta de uma série de aspectos do trabalho analítico, em particular no que se refere à construção da interpretação.

O plano do artigo delineava-se assim com clareza: primeiro, apresentar os elementos que justificavam considerar como um *lapso* a forma pela qual Freud faz a citação do texto bíblico; segundo, contar brevemente a história de David e de Saul, nela situando a ode fúnebre da qual Freud havia citado um verso; terceiro, reconstituir tanto quanto possível o movimento daquela específica e singular identificação; quarto, mostrar de que modo a censura havia interferido com a reminiscência, elucidando o motivo das transformações que o versículo sofre ao ser recuperado do inconsciente; quinto, ligar este momento da vida de Freud, em setembro de 1897, ao contexto a que pertence – a transferência amorosa com Fliess, de cunho nitidamente homossexual (a referência à amizade entre David e o jovem Jônatas, filho do rei Saul), e o início da autoanálise, na qual Freud irá inocentar seu pai da acusação de sedução.

Este movimento de reparação tem uma face pessoal evidente (trata-se da *sua* rivalidade com o "Velho"), e uma face conceitual – a formulação da tese de que existem fantasias edipianas, primeiro passo para a constituição da noção de complexo de Édipo. Decidir se tive êxito nessa demonstração ou não é tarefa que já não compete a mim, mas ao leitor. Só posso dizer, como o noivo de quem Freud fala em outra carta a Fliess, e a quem se pede uma opinião sobre a moça que lhe haviam apresentado: *"a mi me gusta"*...

Em todo caso, o artigo enfatiza a significação fundamental que Freud atribuía à sua pertinência ao povo judeu, tanto no plano pessoal como na qualidade de motivo determinante para ter inventado a Psicanálise. Esta segunda afirmação, tão estranha à primeira vista, encontra-se entre outras passagens na carta com a qual agradece à Sociedade Bnei Brit as homenagens que lhe foram prestadas por ocasião de seu septuagésimo aniversário, e que discuto pormenorizadamente no primeiro capítulo de *Ressonâncias*. Anos depois, ao manusear na Biblioteca do Congresso os documentos do Arquivo Freud, tive a satisfação de encontrar uma lista manuscrita por ele das palestras que deu para esta associação: uma por ano, até 1916, o que não deixou de me surpreender.

Freud não era muito assíduo às reuniões da Bnei Brit – pois havia fundado a sua própria sociedade, seguindo talvez o exemplo do jovem judeu recrutado pelo exército do Kaiser cuja história conta em *A piada e sua relação com o inconsciente*: o sargento alemão, furioso por não conseguir fazer do rapaz um soldado germânico, um belo dia joga a toalha – "*Herr* Cohen, sabe o quê? Compre um canhão e se estabeleça por conta própria!" Não obstante, continuou por mais de vinte anos a fazer uma conferência anual para a instituição, que, como diz em seu agradecimento, o recebera amistosamente quando todos o execravam. Ou seja, foi na época em que escreveu a carta 69 que Freud decidiu afiliar-se a uma organização cultural e beneficente da comunidade judaica – o que, se não basta para confirmar que no momento em que escrevia a Fliess ocorreu a identificação com o rei David, pelo menos mostra que foi no âmbito de sua identificação com os judeus que ele buscou alívio num momento particularmente penoso em sua carreira e em sua vida. Assim caminha toda pesquisa: como num quebra-cabeças, uma peça vem daqui, outra se encaixa ali, e o desenho vai-se formando.

Uma última observação. O artigo que publiquei na primeira edição de *Percurso* faz parte de uma linha de investigação à qual, periodicamente, retorno em meus escritos: a que explora os mecanismos de constituição da teoria psicanalítica. Sob o ângulo da "freudologia", o problema de por que foi Freud e não outro que inventou a Psicanálise continuou a ser trabalhado em artigos que se encontram em *A vingança da esfinge*, em *A sombra de Don Juan*, em *Tempo de muda* e em *Interfaces da psicanálise*. Já o estudei partindo da cultura vienense, da questão do judaísmo, da formação científica de Freud, e tenho certeza de que ainda há outros vértices para o abordar. Sob o ângulo da "psicanálise de conceitos e teorias", voltei de modo mais sistemático ao tema em "Metapsicologia/Fantasia", e, posteriormente, em estudos sobre a epistemologia da nossa disciplina, que também se encontram nas coletâneas mencionadas. Não é possível deixar de me perguntar o que tanto me fascina nesta questão: e, como sempre no

"As filhas", dezessete anos depois

trabalho intelectual, há motivações pessoais, algumas das quais podem ser mencionadas em público, enquanto outras...

Uma das razões "inofensivas" é a seguinte: estou convicto de que desvendar o processo de criação de um sistema conceitual contribui poderosamente para evitar um escolho muito sério em nossa formação como psicanalistas – o de idealizar a teoria que abraçamos, e de acreditar que somente ela é verdadeira, com a consequente tendência ao fanatismo e à intolerância que caracteriza a crença cega na mensagem de um profeta. Neste sentido, ter publicado este texto no primeiro número de uma revista que pretendia incentivar o diálogo, o pluralismo e o respeito pelas ideias dos outros assume para mim, retrospectivamente, um forte valor simbólico.

Há dezessete anos, os que começamos esta extraordinária aventura editorial em que se transformou *Percurso* não podíamos prever o alcance que ela iria tomar – mas estávamos seguros de que "era preciso dizer em Gat, e anunciar nos arredores de Ashkelon", que uma revista psicanalítica não precisa ser dogmática, que é possível e desejável o diálogo com colegas de outras associações e de outras tendências.

*Vade retro*, filisteus!

# METAPSICOLOGIA/FANTASIA

*"Metapsicologia: termo criado por Freud para designar a psicologia que fundou, considerada em sua dimensão mais teórica. A metapsicologia elabora um conjunto de modelos conceituais mais ou menos distantes da experiência, como a ficção de um aparelho psíquico dividido em instâncias, a teoria das pulsões, etc"[1].*

Clara e precisa, como de hábito, a definição do *Vocabulaire de la psychanalyse* parece apenas denotativa; mas como não reparar nas ressonâncias que extravasam este plano e abrem espaço para a associação? Sem deixar de ser perfeitamente exato, o enunciado contém ao menos dois termos que solicitam o ouvido psicanalítico: "elaboração" e "ficção".

Em *elaboração* está presente a ideia de trabalho, central no pensamento de Freud, em especial, no registro econômico-dinâmico[2], isto é, no registro mesmo daquilo que a definição

---

[1] J. Laplanche e J. B.-Pontalis, J., verbete "Métapsychologie", *Vocabulaire de la psychanalyse*, Paris, PUF, 1967, p. 230.

[2] Cf. artigos "Élaboration", "Perlaboration", "Appareil psychique", "Pulsion" e outros, facilmente identificáveis pela trilha dos asteriscos. O que há de comum entre esses termos é a ênfase na transformação da quantidade de energia, ligando-a ou derivando-a; veremos no decorrer deste artigo que mesmo essa ideia – aparentemente abstrata ao extremo – não deixa de ter uma faceta ficcional, transparente no seu próprio caráter metafórico.

visa a capturar: o aparelho psíquico executa um trabalho de metabolização e de controle das excitações, e a pulsão é uma "medida do trabalho exigido à psique por sua conexão com o corpo". O pensamento abstrato, reino da metapsicologia, também é uma forma de elaboração – no caso, de modelos mais ou menos distantes da experiência clínica – e que, como todo trabalho, nega o dado imediato enquanto imediato, buscando a sua forma de constituição.

Mas são sobretudo as reverberações do termo *ficção* que merecem reter nosso interesse: com efeito, encontramos na mesma frase, um ao lado do outro, os termos "ficção" e "teoria". O que se pode pensar a partir dessa vizinhança à primeira vista surpreendente?

Ao aproximar como quem não quer nada as duas palavras, os autores do *Vocabulaire* tomam, implicitamente, partido numa velha querela: a do caráter científico da Psicanálise. E o fazem de modo que, embora sutil, não deixa de retomar uma posição que remonta a Freud: a que reconhece, no aspecto figurado dos modelos conceituais mais abstratos, não um vício de origem, mas a própria essência do trabalho de pensamento. Não me parece útil, nem fiel ao espírito da nossa disciplina, opor o ficcional ao teórico, como se o primeiro fosse puramente imaginativo e o segundo cientificamente rigoroso; nem, como se tornou frequente em certos meios, inverter a valorização e declarar que o "teórico" é pernicioso, porque denota intelectualização e favorece as resistências contra a Psicanálise, enquanto o "ficcional" estaria próximo do afetivo, portanto, "não saturado", e, em última instância, mais verdadeiro. Ambas as posições perdem de vista algo que me parece fascinante explorar: a possibilidade de que – sem se reduzir a ele – a teoria carregue em sua própria constituição as marcas do imaginário que preside à sua elaboração.

# A feiticeira

Sabemos que Freud era um grande escritor. Um dos traços mais característicos de sua prosa é a abundância e a variedade das imagens, comparações e metáforas. O motivo óbvio para essa proliferação é a finalidade didática, já que expor o funcionamento de mecanismos psíquicos complexos não é tarefa fácil, e pode ficar um pouco menos árdua para quem se familiariza com eles se o expositor os ilustrar com exemplos felizes. Mas seria ingênuo atribuir apenas a essa razão um elemento tão essencial na escrita freudiana. Nela, o uso da figuração é mais do que um recurso pedagógico: é um verdadeiro traço de estilo, não apenas em sentido literário, mas também como estilo de pensamento.

Reflitamos um instante sobre a acuidade visual que transparece nos sonhos de Freud, tal como os conhecemos pela *Traumdeutung*: são imagens precisas, de uma impressionante riqueza de detalhes, e o vocabulário com o qual elas são descritas reflete justamente essa qualidade plástica. Se isso é verdadeiro no plano do relato, também o é no plano da elaboração teórica: um exemplo é a própria ideia de "aparelho psíquico", apresentado no capítulo VII da obra à maneira de um instrumento óptico provido de várias lentes. Pelo uso constante, essas imagens foram se amortecendo: quantos de nós ainda somos sensíveis à fecunda incongruência dessa expressão, que alia sem a menor cerimônia o mecânico e o espiritual? Tampouco nos admiramos com a tranquila audácia com que Freud declarava: "a teoria das pulsões é, por assim dizer, a nossa mitologia"[3].

Uma certa forma de ler os escritos freudianos, buscando neles a descrição científica de fenômenos observáveis,

---

[3] *Novas Conferências*, nº 32: *Studienausgabe* I, p. 529; *Biblioteca Nueva* III, p. 3154. A edição alemã e a tradução espanhola das obras de Freud serão aqui designadas respectivamente pelas siglas SA e BN.

ressaltando a dimensão professoral de quem escreve para ensinar, acostumou-nos a deixar de lado o processo mesmo do redigir, o combate com o desconhecido, a presença constante de um contraponto imagético que permeia a construção dos conceitos. Freud costumava contrastar duas maneiras de expor a psicanálise: a dogmática e a genética. *Dogmática* aqui não significa intolerante, mas hipotético-dedutiva: parte-se dos princípios e vai-se mostrando metodicamente a que consequências eles conduzem. É o estilo por exemplo do *Compêndio de Psicanálise*, de 1938. A maneira *genética* é ilustrada pela *Interpretação dos sonhos* e pela maioria dos textos de Freud: aqui não se fala apenas *de* Psicanálise, mas a própria forma da pesquisa é inspirada pelo método associativo; toma-se um dado, um fato, e, a partir do caráter enigmático desse elemento, põe-se em marcha uma investigação que avança de modo absolutamente não linear.

Em seu estudo sobre o discurso de Freud, Patrick Mahony afirma que nesse caso "Freud opta por escrever de maneira exploratória; mais do que relatar uma exploração anterior, ele escreve para descobrir o que está pensando, e por sua vez partilha desta rica experiência com o leitor"[4]. Não há como discordar desta apreciação: é precisamente isso que nos faz voltar sempre aos textos dele, mesmo que às vezes pareçam distantes daquilo que a Psicanálise posterior veio a descobrir. Daí a ideia de ler Freud de outro modo, procurando resgatar, no movimento vivo do seu pensamento, a necessidade de recorrer à expressão figurada não apenas como recurso para facilitar a tarefa do leitor, mas também como procedimento constitutivo daquilo que se busca expressar na luta com as palavras.

---

[4] P. G. Mahony, *On defining Freud's discourse*, New Haven, Yale University Press, 1989, p. 3.

Um exemplo particularmente claro desse modo de escrever encontra-se numa passagem do terceiro capítulo de *Análise terminável e interminável*. Freud está discutindo um problema complicado, o de saber se é possível resolver de modo permanente e duradouro um conflito entre o ego e o que denomina "reivindicação pulsional patogênica". E de repente... Ouçamos:

Para evitar mal-entendidos, provavelmente não é desnecessário explicitar melhor o que se entende pela expressão "liquidação permanente de uma reivindicação pulsional". Certamente, não é que desapareça de modo que nunca mais se escute falar dela. Isso é em geral impossível, e sem dúvida não seria desejável. Não: trata-se de algo diferente, que se pode caracterizar aproximadamente como "domesticação" da pulsão: isso quer dizer que a pulsão é inteiramente harmonizada com o ego, que se torna acessível a todas as influências das outras aspirações presentes no ego, e não mais segue seus próprios caminhos rumo à satisfação. Se perguntarmos por quais caminhos e com quais meios isso acontece, a resposta não é fácil. Precisamos dizer: "*so muss denn doch die Hexe dran*", aqui precisa intervir a feiticeira. A saber, a feiticeira metapsicologia. Sem especulação e teorização metapsicológicas – quase diria: fantasia – não se dá aqui nenhum passo a mais. Infelizmente, também dessa vez as informações da feiticeira não são nem muito claras nem muito explícitas. Só temos um ponto de apoio – mas certamente inestimável – na oposição entre processos primários e secundários, e é a ela que, aqui também, quero remeter[5].

---

[5] Freud, *Análise Terminável e Interminável*, SE *Ergänzungsband*, p. 365-366; BN III, p. 5345. A *Edição Standard Brasileira* comete aqui um de seus habituais contrassensos, substituindo a "feiticeira metapsicologia" por uma absurda "metapsicologia das feiticeiras".

Há várias maneiras de ler um texto, eu dizia há pouco. Ao lado da indispensável análise formal – sem a qual nos condenamos a jamais saber do que está falando o autor, e arrogantemente substituímos seus argumentos pelas nossas projeções – existe uma segunda dimensão da leitura, na qual, acredito, os psicanalistas deveriam exercitar-se. Nessa segunda dimensão, o aspecto a observar é o jogo dos enunciados entre si, não mais no sentido formal da cadeia de razões, mas no sentido dinâmico da *composição*, da *aliança* ou do *recuo*. Sensível à pregnância das imagens, aos efeitos de contraste, de ruptura, de mudança de tom, o leitor atento a esse aspecto procurará apreender o movimento das figuras que animam o texto, buscando vislumbrar a paisagem imaginária que o sustenta. A sequência das frases, a ressonância das metáforas, o contexto, o valor posicional de uma ideia, a direção do movimento de reflexão, as correspondências e entrechoques – tudo isso se torna significativo, permitindo que se vá desenhando o que Mahony designou como "movimento exploratório" da escrita.

E não é sem surpresa que, quando nos damos a este trabalho, verificamos que, por baixo ou nos interstícios do texto, existe uma lógica próxima do processo primário, lógica que imprime sua marca na própria superfície desse texto. É por tais marcas ou indícios que somos alertados para essa segunda dimensão; elas nos permitem evitar um risco óbvio nesse gênero de leitura: o de nos deixarmos levar pelos ecos que o escrito provoca em *nossa* imaginação, e atribuí-los sem mais ao autor.

Como diminuir este perigo, fatal para uma leitura que não seja mera projeção? Muito simples: tomando o cuidado de verificar a propriedade de nossa construção pela contraprova dos indícios paralelos ou convergentes igualmente disponíveis na superfície do texto, ou, se for o caso, em outros textos análogos do autor considerado. Essa espécie de atenção equiflutuante não deixa de lembrar o movimento da interpretação

Metapsicologia/Fantasia

psicanalítica, e por esta razão autorizo-me a falar em "camada fantasmática" presente num texto. Em outras palavras, a rede de imagens, a princípio nebulosa, vai-se tornando mais nítida pela comparação e pelo dobramento das figuras umas sobre as outras, até que se destaque um *cenário* que possa ser compreendido em termos de "impulso para" e "defesa contra", isto é, em termos que tornem plausível falar de *fantasia* no sentido admitido em Psicanálise.

Tentemos observar esses indícios no trecho que citei. Ele se presta de modo especial a tal tratamento, uma vez que oscila do abstrato ao figurado com uma velocidade propriamente vertiginosa. O problema em exame é certamente dos mais "teóricos", embora assentado numa evidente preocupação clínica: determinar se é possível a resolução permanente de um conflito psíquico. O recurso à imagem já transparece na palavra *Erledigung*, que significa não exatamente resolução, mas liquidação, execução, portanto ações violentas cujo fim é eliminar alguma coisa. Se lermos com atenção, veremos que há uma paulatina infiltração de imagens já nesse nível abstrato: a reivindicação pulsional não desaparece "de modo que nunca mais se ouve falar dela". Com o "aproximadamente", Freud introduz uma metáfora prenhe de reverberações: a domesticação (*Bändigung*) da pulsão. A partir deste momento, o texto abandona o tom altaneiro da exposição teórica para mergulhar num verdadeiro labirinto de imagens: *caminhos* da satisfação, *caminhos* pelos quais opera a terapia analítica, além de uma expressão coloquial que poderíamos traduzir por "ficar em palpos de aranha" (*so hat man's nicht leicht mit der Beantwortung*), e cuja tradução literal seria: "assim não se tem (tarefa) fácil com a resposta".

É nesse contexto que aparece a feiticeira, como instância salvadora daquele que está perdido e não encontra seu caminho: "precisamos nos dizer: aqui precisa intervir a feiticeira" (notem a repetição do verbo "precisar", *muss*, a indicar uma premente necessidade). Observemos a aceleração do texto, que passa a mesclar os registros conceitual e imagético: "a feiticeira metapsicologia, a saber. Sem especulação e teorização metapsicológicas – quase diria: fantasia – não se pode aqui dar nenhum passo adiante".

O que chamei de paisagem imaginária é facilmente constatável: a metáfora do *passo adiante* é convergente com a dos *caminhos*, e reforçada em sua espacialidade pela locução que traduzi como *quase: "beinahe hätte ich gesagt"*, literalmente "estaria *perto* de dizer". É visível aqui uma pressão que inexiste nas linhas imediatamente anteriores, pressão que sugere a situação de estar perdido numa floresta, sem orientação, *"che la diritta via era smarrita"*, como diria Dante Alighieri[6]. Surge então a feiticeira, após o apelo à especulação e à teorização, isto é, a formas do pensar que implicam a ideia de *ver*: especular vem da mesma raiz que "espelho"; teorizar vem de *"theoréin"*, que significa contemplar, olhar; e a própria palavra *Phantasieren* tem em sua origem um radical grego que conota a luz: *phos, phótos*, também presente em fósforo, fotografia, fotossíntese etc[7].

Desse ponto máximo de pressão aflitiva, o parágrafo prossegue na direção inversa; o distanciamento do perigo é obtido primeiro pela ironia – infelizmente, as informações da feiticeira não são lá muito compreensíveis – e em seguida pela imagem do *ponto de apoio*: a distinção dos processos primários e secundários, obviamente terreno conhecido e mapeado. Reparem que existe aqui um entrelaçamento entre duas redes de metáforas:

---

[6] (Nota de 2004) "Pois a estrada certa estava perdida" (Canto I da *Divina Comédia*).

[7] Um apanhado dos termos que designam o conhecimento a partir do ato de ver se encontra no artigo de Marilena Chauí "Janela da Alma, Espelho do Mundo", em Adauto Novaes (org.), *O Olhar*, Companhia das Letras, São Paulo, 1988, p. 31-63. (Nota de 2004: o filme *Janela da Alma* trabalhou de modo particularmente sugestivo a metáfora da janela, que foi primeiramente empregada por Leonardo da Vinci num dos seus manuscritos)

*estar perdido e recuperar a orientação*, por um lado, e, por outro, *escorregar e encontrar um ponto de apoio*. É como se, caminhando por uma trilha até então bem demarcada, Freud tivesse tropeçado e quase caído; o movimento de deslizar foi, porém, contido, e o resto do parágrafo descreve a retomada do percurso a partir do "ponto de apoio", verdadeiro galho de árvore providencialmente ao alcance do viandante, que lhe permite recuperar o controle dos seus passos.

O interesse desse pequeno texto não termina aí. No próprio nível manifesto, Freud caracteriza a atividade metapsicológica como "especulação" e "teorização", marcando o registro abstrato em que ela se move. Mas coloca entre travessões algo infinitamente mais interessante: a ideia furtiva de que "quase teria dito: fantasia". Ocorre aqui uma espécie de hesitação: a metapsicologia não é idêntica à fantasia, o que é marcado pelo "quase" e pelo recurso gráfico dos travessões, mas tem com ela algum parentesco, já que a metapsicologia *é* uma feiticeira, personagem que, convenhamos, nada tem da racionalidade clara e distinta própria ao deus Logos.

Gesto ambíguo, portanto, de aproximação e de repulsa, esta suavizada em distanciamento: os travessões isolam, reproduzem graficamente o intervalo que alcançou expressão verbal na palavra *"beinahe"*, por pouco. É possível perceber que o manifesto do texto enuncia algo que não se esgota nele mesmo, a saber, a aproximação entre atividade teorizante e atividade imaginativa; o "não se esgota nele mesmo" significa aqui, precisamente, um novelo de representações cuja localização psíquica se reparte entre o pré-consciente e o inconsciente.

Aqui convém recordar o contexto do qual Freud retira a imagem da feiticeira, isto é, a cena do *Primeiro Fausto* que se passa na cozinha da bruxa (cena 6). Entediado pelo conhecimento que não conduz à felicidade, Fausto quer remoçar e gozar a vida. Mefistófeles lhe diz que, para isso, há um meio prático:

# FIGURAS DA TEORIA PSICANALÍTICA

levar existência saudável, viver em harmonia com a natureza, dedicar-se às lides agrícolas. Mas Fausto não se sensibiliza com essa perspectiva ecológica *avant la lettre*:

> *Fausto:*     Não me convém, não tenho o hábito disso;
> Brandir a enxada é duro serviço.
> A vida rústica não é comigo.
> *Mefistófeles:*     Pois venha então a bruxa, amigo"[8].

A bruxa prepara uma poção segundo suas fórmulas secretas; Fausto a bebe, e rejuvenesce. Incontinenti, põe-se ao encalço da bela e jovem Margarida. No plano do texto manifesto, o que Freud faz – como sempre, com maestria – é intercalar uma citação adequada para seu propósito: a metapsicologia opera com fórmulas que nada mais são do que configurações de conceitos e regras para lidar com eles; nesse sentido, é comparável à feiticeira, que também prepara suas beberagens seguindo regras para combinar os diversos elementos, e com isso produzir um certo efeito. O que assemelha as fórmulas da metapsicologia às da bruxa é, portanto, o seu caráter operativo.

É possível permanecer nesse plano e não interrogar mais a fundo tal imagem. Mas não creio que um psicanalista – nem, de resto, ninguém que se interesse pelo funcionamento de um

---

[8]  Goethe, *Primeiro Fausto*, trad. Jenny Klabin Segall, São Paulo, Edusp, 1981, p. 112. (Nota de 2004: Goethe, sem ser propriamente um romântico, está na origem deste importante movimento literário na Alemanha. Uma ótima introdução às relações de Freud com a literatura alemã, e em particular à profunda influência que sobre seu pensamento exerceram as ideias do Romantismo, encontra-se no livro de Ines Loureiro, *O Carvalho e o Pinheiro*, São Paulo, Escuta, 2002. Outro livro sobre o mesmo assunto que merece recomendação é *A Face Noturna do Pensamento Freudiano*, de Ricardo Sobral, publicado no Rio de Janeiro, pela Editora Campus, em 2001; uma resenha desta última obra pode ser encontrada em Renato Mezan, *Interfaces da Psicanálise*, São Paulo, Companhia das Letras, 2002, p. 542 ss.)

sistema de representações – contentar-se-ia com esse bom senso rasteiro. O especialista em literatura faria notar que a finalidade da poção ingerida pelo personagem é rejuvenescê-lo, abrir-lhe um caminho para recuperar o vigor sexual; o psicanalista assinalaria que esses temas não são estranhos ao próprio assunto discutido no parágrafo em que comparece a citação, isto é, o conflito entre a pulsão sexual e o ego.

Por que a pulsão representa uma ameaça, por que sua reivindicação precisa ser "domesticada"? Porque ela visa a obter uma satisfação sem atentar para as aspirações do ego, isto é, sem considerar o princípio de realidade. É por esta via que, no final do parágrafo, vai se delinear a continuação do raciocínio: processos primários são precisamente aqueles que obedecem unicamente ao princípio do prazer, entendido como regulação automática do nível de energia e descarga igualmente automática do investimento afetivo nas representações. Processos secundários são aqueles em que essa energia se encontra "ligada", fazendo-se seu escoamento em concordância com o funcionamento do ego. O que agora sustenta a evocação da feiticeira é uma relação mais profunda do que a mera analogia a partir da operatividade das fórmulas: trata-se da relação entre o prazer e a satisfação pulsional em que consiste a sua concretização.

Se concordarmos em seguir a pista que assim se anuncia – ler a imagem da feiticeira à luz da questão do prazer, como fio condutor para compreender o estatuto da pulsão – veremos descortinar-se uma perspectiva fascinante. Devemos à psicanalista francesa Monique Schneider uma bela análise desta problemática, em seu livro *Freud et le plaisir*[9]. É nela que me apoiarei a seguir,

---

[9] Monique Schneider, *Freud et le plaisir*, Paris, Denoël, 1980. (Nota de 2004: Em 1992, Monique Schneider esteve no Instituto Sedes Sapientiae para uma série de seminários. Nesta ocasião, a Editora Escuta traduziu e publicou em forma de livro o artigo "Afeto e linguagem nos primeiros escritos de Freud", que, segundo meu conhecimento, continua a ser o único trabalho desta arguta psicanalista disponível em português.)

pois me parece modelar do que pode e deve ser a leitura psicanalítica de um texto, igualmente distante do formalismo que quer
apreender apenas os resultados sem atentar para o processo que
os produz, e da tolice de abandonar a precisão da exegese para se
entregar às delícias nebulosas do "eu acho" e "eu sinto".
Partamos da imagem da feiticeira. Ela aparece já na correspondência com Fliess, no momento em que Freud redescobre
fragmentos do seu passado infantil reprimido – outono de 1897
– e vem a inocentar o "Velho" de qualquer responsabilidade pela
gênese da sua neurose: "minha originadora de neurose foi uma
mulher velha e feia, mas sábia, que me contou muitas coisas do
céu e do inferno..." (carta 70 a Fliess, de 3.10.1897). Trata-se da
famosa babá acusada de roubo e presa, fato que originou no menino Sigmund um acesso de angústia relatado em *Psicopatologia
da Vida Quotidiana*[10]. Mulher feia, talvez, mas "velha"? Afinal, ela
o lavava na água avermelhada por seu sangue menstrual. Figura
feminina associada assim tanto ao conhecimento quanto à sexualidade, verdadeiro protótipo da bruxa de *Análise terminável e
interminável*. Freud dirá que ela foi sua "professora de sexualidade", soldando na mesma expressão aquelas duas vertentes;
e se atentarmos para a disposição das duas figuras, a de mulher e a do menino, veremos que essa sexualidade aparece como
sedução, pois ela é quem desperta nele sensações estranhas e
incompreensíveis, acompanhadas por aquilo que Laplanche de-
signará como "significantes enigmáticos"[11].

---

[10] Freud, BN I, p. 787. Esta lembrança infantil de Freud é comentada em R.
Mezan, *Freud pensador da cultura*, São Paulo, Companhia das Letras, 2005, p. 225.

[11] Jean Laplanche, *Teoria da sedução generalizada*, Porto Alegre, Artes Médicas,
1988. (Nota de 2004: Laplanche continuou a elaborar estas ideias desde então. A mais recente atualização, tanto quanto o sei, encontra-se disponível em
português no número temático "O inconsciente: tensões atuais" da *Revista
de Psicanálise* da Sociedade Psicanalítica de Porto Alegre, volume X, número
3, dezembro de 2003, p. 403-418: J. Laplanche, "Três acepções da palavra
*Inconsciente* no quadro da teoria da sedução generalizada").

Não é preciso que me estenda sobre esses episódios amplamente conhecidos da biografia de Freud. Mas penso que mesmo as indicações acima nos autorizam a pensar que a menção à feiticeira, no contexto de *Análise terminável e interminável*, encontra-se sobredeterminada, já que essa figura tem raízes no imaginário dele e na sua experiência infantil.

Estabelecida a conexão entre a feiticeira e a sexualidade, permitam-me um breve parêntese metodológico. Se estamos comentando um texto de Freud, não é suficiente apoiar nossa demonstração apenas no que se conhece acerca do personagem social e cultural que foi historicamente a feiticeira. Sabemos que a "caça às bruxas", promovida com entusiasmo na Europa a partir do final da Idade Média até aproximadamente 1650, associou-as ao Diabo e à sensualidade desbragada, já que seria através do ato sexual que teriam firmado seu pacto com Satanás. A literatura histórica a este respeito é certamente valiosa, mas não nos permite deduzir nada sobre o sentido, *para Freud*, da figura chamada *"die Hexe"* – a bruxa. E isso porque, de um fato cultural às suas consequências psíquicas, a distância só pode ser vencida se pudermos mostrar como *esta psique singular* apropriou-se do dito fato, incluindo-o como significação em suas próprias redes associativas.

Freud interessou-se pela história das feiticeiras no momento em que se deu conta de que os relatos sobre elas presentificavam os mesmos sintomas e as mesmas fantasias com que se habituara em seu trato com as pacientes histéricas: a bruxa seria apenas a histérica do passado, utilizando-se do repertório de símbolos e de conexões imaginárias disponíveis na época em que vivia. Documentado na correspondência com Fliess, esse fato vem reforçar a sobredeterminação da figura da bruxa para Freud; parece-me, contudo, mais conforme ao espírito da Psicanálise buscar a origem infantil dessa imagem na experiência e na fantasia do menino que ele foi. E isso porque, mesmo no contexto do interesse clínico e teórico pela feiticeira (Freud chegou a encomendar a seu livreiro um exemplar do *Malleus Maleficarum*, o manual dos inquisidores alemães), a conexão relevante é sempre a que situa nas mesmas paragens a bruxa e a sensualidade.

Mas com um detalhe de grande importância: enquanto na lembrança infantil a bruxa é a *sedutora*, a que inicia o menino no mundo da sexualidade, a feiticeira perseguida pela Inquisição é a *seduzida*, ficando a função ativa de sedutor reservada para o demônio. Inversão dos papéis e dos sexos muito interessante, se lembrarmos que a famosa "teoria da sedução" abandonada no outono de 1897 colocava precisamente um homem no papel de sedutor e uma menina no papel de seduzida: é esta a *neurotica* que vai ser descartada em setembro de 1897, abrindo caminho para a descoberta do desejo incestuoso e para tudo o que daí decorre.

Essa descoberta, se por um lado funda a Psicanálise, por outro implica um abandono: o da temática da sedução, substituída pela do *desejo* que visa um objeto e da *fantasia* na qual este desejo se encena. É desse ponto que parte a análise de Monique Schneider, que se interessa justamente pelas consequências teóricas desse abandono, porém buscando, para delas dar conta, restituir a rede de imagens em que se condensam as motivações fantasmáticas subjacentes a tal movimento[12].

## Pulsão x sedução?

Tomemos o caminho sugerido pelo parágrafo de *Análise terminável e interminável* que põe em cena o tema da pulsão.

---

[12] Nota de 2004: Basta ler a carta 69 para se dar conta da turbulenta atmosfera emocional em que Freud a escreveu. Tal virulência afetiva não pode ter deixado de se expressar em fantasias, é o mínimo que um psicanalista pode imaginar. É o que procuro mostrar em "As filhas dos filisteus", neste volume.

Trata-se de saber se é possível eliminar por completo uma exigência pulsional. A resposta é que tal coisa não é nem possível nem desejável, podendo a análise, no máximo, obter algo como a "domesticação" da pulsão: ela se torna então razoavelmente compatível com as aspirações do ego, e deixa de perseguir a satisfação de modo isolado, tornando-se acessível às influências que emanam deste. A pulsão é assim figurada como uma entidade selvagem e cega, cuja busca de satisfação pode pôr em risco aquele a quem ela move. Daí o interesse em nos voltarmos para o artigo "Pulsões e destinos de pulsão", que, além de ser o *locus* clássico para situar o estatuto da pulsão na doutrina de Freud, tem a vantagem de abrir um conjunto de ensaios intitulado justamente *Metapsicologia*. Texto teórico entre todos, árido mesmo, mas que, sob a lupa interpretativa, revela-se surpreendentemente vivo, pulsando com a vitalidade própria da fantasia.

A primeira constatação que se impõe, se lemos em paralelo os dois textos – *Análise...* e *Pulsões...* – é a de uma impressionante similitude no vocabulário. A passagem do artigo de 1937 aborda a pulsão num contexto muito preciso: o da eliminação do impulso. Em Freud, *pulsão* e *eliminação* estão com frequência em regime de vínculo; é raro que, ao discutir a primeira, o termo *eliminação* e seus sinônimos não apareçam a poucas linhas de distância. Ora, se no caso considerado em *Análise terminável e interminável* é impossível a eliminação/supressão, resta a alternativa da *domesticação*, ou seja, de uma neutralização parcial dos riscos implicados pelo funcionamento cego da pulsão.

*Domesticar* esta última significa mantê-la num certo nível de intensidade, ligá-la a certas representações, controlá-la em seu potencial, submetê-la a um outro regime de funcionamento. Não é difícil perceber que a pulsão "selvagem", livre em seu exercício e na busca da satisfação desimpedida, está próxima do processo primário, enquanto a pulsão "domesticada" o é porque, em certa medida, sujeita-se ao controle do processo secundário. Onde está, então, a semelhança lexical a que me referi? Precisamente, nas ideias de primário e secundário, de controle, de eliminação/ descarga, de nível de intensidade, de ligação/domesticação. Ora – dirão vocês – isso nada tem de extraordinário; se o tema é o mesmo, nada mais natural que as palavras que o revestem sejam as mesmas, ou muito parecidas. De acordo; mas os convido a prestar atenção nas *imagens* que povoam a descrição freudiana, aparentemente "límpida", "objetiva" e "abstrata". Eis algumas frases do início de *Pulsões*...:

> A fisiologia nos oferece o conceito do estímulo e o esquema do reflexo, segundo o qual um estímulo vindo *de* fora ao tecido vivo (substância nervosa) é descarregado *para* fora através da ação. Esta ação se torna adequada subtraindo a substância estimulada à atuação do estímulo, livrando-a do raio de ação do estímulo. (...)
>
> Quanto ao estímulo, o essencial estará dado se assumirmos que ele age como um impacto único; pode ser então eliminado através de uma única ação adequada, cujo modelo deve ser buscado na fuga motora da fonte estimulante. (...)
>
> A mais importante destas pressuposições (...) enuncia: o sistema nervoso é um aparelho ao qual compete a função de afastar novamente os estímulos que a ele chegam, de os reduzir ao nível mais baixo possível, ou que, se isto fosse possível, desejaria manter-se em geral livre de estímulos (...). Atribuamos ao sistema nervoso a tarefa, dito de maneira genérica, de dominar os estímulos[13].

---

[13] Freud, SA III, p. 82-83; BN II, p. 2040-2041. Nota de 2004: Dispomos atualmente de uma obra ímpar na literatura psicanalítica mundial, à qual deveríamos dar toda a atenção: o *Dicionário Comentado do Alemão de Freud*, de Luiz Alberto Hanns, publicado pela Imago. No verbete *Trieb*, Hanns apresenta um apanhado dos sentidos deste termo essencial à doutrina freudiana, bem como das conotações que ele suscita para um leitor de língua alemã, comparando-os com o termo *pulsão* e com as conotações que este evoca para nós, falantes de português. Hanns também estuda a função central do conceito de *Trieb* na obra

A paisagem subjacente a estas formulações teóricas vai se tornando nítida: o personagem chamado "tecido vivo", "substância" ou "sistema nervoso" está constantemente às voltas com algo que o ataca; esse inimigo chama-se estímulo (*Reiz*), e entre ambos não há convivência possível. Dessa agressão, que vem única e exclusivamente *de* fora (o grifo é de Freud), a substância nervosa deve defender-se mediante uma ação que, na verdade, é uma reação, pois seu "desejo" é estar, como Inês de Castro, "posta em sossego". Tal ação tem por finalidade "subtrair" ou "livrar" o personagem do contato nefasto com o estímulo; o modelo desta ação é a fuga, o que por si só bastaria para caracterizar como hostil a "fonte estimulante". Se a fuga for impossível, a substância nervosa será atingida pelo "impacto" do estímulo; sua tarefa torna-se então eliminá-lo (*erledigen*) o quanto antes, "afastar novamente" o perigo. E se tampouco isso não estiver ao seu alcance, ela procurará neutralizá-lo até onde puder, abaixando sua intensidade ("domesticando-o"?) até o patamar mínimo atingível nas circunstâncias. É esta a tarefa que a primeira frase citada acima designa como "descarregar", e que na terceira se converte em "dominar".

É fácil compreender qual o princípio da minha leitura: estou simplesmente tomando ao pé da letra a indicação de Freud segundo a qual "a teoria das pulsões é a nossa mitologia". A mitologia, observa Monique Schneider no livro a que me referi, é uma série de relatos sobre as façanhas dos heróis lendários. Em *Pulsões e destinos de pulsão*, o herói é nada menos do que o próprio conceito de pulsão[14]; o que a autora nos convida a fazer é acompanhar o relato feito por Freud das peripécias deste herói. Embora nas frases que selecionei o personagem central

---

de Freud em sua tese de doutorado: *A teoria pulsional na clínica de Freud,* Rio de Janeiro, Imago, 1999.

[14] Cf. Monique Schneider, *op. cit.*, p. 3.

ainda não tenha aparecido, o cenário guerreiro já está armado: o exterior é uma fonte de risco e de tensão, a ação adequada (*zweckmässig*) consiste numa retirada prudente, ou, se isso se revelar impossível, na redução do poder atribuído ao adversário.

É nessa rede de imagens – como se pode ver nada serena – que Freud ancora o princípio do prazer, definido como tendência ao abaixamento automático do nível de tensão, como descarga de algo que irrita porque excita.

A ideia fecunda de Monique Schneider consiste em pesquisar, através de diversos textos de Freud, o sentido dessa concepção do prazer. A nocividade como característica do aumento da tensão é das mais antigas no itinerário freudiano: ela já se encontra no Manuscrito B, enviado a Fliess em 1893. Curiosamente, nesses primeiros tempos, a origem da neurose não é vinculada à frustração, nem à abstinência, mas ao desregramento, à dilapidação inconsciente dos recursos orgânicos sem qualquer respeito pelo senso de proporções. Quem goza demais se arrisca a morrer, por um processo incontrolável de esvaziamento: tal é o destino do *Lebemann*, o *bon vivant* debochado que devorou a maçã até a última migalha.

Esta figura, porém, eclipsa-se rapidamente nos escritos de Freud; neles vai ganhando destaque a ideia de que o momento decisivo da experiência de prazer é o *retorno à calma*. O que os textos que extraí de *Pulsões*... enunciam aparece na primeira página do *Projeto* de 1895: o princípio dito de "inércia neurônica" postula "desembaraçar-se das quantidades". Nada menos voluptuoso do que o princípio do prazer... Ora, não é esta a mesma ideia que sustenta a concepção da terapia como catarse? "Eliminar o corpo estranho" é apenas uma outra formulação do mesmo movimento que alicerça a metapsicologia no solo rochoso do inanimado. Diz o texto de *Pulsões*: "o sistema nervoso desejaria em geral manter-se livre dos estímulos". Mas será tal coisa possível para um tecido *vivo*?

Seguindo as indicações da autora, é interessante considerar por esse ângulo a teoria da sedução. O termo "sedução" contém a ideia de desvio, de atrair para si – *se-ducere* – mas significa também atrair para fora do bom caminho[15]. A introdução da sexualidade no corpo e no psiquismo da menina é assim pensada como equivalente a um estímulo excessivo, formando o núcleo do "corpo estranho" a partir do qual se estrutura a reminiscência patogênica; é por isso que a terapia visa à expulsão ou à eliminação desse foco interno de excitação.

Ora, o abandono da teoria da sedução, em setembro de 1897, dará lugar a uma reviravolta completa na paisagem que até então prevalecera. O estímulo provinha de uma figura masculina, individualizada como pai e portanto fisicamente separado de sua "vítima". É a essa configuração que Freud renuncia no movimento da sua autoanálise – "o Velho não teve qualquer participação na origem da minha neurose" – para se deparar com uma outra silhueta, bem mais nebulosa, e – aspecto crucial – *feminina*. Mais: de seduzida, a figura feminina converte-se em sedutora. A esse respeito, Monique Schneider faz um comentário instigante:

> No momento em que naufraga esta conexão, no momento em que, por trás da forma discernível do pai, perfila-se uma figura feminina que se desvela como verdadeira origem da sedução,

---

[15] Ver Renato Mezan, "A sombra de Don Juan: a sedução como mentira e como iniciação", in *A sombra de Don Juan e outros ensaios*, 2ª edição, São Paulo, Casa do Psicólogo, 2004. Neste artigo, o tema de Don Juan, tal como Mozart o retrata em sua ópera, ilustra o duplo aspecto da sedução, no sentido de "desvio" e de "fascínio". (Nota de 2004: Uma outra análise desta ópera, abordando a significação edipiana de que se revestiu sua composição – é um monumento à memória do pai de Mozart, falecido poucos meses antes – encontra-se no artigo "Tempo de muda", que incluí na coletânea *Tempo de muda*, São Paulo, Companhia das Letras, 1998. Ali, é sob a elaboração secundária da música que podemos encontrar a camada de fantasias, enquanto no presente artigo ela é evidenciada num texto propriamente conceitual.)

FIGURAS DA TEORIA PSICANALÍTICA

Freud tira uma conclusão oposta à que os fatos descobertos pareceriam exigir: ao invés de reconhecer que a busca de uma sedução situada na infância se revela sempre frutuosa, desde que se atribua eventualmente à mãe a função primitivamente concedida ao pai, ele prefere abandonar pura e simplesmente sua hipótese de uma sedução iniciática[16].

Em outras palavras: será verdade que todo estímulo é um ataque, que toda excitação proveniente do exterior tem necessariamente o sentido de um "impacto" agressivo? E será mesmo adequado falar aqui em "exterior"? Na "mitologia" de 1915, a substância nervosa caracteriza-se por possuir um contorno claro e nítido, um perímetro perfeitamente distinguível daquilo que a circunda. Mas reflitamos com Winnicott: *"there is no such a thing as a baby"*. O que existe é o bebê cercado de um ambiente que, caso não seja propício, pode ter consequências graves para ele. Ora, o "ambiente" descrito por Freud em *Pulsões* é tudo menos propício: para dizê-lo de uma vez, *não há mãe* nessa paisagem lunar, em que todo estímulo é uma violência e toda tensão uma ameaça.

É com base nesse argumento que Monique Schneider propõe opor sedução e pulsão, trabalhando rente ao imaginário que sustenta a elaboração de Freud. O que ela diz, em substância, é que para ele a ideia de uma sedução materna se afigura como insuportável, e mesmo angustiante. Por quê? Porque pode produzir um prazer que não consiste na eliminação do estímulo, mas, ao contrário, na sua interiorização. Este ponto é central na sua teoria do prazer, mas – muito mais importante para o presente argumento – parece mobilizar fantasias com as quais Freud, ao que tudo indica, sente-se incapaz de lidar.

A experiência vivida do prazer comporta dois momentos indissociáveis: o da estimulação e o da distensão. No argumento

---

[16] Monique Schneider, *op. cit.*, p. 35.

70

*Metapsicologia/Fantasia*

de Freud, apenas a segunda vertente pode ser figurada; *enquanto momento de prazer*, a primeira é no mais das vezes desqualificada. Dito de modo mais claro, ela é assimilada ao antiprazer, àquilo em cuja *expulsão* consiste o prazer. Na versão mitológica dos primórdios da vida psíquica que se estrutura em *Pulsões e Destinos de Pulsão*, não existe aporte externo positivo.

É certo que esta não é a única versão em que a teoria do prazer aparece em Freud, e logo mais examinaremos uma outra faceta dela, curiosamente oposta à que estamos examinando. Mas vale a pena permanecer em companhia de Monique Schneider, já que é com extraordinária precisão que ela acompanha os movimentos e as peripécias em que se envolvem os "heróis" dos relatos metapsicológicos. Sua hipótese seguinte é que o estudo da pulsão – na medida em que localiza a fonte da sexualidade no mais íntimo do psiquismo, e faz isso de modo a ratificar a ficção de uma autonomia essencial do sujeito – presta-se a ser lida como "denegação ou anulação retroativa" do tema da sedução. Diz ela:

> É o que fica evidente com a breve evocação feita por Freud da situação original da criança. Situação que será escamoteada, negada tão logo posta, tanto a experiência original da dependência parece insustentável para o teórico preocupado antes de tudo em procurar no psiquismo aquilo que é causa de um movimento autônomo.

A referência aqui é a um texto propriamente desnorteador de *Pulsões e destinos de pulsão*, que descreve o ser vivo inicialmente em situação de quase total desamparo, incapaz ainda de orientação no mundo, e que recebe estímulos em sua substância nervosa. O que vai ocorrer com esse "ser vivo", cuja fragilidade é a de um bebê de poucos dias? Ouçamos Freud:

Este ser estará muito rapidamente (*sehr bald*) em condições de fazer uma primeira distinção e de obter assim (*gewinnen*) uma primeira orientação. Por um lado, experimentará estímulos aos quais se pode subtrair através de uma ação muscular (fuga): esses estímulos são por ele atribuídos a um mundo exterior. Por outro lado, sentirá estímulos contra os quais tal ação permanece inútil, que conservam apesar dela seu caráter de pressão constante; esses estímulos são o indício de um mundo interno, a prova das necessidades pulsionais. A substância perceptiva do ser vivo terá adquirido (*gewonnen haben*), na eficácia de sua ação muscular, um ponto de apoio (*Anhaltspunkt*) para separar um "dentro" de um "fora"[17].

Os termos em alemão não figuram aqui como miçangas de erudição ornamental, mas como instrumento colocado à disposição do leitor a fim de que possa acompanhar passo a passo a complexa teia de associações que eles evocam.

Freud descreve um processo que, supõe-se, deve resultar na separação do exterior e do interior; mas não deixa de ser intrigante a velocidade (*sehr bald*) com que tal processo chega a seu termo. O eixo do texto está na ideia de orientação, e esta orientação é apresentada como uma *vitória* (note-se a frequência do verbo *gewinnen, to win*). A imagem do "ponto de apoio", também presente no texto de *Análise terminável e interminável*, reforça a ideia de que se apoiar é encontrar um ponto fixo, capaz de dar *coordenadas* a um espaço imaginado anteriormente como indiferenciado, homogêneo e envolvente – e por isso mesmo extremamente perigoso.

Em *Análise terminável e interminável*, o ponto de apoio era a oposição dos processos primários e secundários, aqui é a separação do dentro e do fora. Ambos os gestos indicam uma *divisão*,

---

[17] Freud, SA III, p. 83; BN II, p. 2040.

uma reticulação deste meio liso e uniforme, a qual tem como foco o lugar ocupado pelo sujeito. *Orientar-se é, assim, referenciar a partir de si*. Também nessa passagem se encontram os termos a que já nos habituamos: a ação, a fuga, a eficácia ou a ineficácia da "subtração" (outra metáfora distanciadora) na qual consiste o único meio de lidar com o estímulo: subtração de si mesmo à ação dele, ou subtração de uma parte da sua intensidade a fim de reduzi-lo ao mínimo possível. Nesse sentido, convém reparar num outro trecho da mesma página, em que a ideia de ação em relação a um fim (*zweckmässig, zielgerecht*) também tem igualmente a conotação de vitória:

> Como a pulsão não ataca de fora, mas do interior do corpo, nenhuma *fuga* pode ser eficaz *contra* ela. Denominamos mais propriamente o estímulo pulsional "necessidade"; o que *suprime* a necessidade é a satisfação. Ora, ela só pode ser obtida (*gewonnen*) através de uma *alteração* adequada da fonte interna de estimulação[18].

Creio que não é necessário arrombar portas escancaradas: são evidentes as conotações veiculadas pelos termos que grifei. Elas se constelam em torno da ideia do combate contra um inimigo a ser neutralizado: a situação do desamparo caracteriza-se, assim, como aquela em que existe risco de ser envolvido, circundado ou abraçado por um estímulo ao qual não se possa atribuir uma fonte, isto é, um foco único capaz de polarizar o contra-ataque. Retomemos as frases mencionadas há pouco: uma delas, a que situa o estímulo como *impacto*, insiste no caráter único (*einmalig*, que ocorre uma vez só) do contato com ele, sempre pensado como uma quantidade discreta, portanto com uma origem *discernível*. Antes de diferenciar o dentro e o fora, o ser vivo

---

[18] Freud, SA III, p. 82; BN II, p. 2040 (grifos meus).

FIGURAS DA TEORIA PSICANALÍTICA

tem como tarefa diferenciar, *no fora*, de onde vem a estimulação, a fim de voltar contra a "fonte" a ação adequada.

Não há como negar razão a Monique Schneider quando ressalta em que o estudo da pulsão, ou do que ela chama com propriedade "o bebê-Hércules", organiza-se como anulação de qualquer possibilidade de sedução. Isso se torna ainda mais claro se observarmos que o termo "estímulo" – *Reiz* – significa igualmente, na língua cotidiana, "atração" e "encanto". Detalhe curioso: *"reizlos"* (que Freud emprega unicamente no sentido de "livre de estímulos") é também o adjetivo para "sem graça", "sem atrativos". O que fica formalmente excluído desse modo é que o estímulo possa se dar como afago ou carícia, capaz de gerar uma nova sensação, a percepção de uma intensidade diferenciada.

O prazer surge portanto na ponta extrema de um movimento de *subjugação* do estímulo, de derrota da excitação. E é nesse sentido que ganha relevo uma ideia que, salvo melhor juízo, aparece pela primeira vez no artigo de 1915: a de que a tarefa do psiquismo é *dominar* (*bewältigen*) os estímulos. Convenhamos que eliminar a tensão – descarregá-la, mantê-la próxima de zero – é ainda algo que se deixa imaginar como um processo automático: mas *dominar* não é um reflexo. É um ato convergente com a insistência de Freud no aspecto finalizado da ação (*zweckmässig* ou *zielgerecht*). E a autora não deixa de ser perspicaz quando relaciona a essa atmosfera belicosa o fato de que, poucas páginas adiante, o paradigma de pulsão vá ser localizado por Freud precisamente no... sadismo.

O que o texto de *Pulsões e destinos de pulsão* deixa na sombra é a existência da oralidade, do prazer que consiste em absorver do exterior algo que escapa às categorias da violência e da agressão. Ora, é nessa direção que se encaminha outra análise de Freud: a célebre passagem dos *Três ensaios* que descreve o surgimento do autoerotismo a partir da experiência da amamentação.

74

Os leitores de *Vida e morte em psicanálise* recordar-se-ão da maneira pela qual Laplanche se serve desse texto para esclarecer o mal-entendido em torno do narcisismo primário, mal-entendido que tanta tinta fez correr na história da literatura psicanalítica. Com efeito, o que Freud descreve não é nenhum estado "anobjetal" que precederia a descoberta do mundo exterior, estado que só existe na miopia dos que leem no texto aquilo que querem ler. A caracterização de Freud é cristalina: o autoerotismo é o momento inaugural da sexualidade, porque nele o prazer se emancipa da satisfação de uma necessidade vital; mas de modo algum é o momento inaugural da *existência biológica* nem da vida psíquica, posto que se apoia na experiência de sugar o seio:

> E, além disso, é nítido que o comportamento da criança que chupa o dedo está determinado pela busca de um prazer já vivenciado, e agora lembrado. (...) É também fácil adivinhar em qual ocasião a criança teve a primeira experiência desse prazer que agora aspira a reproduzir. A primeira e mais importante atividade vital da criança, o sugar do seio materno, já deve tê-la familiarizado com esse prazer[19].

O que me interessa assinalar é que nos *Três ensaios* o estímulo (ali chamado *Reizung*), não é de modo algum traumatizante: "diríamos que os lábios da criança se comportam

---

[19] Assim se exprime Freud nos *Três Ensaios* (seção 2 do capítulo II, SA V, p. 88; BN II, p. 1200). Laplanche discute longamente esse trecho no capítulo I de *Vie et mort en psychanalyse*, Paris, Flammarion, 1970, texto no qual também é proposta uma leitura instigante de *Pulsões e Destinos de Pulsão*. Essa leitura, por sua vez, inspira alguns dos desenvolvimentos que apresento em "A Medusa e o Telescópio" (*Interfaces da Psicanálise*, São Paulo, Companhia das Letras, 2002). Uma análise mais detalhada do tema do prazer em Freud pode ser encontrada em Renato Mezan, "A ilha dos tesouros: relendo A Piada e sua Relação com o Inconsciente", in Abrão Slavutzky e Daniel Kupermann (orgs.), *Seria trágico... se não fosse cômico*, São Paulo, Civilização Brasileira, 2005.

# FIGURAS DA TEORIA PSICANALÍTICA

como uma *zona erógena*, e que a estimulação pelo fluxo quente do leite foi bem a causa do prazer"[20]. Reparem que a paisagem muda por completo: o meio não é hostil, como o será em *Pulsões*..., mas benéfico. Essa concepção reata com a passagem do *Projeto* de 1895 na qual Freud fala da *fremde Hilfe* – ajuda externa – trazida pelo adulto ao bebê *hilflos*, desamparado: situação inimaginável, verdadeira *contradictio in adjecto*, na perspectiva de *Pulsões e destinos de pulsão*. Aqui aparece, portanto, a ideia de um prazer não determinado pela extinção da tensão, mas que decorre de um aporte externo benfazejo, de um gesto que acaricia e suscita no corpo ou na psique novas e até então desconhecidas possibilidades de desfrute.

## As duas faces da metapsicologia

Eis-nos bem longe, ao que parece, da metapsicologia-feiticeira. E contudo, nos meandros associativos a que nos conduziu essa imagem, *die Hexe* ganha corpo, tornando possível compreender por que para Freud ela funciona como emblema da teorização psicanalítica.

Em primeiro lugar, trata-se de justificar o método de leitura sugerido pela passagem de *Análise terminável e interminável* da qual partimos. A especulação e a teorização se apoiam num vigoroso substrato de fantasias, como espero ter podido demonstrar. Essas fantasias têm uma faceta pré-consciente e uma outra propriamente inconsciente. Neste caso específico, o tema do prazer, em suas vinculações com a pulsão e a sedução – em aparência, um dos mais rarefeitos e abstrusos problemas que a metapsicologia poderia abordar – revela-se atravessado de cabo a rabo por uma organização fantasmática notável pela sua

---

[20] Freud, SA V, p. 88; BN, p. 1200.

coerência, que repousa sobre movimentos de atração e de repulsa por uma figura feminina encarnada à perfeição pela feiticeira.

Numa passagem clara e elegante, Monique Schneider resume o movimento realizado por Freud em *Pulsões e destinos de pulsão*:

> Estamos longe das evocações epistolares de geratriz que seduz e traz a vida. Mudanças devidas ao fato de que a paisagem solidária do ato de escrever mudou radicalmente: não se trata mais de recolher lembranças individuais ou impressões, mas de edificar uma construção metapsicológica cuja tarefa é reconstruir os fundamentos do psiquismo (...). Não é, então, o próprio projeto que obriga a trajetória a se experimentar como "desorientada", quando ela quer deduzir os movimentos fundamentais do bebê, movimentos que só ganham sentido numa situação de encontro, de imersão no interior de um ambiente que continua a conter a criança? (...) Se no lugar do bebê descobrimos a sombra de um teórico que se imagina bebê, compreendemos a aceleração temporal surpreendente que transforma de súbito o lactente em herói musculoso, transformação exigida pela atualização da fantasia[21].

É precisamente essa superposição do teórico e do fantasmático, de um teórico que mergulha raízes no fantasmático e se ergue como escudo defensivo contra ele – escudo igualmente fantasmático, talvez seja oportuno dizê-lo – que encontra figuração exemplar na imagem da feiticeira. Pois não é de pouca monta transformar a figura da sedutora, tão angustiante que precisa ser recoberta com toda a malha conceitual, em auxiliar *da própria malha conceitual*: é isso que Freud faz quando convoca a bruxa para o salvar do mau passo em que se meteu. No contexto de *Análise Terminável...*, ela não surge mais como metáfora da nebulosa materna no que esta tem de envolvente e mortífero, e sim

---

[21] Monique Schneider, *op. cit.*, p. 116.

como "ponto de apoio". Por imprecisas que possam ser suas "informações", elas se revelam "inestimáveis". A feiticeira é assim um claro exemplo de formação de compromisso, na medida em que conota simultaneamente o temível e o aliviante, a desorganização das referências no escuro da cavidade materna e a baliza separadora[22].

Mas este excurso pelas redes associativas que se destacam na paisagem conceitual da metapsicologia nos pode ser útil ainda de outra maneira. Se a fantasia corresponde à ficção que encontramos na definição do *Vocabulaire*, convém recordar que, na abertura deste texto, assinalei a importância da noção de *elaboração*, igualmente presente na conceituação proposta por Laplanche e Pontalis.

A metapsicologia não é simplesmente a tradução em linguagem empolada das peripécias imaginárias vividas pela família Freud no inconsciente do seu membro mais ilustre; se assim fosse, não estaríamos ainda hoje tentando pensar usando-a como instrumento[23]. Essas figuras articulam-se, em outro nível, como *conceitos*; e é justamente quando ganhamos uma noção do seu funcionamento como personagens ficcionais que podemos fazer uma ideia do imenso trabalho mediante o qual elas se transformaram em noções abstratas. Tal trabalho é, muito precisamente, o que conduz do processo primário ao secundário: pois é graças a este último que são possíveis a abstração e a generalização, passos sem os quais não se podem produzir conceitos.

---

[22] A vassoura associada à bruxa reduplica este aspecto separador: se o fato de ser comprida e dura a liga à imagem do pênis, o de possuir um cabo vertical a torna apta a servir como poste ou mourão, isto é, marco que indica um limite.

[23] Nota de 2004: Assim procedem certas correntes inspiradas na fenomenologia, tanto dentro da Psicanálise – por exemplo, Roy Schafer e George Klein – quanto na sua periferia, por exemplo na leitura de Winnicott à luz de Heidegger proposta entre nós por Zeljko Loparic. Para uma discussão deste ponto de vista, do qual discordo, ver "Metapsicologia: por que e para quê", in *Tempo de muda*, São Paulo, Companhia das Letras, 1998.

Dito de outro modo: é na passagem de um tipo de processo ao outro que, a meu ver, reside a elaboração a que se referem Laplanche e Pontalis. O trajeto que realizamos nas duas primeiras seções deste trabalho visou a desconstruir a armadura reflexiva em que por vezes a linguagem metapsicológica se converte, a fim de mostrar o seu avesso na fantasia e a imbricação dos registros imaginários e simbólico-discursivo no exemplo privilegiado da linguagem figurada: para medir a distância entre duas coisas, convém mostrar que em certos pontos elas se aproximam, e que é no trabalho de negação interna que se configura a própria possibilidade da distância.

Teoria e fantasia, que à primeira vista pareceriam polos bem distintos, revelam-se assim como duas pontas de um processo plurideterminado. Mas tal percurso não é de mão única: se, ao ler, pode ser útil ir em busca da fantasia que subjaz à teoria, ao tentarmos passar da posição de "consumidor" para a de "produtor" o caminho inverso se impõe. Cabe assim estudar brevemente o que significa a metapsicologia enquanto procedimento de elaboração secundária de elementos oriundos do processo primário; ao fazer isso, apenas seguimos a pista oferecida por Freud no parágrafo de *Análise terminável e interminável* que nos serviu de mote: "nosso ponto de apoio – inestimável – reside na oposição dos processos primário e secundário".

A metapsicologia é o modo de exposição característico da Psicanálise, e a ela recorremos quando queremos dar forma às ideias balbuciantes que se formam em nosso espírito. Escrevendo certa vez a Ferenczi, Freud observou que o "mecanismo da produção consiste numa série de imaginações audazes e extravagantes, e num senso crítico implacavelmente realista". Dar rédea solta à imaginação é um primeiro momento, mas ele precisa ser contido e filtrado pelo "senso crítico", pela razão; caso contrário, estaríamos numa situação que Patrick Lacoste caracteriza com propriedade como "sacralização da fantasia"[24].

Esse autor oferece uma sugestiva contribuição ao esclarecimento da conexão metapsicologia/fantasia, no sentido de que não temos aqui dois fatores externos um ao outro, porém duas vertentes de um mesmo processo, a primeira consistindo numa elaboração e num refinamento da segunda. Para Lacoste, a metapsicologia opera em dois registros que vale a pena distinguir. O primeiro é aquele em que me situei até aqui: a construção de modelos conceituais do funcionamento psíquico, a exemplo do que faz Freud não apenas em *Pulsões*, mas em toda uma série de textos que vão do *Projeto* de 1895 até, justamente, *Análise terminável e interminável*, com sua ênfase na discussão do árduo problema da temporalidade psíquica[25]. Já o segundo, menos frequentemente lembrado, porém talvez mais importante, é aquele que está à disposição do psicanalista quando escuta seu paciente. Lacoste designa-o como o registro da "fantasia teorizante, enquanto jogo de representações figuradas que participam de um processo de secundarização da situação psíquica do analista"[26].

Isso quer dizer que, ao interpretar, o psicanalista efetua uma elaboração das imagens nele suscitadas pelas palavras do paciente, elaboração que parte destas imagens, mas não se resume a elas – caso contrário estaríamos justamente na "sacralização da fantasia", ou na imposição arbitrária de um sentido bruto, em qualquer caso referente antes de mais nada ao próprio psicanalista[27]. Como psicanalisar não é o mesmo que traduzir

---

[24] Patrick Lacoste, *La sorcière et le transfert*, Paris, Ramsay, 1985, p. 238.

[25] Entre os muitos autores que se ocuparam com este artigo essencial de Freud, ressalto dois cuja contribuição reputo das mais valiosas: Joel Birman, "Finitude e Interminabilidade do Processo Psicanalítico", *Teoria e Prática*, nº 5, Rio de Janeiro, Ed. Campus, 1988, p. 16-47; Patrick Mahony, *op. cit.*, capítulo 3.

[26] Patrick Lacoste, *op. cit.*, p. 243.

[27] Ver, neste volume, o artigo "Caleidoscópio", no qual comento alguns livros que seguem essa pista.

simultaneamente as representações do outro em meu dialeto particular, magicamente promovido à condição de metalinguagem apropriada para desvelar o sentido do que escuto, há que seguir a indicação de Freud, e submeter a "imaginação desvairada" ao crivo da "crítica impiedosa". É desse modo que o psicanalista efetua a elaboração das imagens nele suscitadas pelas palavras do paciente, o que é o mesmo que dizer que as faz passar pelo prisma do processo secundário.

Ora, nesse movimento ele mobiliza precisamente as representações auxiliares oferecidas pela metapsicologia. A imagem da feiticeira recobre, assim, a maneira pela qual se organizam esses elementos psíquicos, e funciona, diz Lacoste, como um "princípio de seriação", como uma ordenação das imagens que justamente evita a sacralização da fantasia, isto é, do mal-entendido que consiste em tomar as imagens brutas que surgem no espírito do analista como *interpretação direta* da fantasia do paciente.

Ao passarem pelo filtro das representações metapsicológicas – num processo em larga medida pré-consciente – essas imagens brutas que formam a base da interpretação estruturam-se a partir de um sistema de correlações. Esse sistema tem um pé nos modelos universais do funcionamento psíquico construídos pela Psicanálise, e outro pé na experiência imediata *desta* análise, com *estes* protagonistas singulares. É dessa tensão interna ao trabalho do pensamento que surge a interpretação como formulação verbal – portanto secundarizada – de um conteúdo que nasce em outras paragens, e que é apreendido pelo paciente em diversos níveis de significação, à maneira de uma trilha sonora estereofônica.

Metapsicologia/fantasia – a barra une-as e as distingue, porque é assim que elas (ela?) funcionam. Se quisermos deixar a feiticeira em paz na sua cozinha, podemos recorrer a mais uma passagem deste repertório favorito de citações de mestre

Sigmund – o *Fausto* de Goethe – a fim de obter outra representação figurada do seu entrelaçamento. Entrelaçamento que é obra da sublimação, da conversão de uma finalidade erotizada pela pulsão (ver e saber) em ferramenta capaz de ser posta a serviço de um objeto terapêutico, e portanto da compreensão e da transformação de uma psique que não é a do analista.

A certa altura do poema, Mefistófeles enuncia algo que resume à perfeição o trânsito entre as dimensões que procurei associar nas páginas precedentes. Com ele, assim, a palavra final:

*Mefistófeles:* Decerto é a fábrica do pensamento
Qual máquina de tecimento
Em que um só piso já mil fios move.
Voam, indo e vindo, as lançadeiras
Em que, invisíveis, fluem tramas ligeiras,
Um golpe mil junções promove[28].

---

[28] Goethe, *Fausto*, trad. Segall, p. 90.

# TRÊS CONCEPÇÕES DO ORIGINÁRIO: STEIN, LE GUEN, LAPLANCHE

Uma das características mais notáveis da Psicanálise francesa é uma singular combinação do espírito de *finesse* e do espírito de geometria: é ela que, para um leitor estrangeiro, constitui sua riqueza e seu interesse. Nos Estados Unidos, na Grã-Bretanha ou na América do Sul, a teoria é certamente importante; refinam-se os instrumentos da prática e do pensamento, são introduzidos novos conceitos ou descritas novas configurações clínicas. Mas somente na França encontram-se tantos autores que tenham ido tão longe no questionamento e na discussão dos mais sólidos parâmetros da disciplina freudiana. Pareceria que, para muitos psicanalistas franceses, ao menos uma vez na vida coloca-se um imperativo incontornável: retomar o conjunto da doutrina herdada, desmontá-la até seus últimos elementos e seus primeiros princípios, para reconstruir em seguida as diversas coordenadas em um sistema que traga sua marca pessoal.

Tal atividade não visa, em geral, a fundar uma nova escola de Psicanálise: ela se dá em nome de uma *exigência de rigor* no domínio tanto do pensamento quanto da prática. Essa exigência parece haver nascido das sequelas do contato com Lacan, que não pôde deixar de afetar profundamente os analistas franceses, mesmo e sobretudo os que não seguiram as vias teóricas por ele abertas.

Eis uma condição essencial do fenômeno sobre o qual quero chamar a atenção: para os que se intitulam seus discípulos, as elaborações do mestre bastam para satisfazer sua inquietação quanto à natureza da Psicanálise, para apoiar sua maneira de praticá-la e para justificar esse duplo movimento. Ou seja, os lacanianos não experimentam a necessidade de questionar tudo até os fundamentos. Uns com mais brilho, outros com menos, contentam-se em contribuir para o desenvolvimento das ideias de Lacan; sob esse aspecto, nada os distingue de seus colegas kleinianos na Grã-Bretanha ou dos analistas que seguem as diferentes correntes de pensamento existentes nos Estados Unidos. Quanto aos que escolheram ignorar o cataclisma lacaniano, continuaram no *mainstream* da IPA, e é dentro dos limites dele que se localizam suas contribuições nos diversos setores da investigação teórica e clínica.

Outros analistas, embora reconhecendo a necessidade de uma "volta a Freud", não se satisfizeram com os resultados da abordagem lacaniana: são eles que, ao longo dos anos, criaram as obras mais inovadoras e mais estimulantes da Psicanálise francesa. Foi-lhes necessário realizar dois movimentos complementares: na esteira de Lacan, realizar uma crítica da teoria psicanalítica tal como se apresenta em seu aspecto usual, desafiando as verdades e os hábitos de pensamento mais "evidentes". No entanto, pelas mais diversas razões, os caminhos pelos quais Lacan avançava não os podiam satisfazer; surgiu assim a necessidade de retomar tudo, procurando evitar o que consideravam inadmissível na doutrina, na prática ou na instituição fundadas por Lacan, mas preservando a inspiração profunda da revolução que ele iniciou. Fiéis a ele em sua recusa de se curvar às evidências do senso comum psicanalítico – ainda que em sua versão lacaniana – esses autores retornaram a Freud, como o próprio Lacan fizera em seu tempo – mas o resultado dessa viagem foi bem diferente.

É importante sublinhar que esses psicanalistas não formam nem um grupo, nem uma escola, nem uma tendência; pode-se, quando muito, reconhecer em seus escritos um estilo de pesquisa, uma maneira de estar inquietos, um desejo de assentar a Psicanálise sobre bases mais firmes. Estes traços comuns lhes conferem um ar de família, talvez mais perceptível ao leitor estrangeiro que a seus colegas do Hexágono. O ponto de partida é partilhado por todos: a dupla insatisfação proporcionada pelo Freud herdado e pelo Freud lacanizado; não obstante, seus trabalhos chegam a posições cujo parentesco repousa mais sobre a maneira como foram estabelecidas que sobre concordâncias de fundo.

É essa característica que chamei acima de "combinação singular de espírito de *finesse* e espírito de geometria": espírito de *finesse* na leitura de Freud e na reflexão sobre a prática da análise, espírito de geometria na vontade de edificar um sistema capaz de ser sobreposto ao construído por Freud, retomando os temas, os conceitos e as questões introduzidas por ele. Tem-se por vezes a impressão que esse movimento quer produzir um freudismo mais freudiano que o de Freud, em sua exigência de profundidade e de coerência, em sua necessidade de eliminar, através de um raciocínio mais rigoroso, o que se tem por escórias na obra fundadora.

E é justamente a referência bastante precisa a Freud, à sua problemática, assim como à experiência do tratamento tal como se desenvolve sob os paradigmas estabelecidos por ele, que diferencia a elaboração desses autores da de seus homólogos de língua inglesa, espanhola ou portuguesa. Conhece-se Freud de cor, até mesmo a correspondência privada e os detalhes biográficos; Freud é o interlocutor privilegiado, não um ancestral que teria fundado a linhagem e que se venera de longe. Pierre Fédida disse uma vez: a referência é coisa bem diferente da reverência. Esse é, sem dúvida, o efeito mais durável e salutar da influência de Lacan: ter feito de Freud alguém com quem se *dialoga*, que, mesmo sendo o fundador, conserva atualidade, servindo como âncora até para desenvolvimentos que se distanciam das suas concepções manifestas.

Neste artigo, abordarei três desses autores, que talvez já seja hora de nomear: Conrad Stein, Claude Le Guen, Jean Laplanche. Poderia ter incluído André Green, Serge Viderman, Piera Aulagnier, Pierre Fédida e toda uma série de outros tão notáveis quanto eles; se não o fiz, é porque não tenho intenção alguma de ser exaustivo. Quero somente apresentar três obras editadas ou reeditadas nestes últimos tempos. Trata-se de *A Criança Imaginaria*[1], *A Dialética Freudiana*[2] e *Novos Fundamentos para a Psicanálise*[3].

Entretanto, estes três livros não foram escolhidos por acaso; mesmo sendo bastante diferentes uns dos outros, têm pontos em comum. Primeiramente, trata-se de textos de síntese, cuja gestação, segundo os próprios autores, foi longa e por vezes penosa. O livro de Stein precisou sete anos para ser completado; o de Le Guen (em dois volumes), mais de uma década; o texto de Laplanche, mesmo sendo menos extenso que os outros, é o resultado de vinte e cinco anos de pesquisa sobre Freud.

---

[1] Conrad Stein, *L'enfant imaginaire*, 2ª. ed., Paris, Denoël, 1987, 381 p. (1ª. edição, 1971).

[2] Claude Le Guen, *La dialectique freudienne*, Paris, PUF (tomo I: *Pratique de la méthode psychanaluytique*, 1982, 300 p.; tomo II: *Théorie de la méthode psychanalytique*, 1989, 310 p.). Tradução brasileira: *Prática do Método Psicanalítico*, São Paulo, Escuta, 1991. Até o momento (2009), o segundo volume permanece inédito em português.

[3] Jean Laplanche, *Nouveaux fondements pour la psychanalyse*, Paris, PUF, 1987, 160 p. Tradução brasileira: *Novos Fundamentos para a Psicanálise*, Porto Alegre, Artes Médicas, 1992.

Correspondem portanto ao tipo de trabalho cuja especificidade procurei destacar, principalmente porque – cada um à sua maneira – sua ambição é chegar aos *fundamentos*. Como resultam de construções suficientemente pessoais e variadas para atrair minha curiosidade de leitor, fui levado a colocar, por minha vez, a questão: como e por que três autores, movidos de início por inquietações semelhantes – pois concernem à natureza da Psicanálise enquanto teoria e enquanto prática – *podem chegar a conclusões tão diferentes?*

## A situação analítica como estrutura antropofântica

A profunda originalidade do livro de Conrad Stein, aquilo que o eleva ao nível dos clássicos da Psicanálise, reside em sua tentativa de deduzir a metapsicologia do estudo das constantes do processo analítico. A sessão de análise é o lugar de onde partem e para onde convergem todos os desenvolvimentos teóricos de *A Criança Imaginária*, inclusive aqueles que em seu tempo suscitaram o escândalo de certos leitores, porque dizem respeito à sua "autoanálise". A situação analítica se apresenta assim como o lugar de origem do pensamento analítico, não apenas pela razão evidente de que é o *locus* em que se produzem os fenômenos que a teoria tem por função explicar e fundar, mas também porque reproduz, em suas coordenadas muito particulares, as condições de constituição de todo sujeito humano.

Convém ressaltar a audácia deste *parti pris*, que equivale a estabelecer entre a prática e a teoria da Psicanálise uma ligação muito mais estreita que a admitida por outros autores, a começar pelo próprio Freud. Jean Laplanche assinala, nas *Problemáticas*, bem como em seu livro sobre os fundamentos da psicanálise, que a elaboração freudiana procede certamente da experiência do tratamento, mas que seria falso pretender que esta seja a única vertente da experiência psicanalítica em sentido amplo. Ao lado da "clínica", Laplanche enumera três setores em que se "fabrica" a Psicanálise: a análise *extramuros* (seu uso para estudar fenômenos culturais); a própria prática teórica; e a história do pensamento de Freud, na medida em que pode abrir o campo de uma problematização fecunda.

Sem dúvida, Laplanche tem razão quanto a Freud; quem negaria que *A Interpretação dos sonhos* ou *Totem e Tabu* sejam textos nos quais – sem tratar de questões propriamente clínicas – a conceptualização avança de maneira decisiva? Isso faz ressaltar de maneira ainda mais clara a especificidade da abordagem de Stein. O trabalho teórico considerável realizado em sua obra se apoia fortemente nos numerosos fragmentos de tratamento e nos numerosos relatos de sonho que submete à consideração do leitor. Estas sequências, extraídas da prática da análise, não têm de forma alguma a função de ilustrações: na estratégia da obra servem para colocar os problemas a partir dos quais se constrói a reflexão, que em seguida retorna a eles para elucidar seus aspectos enigmáticos.

O ponto de partida do livro é um acontecimento normal em toda análise: o embaraço do paciente exposto à regressão. Não poderemos retomar as sequências que sustentam a demonstração; limitar-me-ei a tentar restituir as principais linhas do raciocínio de Stein.

O embaraço indica o conflito entre "duas potências psíquicas", uma que visa à realização narcísica na regressão, outra que se opõe à primeira, e suscita o duplo fenômeno da resistência e da transferência. Esse conflito é redobrado pela espera de uma intervenção do psicanalista, ao mesmo tempo *desejada* – para pôr fim ao mal-estar experimentado pelo paciente – e *temida* – na medida em que manifesta o poder de um fator estranho à onipotência dele.

O conceito de onipotência é de tal forma central no pensamento de Stein, que convém dissipar um possível mal-entendido. Ser onipotente não quer dizer ser capaz de fazer tudo o que se deseja: não é o que poderia esperar alguém que dispusesse de uma varinha mágica. Ser onipotente significa não ter desejos, pois desejar e realizar seu desejo seriam uma única e mesma coisa. Abolição do desejo, a onipotência é consequentemente abolição de qualquer subjetividade determinada: ninguém poderia ser sujeito da sua onipotência. A representação dela pode, por isso, ser dita idêntica à da morte; a regressão que nela culminaria acarretaria uma angústia sem fundo e sem forma, se a potência contrária não viesse colocar-lhe obstáculos, obrigando os desejos que emanam da primeira potência a terem um conteúdo determinado. Reconhece-se aqui o paradigma do sonho: segundo Stein, as representações que se vão enunciando na sessão provêm desse jogo de forças, e indicam as modalidades de sua organização.

Em relação ao narcisismo do paciente, o psicanalista é colocado pela transferência como principio de um poder de frustração. A fala de cada um dos protagonistas da situação se torna assim o objeto do desejo do outro; as inevitáveis falhas em satisfazer esse desejo de que ambos dão prova fornecem o fio condutor para o estudo dos fenômenos que surgem na situação analítica. Vejamos como isso ocorre.

A fala do psicanalista aparece como portadora de um triplo efeito. Ela deve sua eficácia à sua função de *predicação*, quando estabelece o paciente como sujeito de seus desejos; à sua função de *julgamento*, quando o designa como culpado de uma falta original; e também à sua função de *agente de um prazer sexual*, quando alivia a tensão que surge do deslizamento regressivo. Isso leva Stein ao que denomina "roteiro transferencial".

Enquanto a concepção habitual da transferência a coloca como "expressão de um sentimento dirigido ao psicanalista devido à substituição da representação de sua pessoa à representação de outra pessoa"[4], Stein se interroga sobre o que torna

---

[4]  *L'enfant...*, p. 83.

necessária e inelutável essa substituição. Para ele, a transferência exprime a espera da intervenção do psicanalista, intervenção adequada para suprimir a resistência, se conseguir se sobrepor aos desejos do roteiro transferencial. Ora, esse roteiro apresenta uma constância surpreendente: é representação de uma *cena de sedução*, e espera da condenação do desejo de ser seduzido.

Por que soldar assim sedução e transferência? Porque a sedução comporta sempre a negação do desejo sexual cujo sujeito é o paciente; ser seduzido é poder gozar do desejo de outro sem ser considerado responsável por esse gozo. Ser objeto do desejo é a mais segura maneira de exercer um *poder* sobre esse outro; é também uma das manifestações do desejo de onipotência. O desejo de ser seduzido condensa assim as duas tendências: a da regressão e a do recalque que sustenta a resistência.

A sedução na transferência resulta portanto de um deslocamento, mas não entre representações de pessoas: nesse último, Stein veria mais o *efeito* que a *causa* da transferência. O deslocamento aqui é o de uma cena de sedução que pertence ao passado do paciente. Quer tenha sido real ou imaginada, esta pode sempre ser considerada como *lembrança encobridora*, pois por trás de cada cena se perfila outra, e assim sucessivamente. O ponto de partida dessa série não pode ser localizado em nenhuma cena particular; deve ser postulado como estando fora do tempo e de qualquer categoria, em virtude do que Stein lhe confere o epíteto de "mítico".

A transferência aparece então como um processo em que se atualizam retroativamente as representações desta cena mítica, considerada como foco e lugar virtual de todos os seus representantes. O lugar em que se supõe residirem tais virtualidades é o inconsciente. Na medida em que cada cena de sedução dá uma imagem ao desejo de ser seduzido, o núcleo de onde emanam todos os desejos é chamado "fantasma do inconsciente": dele procedem – por deslocamento, transposição, condensação e combinação – todas as cenas suscetíveis de o representar, sempre de forma disfarçada.

A representação mais pregnante do fantasma do inconsciente é a chamada *cena primitiva*, em que o sujeito está presente como testemunha fascinada da relação sexual entre seus pais. A passagem da sedução à fascinação é operada por Stein graças à ideia de *atualização do fantasma*, como acontece no sonho: "o sonho é uma linguagem no infinitivo". Ora, o infinitivo só com dificuldade pode ser considerado como modo verbal, já que exclui que se possa ser sujeito de uma fala. A fascinação denota assim um tipo particular de indeterminação, do qual somente se pode dizer que "está acontecendo alguma coisa". Temos assim a outra ponta da cadeia: o fantasma do inconsciente é, ao mesmo tempo, o *término* suposto do movimento regressivo e a *origem* suposta de todas as cenas que podem ser objeto de uma representação carregada de afeto, ou seja, de um desejo que se refira a elas e passível de ser conteúdo de uma lembrança.

O movimento regressivo tende a dissolver todas as ligações que mantêm juntas as representações, e em particular a ameaçar a coerência de representação de si, o que obviamente produz uma vivência carregada de desprazer. A dissolução de si pode ser figurada pela imagem da volta ao ventre materno, em uma união cuja condição é a perda da individualidade.

Assim como para a onipotência, Stein apresenta uma visão radical desse fantasma: o incesto, pois é dele que se trata, não consiste em uma relação genital entre dois adultos, um dos quais seria filho do outro. Tal relação é somente representação defensiva de um ato muito mais terrificante, que a rigor não pode ser sequer caracterizado como *ato*: a liquefação de si na união com a mãe. *Esta* união seria mortal; assim, a regressão que tende à morte psíquica pode ser considerada correlativa do movimento que visaria à realização do incesto. Se este objetivo é por um lado o conteúdo de um desejo – *o desejo do incesto* – é por outro conotado de horror – o *horror ao incesto*. Para Stein, o horror ao incesto não vem do medo da castração, mas é tão primordial quanto o desejo incestuoso. Esta ideia resulta de sua concepção de regressão e da transferência; a noção de complexo de Édipo e seu correlato, a noção de complexo de castração, deverão por isso ser profundamente modificadas. O verdadeiro medo não é o do pai castrador, mas o da *mãe devoradora*: o horror ao incesto equivale então ao medo da morte.

Repitamos: o desejo incestuoso não pode ser confundido com a vontade de se unir à mãe. O objetivo deste desejo é o *realizar a onipotência*, já que aboliria o sujeito enquanto tal; é idêntico ao objetivo do fantasma do inconsciente, pois, ao ser o lugar virtual de todos os desejos, este pode ser concebido como a figura que resultaria da realização simultânea de todas as suas virtualidades. O que se opõe à atualização simultânea de todos os desejos? É o princípio da contradição, que vem limitar a onipotência do desejo. Esta pode ser também conotada por sua qualificação como desejo incestuoso supostamente realizado no fantasma do inconsciente.

É por isso que a atualização do fantasma que se produz na regressão pode fazer surgir uma "representação no fascínio": tal representação é adequada para caracterizar um estado em que as representações não poderiam ser atribuídas a si, pois "si" é um sujeito, e o que constitui o sujeito é a atribuição de um predicado. Afirmar isso é o mesmo que dizer que o princípio de contradição – que enuncia a impossibilidade de atribuir predicados contraditórios a um mesmo sujeito – está implicado na força que se opõe à regressão, e que se manifesta no embaraço sentido na sessão de análise.

## Uma nova visão do complexo de Édipo

Com o incesto e o horror ao incesto, chegamos ao complexo de Édipo. A particularidade da concepção steiniana deste complexo não é fundá-lo sobre a ambivalência dos desejos referentes aos pais – o que seria o *conteúdo* do complexo, e não sua *origem* – mas sobre o duplo jogo da tendência à regressão (isto é, do desejo incestuoso ou onipotente) e da tendência a deter o movimento regressivo, que suscita a transferência sobre o analista na expectativa de sua fala (ou seja, o horror ao incesto traduz em termos emocionais a ação fundadora do princípio de contradição). Os desejos edipianos vão então ser deduzidos de aspirações cuja conjunção produz um *conflito dramático*, marcado pela ambivalência dos sentimentos dirigidos a uma pessoa; ou, mais precisamente, marcado pelo conflito que surge do desdobramento do roteiro transferencial, remetendo as aspirações – até então dirigidas a uma mesma pessoa – a duas pessoas diferentes.

Para formar o complexo de Édipo, os desejos incestuosos se unem a outros: desejo de ser amado, de ser castigado, de morte. Na medida em que são manifestações do desejo de onipotência, esses desejos, contrariamente a todos os outros, não são pré-conscientes, mas inconscientes[5]. Em outros termos, e contrariamente à ideia aceita, os desejos (*voeux*) edipianos, segundo Stein, não podem ser atribuídos a um sujeito, embora possam emprestar seu conteúdo a desejos conscientes, sob a condição de serem despojados de sua carga afetiva. Esse despojamento é obra do recalque.

---

[5] Stein se vale da existência, em francês, de duas palavras diferentes – *voeu* e *désir* – para distinguir os *désirs* fundamentais dos *voeux* derivados deles. Essa nuance se perde na tradução, pois designamos ambos pelo mesmo termo – desejo.

Reencontramos assim as duas forças psíquicas, uma tendendo à realização do desejo, a outra se opondo a ele. Para que os desejos (*voeux*) edipianos – diferentemente do desejo (*désir*) presente no fantasma do inconsciente – adquiram existência e consistência, é necessário que ambas trabalhem simultaneamente: "O complexo de Édipo necessita receber uma definição que leve em conta as forças opostas às quais os desejos edipianos são submetidos, e fora dos quais não têm existência".

Essa ideia é de suma importância no pensamento de Stein: a atualização do fantasma do inconsciente é o resultado de uma parada brutal imposta ao movimento regrediente do desejo, enquanto é graças a um compromisso entre as duas forças antagônicas que se constitui o complexo de Édipo. A segunda força não pode receber uma definição semelhante àquela que foi dada ao desejo, porque se apresenta sob uma luz negativa e secundária: pode-se afirmar que ela é requerida pelo horror ao incesto, que é necessária como condição do ato de consciência, que dispensa o princípio de contradição, e que tem relação com a fala pronunciada por outrem. Ela parece então ser determinada pelas condições de existência do homem; em outras palavras, do real, que, em relação ao desejo, é um princípio de frustração[6].

Ora, na transferência, a pessoa do psicanalista é experimentada como estando na origem da frustração: ele pode intervir, e assim deter o movimento da regressão induzido pelo desejo. Retorna-se então ao estudo do poder da fala, que, na situação analítica, parece ser objeto de uma luta por seu controle. O estudo das identificações que se constituem numa análise permite ao autor propor seu "mito da constituição do sujeito", na esteira dos desejos edipianos e da dupla identificação ao princípio paterno e ao princípio materno.

---

[6] *L'enfant...*, p. 83.

É necessário precisar que esses dois princípios se opõem, na medida em que o princípio materno, deduzido da posição da imagem da mãe no desejo incestuoso, "mantém o ardor dos desejos que buscam se realizar"; já o princípio paterno, deduzido da posição do pai enquanto detentor do poder da fala, "opor-se-á à realização desses mesmos desejos, com a finalidade de exercer o poder no ato de consciência, no qual os desejos são reconhecidos como vontade de um sujeito".

Eis a conclusão de Stein: "O paciente não será então sujeito de seus desejos edipianos, mas sua potencialidade de sujeito resultará, ao mesmo tempo, dos desejos do inconsciente e de sua dupla identificação ao princípio materno e ao princípio paterno"[7]. A oposição dos dois princípios, que são a formulação abstrata das duas forças psíquicas, é necessária para a constituição de um sujeito, pois para Stein ser sujeito é ser *sujeito de suas vontades ou de seus desejos*, muito mais do que ser sujeito de suas representações. Eis por que o fantasma do inconsciente não pode bastar, por si só, para produzir um sujeito: ele não conhece oposição interna, é somente a pura virtualidade de todas as cenas que o podem atualizar.

O complexo de Édipo surge dos movimentos induzidos pela situação analítica; refere-se às duas forças psíquicas cujo jogo suscita o embaraço e a expectativa ansiosa da fala do psicanalista. Por esse motivo, cabe dizer que o complexo de Édipo é "um sistema adequado para explicar o processo analítico", que nada mais é senão o trabalho simultâneo da regressão e da resistência, logo da transferência. Contudo, a constituição do complexo de Édipo na situação analítica aparece em referência a um complexo de Édipo já constituído na infância, valendo como repetição de fenômenos já advindos anteriormente.

---

[7] *L'enfant...*, p. 174.

# FIGURAS DA TEORIA PSICANALÍTICA

Ora, o trabalho do tratamento leva à recuperação de lembranças de infância cada vez mais antigas, sem que se possa jamais chegar à lembrança última, que seria a da cena primordial. Pode-se somente supor que, num tempo imemorial, produziu-se algo análogo à constituição do complexo de Édipo, constituição passível de ser observada na sessão de psicanálise. "O que o paciente espera no embaraço da resistência é a palavra do psicanalista. Ora, se ele a espera, é porque já a ouviu; consequentemente, o acontecimento primordial deve ter consistido na primeira manifestação de uma fala paterna"[8]. Aqui surge, no argumento de Stein, a sombra de Lacan. A sequência de seu livro vai tratar da cadeia simbólica, cujo organizador é o falo, o que é igualmente um débito para com Lacan. O interesse pelo modo de ação da fala é um terceiro ponto a assinalar no mesmo processo. Todavia, não se poderia considerar Conrad Stein um lacaniano; provas disso são a função essencial que desempenha no seu pensamento a dinâmica das relações entre defesa e desejo, encarregada de explicar os processos operantes na análise, e o lugar central concedido ao complexo de Édipo, compreendido em uma perspectiva muito mais próxima à de Freud que à de Lacan.

O que se revela à leitura das duas primeiras partes de *A Criança Imaginária* é a necessidade experimentada pelo autor de retomar, de maneira diferente, a direção indicada por Lacan: há uma volta a Freud na força e no estilo do pensamento de Stein, feita de uma sutil aliança entre o diálogo com o Freud teórico e o diálogo com a prática fundada por ele. A exigência freudiana de reconstruir o passado atravessa em filigrana o livro de Stein; mas, desenganado por Lacan, não crê na restituição de um *caput Nili*, como a cena primitiva do *Homem dos Lobos*. É por isso que situa em um "tempo imemorial" os acontecimentos que

---

[8] *L'enfant...*, p. 177.

Três concepções do originário: Stein, Le Guen, Laplanche

constituíram o sujeito, ainda que os qualificando de *míticos*, pois o mito é o relato daquilo que ocorreu antes do tempo propriamente histórico.

Stein herda de Lacan a liberdade de prosseguir sua criação teórica, e ao mesmo tempo de a referir constantemente à de Freud. Herda dele a desconfiança em relação às evidências do senso comum psicanalítico, como o demonstram suas concepções quanto à transferência, ao desejo incestuoso e – como veremos a seguir – ao complexo de castração. No entanto, a maneira pela qual Lacan realizou seu projeto de volta a Freud é inadequada para dar conta de uma prática cujo eixo é a reconstituição paciente e minuciosa do complexo de Édipo, que somente pode ocorrer se o analista tolerar a regressão e puder colocá-la a serviço do trabalho de interpretação.

Eis por que Stein é obrigado a retomar tudo desde o começo, partindo do exame das particularidades da situação analítica – tarefa para a qual a leitura de Theodor Reik e da posteridade de Ferenczi certamente não foi estéril. Mas esse ponto de partida lhe impõe seguir uma via regrediente na construção de seu sistema teórico, ou seja, *deduzir as constantes do funcionamento psíquico das constantes do tratamento.*

Daí a impressão, em certos momentos, de um esforço laborioso para explicar a ligação entre a vivência do adulto no tratamento e o que não pode deixar de ser relacionado às suas raízes infantis, como o "mito da constituição do sujeito" que ocupa as últimas páginas da segunda parte. Daí também uma consequência de importância fundamental: a questão da origem real dos processos psíquicos na infância deve ser tida como exterior ao campo da Psicanálise, definido como exclusivamente interpretativo[9].

Desse mesmo ponto de partida decorre a posição essencial atribuída, no sistema de Stein, ao deslocamento (e à

---

[9] *L'enfant...*, p. 323.

condensação, que nada mais é que o resultado provisório de uma série de deslocamentos). Com efeito, o deslocamento é o único meio de estabelecer pontes entre o lugar mítico que é o fantasma do inconsciente e os conteúdos latentes efetivamente revelados pela interpretação. Vê-se por que a situação analítica deve ser o ponto fixo de toda a sua reflexão, na medida em que é concebida como estrutura *antropofântica*, ou seja, apta a revelar a essência da natureza humana.

## A dialética: entrelaçamento do real e do saber

Após essas observações, que visam a o situar em seu contexto, deixaremos por enquanto o livro de Stein para nos voltar para nossa segunda obra, *A Dialética Freudiana* de Claude Le Guen, cujos dois volumes se intitulam *Prática do Método Psicanalítico* e *Teoria do Método Psicanalítico*. Ao longo de quase setecentas páginas, o texto de Le Guen é animado pela mesma exigência de radicalidade que o de Stein, embora suas abordagens pareçam muito distantes uma da outra.

A argumentação, devo dizer, é animada por um estilo vivaz que a torna de leitura bastante agradável. De índole claramente dedutiva, apoia-se numa base metapsicológica explícita, e em afirmações de princípio quanto à natureza da Psicanálise que precedem o estudo das questões específicas.

Essa decisão estratégica tem consequências importantes. Em primeiro lugar, a construção da base metapsicológica exige um diálogo mais estreito com Freud que no caso de Stein, levando à citação de várias passagens do *corpus* freudiano e ao exame minucioso de seus pressupostos e de sua organização. Em seguida, reconhecendo que escreve em um momento determinado da história da Psicanálise, Le Guen abre um grande espaço para a discussão teórica com outras correntes do pensamento contemporâneo, especialmente com Lacan e Melanie Klein. Em terceiro lugar, essa consciência aguda de pertencer a algo mais vasto implica situar a própria Psicanálise no conjunto da cultura: trata-se aqui de distinguir sua especificidade no campo das ciências, a influência que pode ter a ideologia sobre sua prática e sua teoria, as modalidades múltiplas da mudança que pode induzir na sociedade. Tudo isso serve de pano de fundo para melhor evidenciar o eixo em torno do qual se centrará o interesse do autor: o modo de ação do tratamento psicanalítico sobre seus dois protagonistas, e sobre o objeto do qual trata o psicanalista tanto na clínica quanto ao elaborar teorias – a psique humana.

Para Le Guen, o que a caracteriza é "a presença contraditória e complementar do movimento e da permanência"[10]. Nessa definição já se encontram as teses principais do autor: o funcionamento psíquico é por natureza *dialético* e, também por natureza, *histórico*. Mais: é dialetizante e historicizante, pois é necessário concebê-lo como um conjunto de processos que se determinam reciprocamente por meio da dupla negação, deixando em cada etapa de seu desenvolvimento sedimentos que, por sua vez, sofrerão os mesmos avatares. Tais processos podem ser descritos sob as rubricas do *apoio* e do *a posteriori*, que segundo Le Guen são as duas faces de uma mesma realidade fundamental.

Abramos aqui um parêntese. Pode parecer extravagante colocar sob o signo de uma relação complexa com Lacan um livro que não demonstra qualquer simpatia pelo lacanismo, e que vai longe na crítica (por vezes ácida) do essencial do aporte lacaniano. Mas é necessário precisar bem as coisas: Le Guen pode não ter nenhuma atração pelo "*Maître*", mas, se fosse psicanalista em outro lugar que não a França, não teria escrito o seu livro como o fez. E isso nada tem de constatação acaciana, pois

---

[10] Claude Le Guen, *Pratique de la méthode psychanalytique*, p. 14.

os conceitos centrais de sua metapsicologia lhe vêm direta ou indiretamente da reviravolta lacaniana.

O *a posteriori* dormia tranquilamente em um canto esquecido da obra de Freud até que Lacan fizesse dele um verdadeiro conceito; quanto ao apoio, o próprio termo é raro em outras línguas, e coube a Laplanche e a Pontalis – dois alunos de Lacan – terem desempoeirado e renovado inteiramente esse mecanismo, no contexto de sua discussão sobre a pulsão sexual. Le Guen o reconhece, aliás, de bom grado. É contra este pano de fundo que sua contribuição adquire relevo: ela consiste em aproximar as duas noções, criando com elas o conceito de um duplo processo – o "apoio/*a posteriori*" – que considera como *o* processo psíquico fundamental. Além disso, recusando-se a ver no apoio somente o movimento pelo qual a pulsão se separa do instinto, generaliza o campo de ação desse mecanismo, estendendo-o ao conjunto do funcionamento mental.

Ou seja: sem os desenvolvimentos surgidos a partir de Lacan, Le Guen não disporia de meios para forjar os seus. Isso posto, a crítica que endereça a ele e a seus discípulos é não terem sabido ir até as últimas consequências do que traziam; pelo contrário, fizeram meia volta e abandonaram o campo que haviam delimitado: o de um "retorno ao sentido de Freud". A relação com Lacan se torna, por isso, mais complexa, composta como é de um projeto que somente é possível depois dele *e* de uma recusa visceral da prática e da teoria que trazem seu nome.

O que torna Le Guen tão alérgico às ideias lacanianas? Resposta: o lugar central que confere ao *conflito* em todas as suas variedades. A descoberta essencial de Freud é que o conflito está no cerne do psiquismo; este psiquismo se organiza graças a uma série de técnicas e de procedimentos que, de acordo com Le Guen, são fundamentalmente dialéticos.

Mesmo que Lacan tenha conhecido e estudado a obra de Hegel na época do seminário de Kojève, mesmo que dele tenha emprestado muito – entre outras, sua concepção do desejo – e que a sutileza de seus raciocínios faça pensar nas proezas dos dialéticos, nada menos dialético, segundo Le Guen, que o pensamento lacaniano em sua forma definitiva. E há para isso uma razão fundamental: Lacan teria substituído o conflito pela noção de *falta*, da finitude do homem. Ora, Le Guen é extremamente sensível a todas as dimensões conflitivas.

É sem dúvida isso que explica a extensão e a importância assumidas pela polêmica na sua obra. Ele está convicto de que suas teses são mais *verdadeiras* que as dos adversários (frequentemente Lacan, mas por vezes também o kleinismo, sobretudo no tomo II); mas, no meu entender, a necessidade de debater se enraíza em algo diverso que a mera vontade de ter razão. Tais debates exprimem, no seu nível próprio, uma concepção *agonística* da psicanálise, seja no plano do funcionamento da psique, seja no da própria prática, seja ainda no da construção dos conceitos.

Vejamos brevemente como esta concepção se apresenta em sua materialidade. O duplo mecanismo do apoio e do *a posteriori* faz referência a um *antes* e a um *depois*: sendo evidente que a psique adulta evolui a partir de um estado inicial menos complexo, a questão é saber como e por que ela se construiu assim e não de outra maneira, dando forma a *estes* sintomas e traços de caráter, a *estas* formas de desejo, a *estas* defesas, em vez de a outras.

No sentido que lhe atribui Le Guen, o apoio não é um determinismo linear: é o movimento pelo qual se opera a passagem de um nível ou de um estado para outro. O efeito do apoio é limitar o domínio das possibilidades evolutivas, e isso de uma maneira que as força a tomar determinados rumos e bloqueia outros, incompatíveis com as já efetivadas: o que foi *orienta* e *prefigura* o que será. Mas o apoio, por si só, não poderia explicar a história psíquica; ele se conjuga com o *a posteriori*, cuja dupla função é fazer advir o sentido do atual em relação aos traços do passado, e remanejar o sentido desse passado em relação ao atual. Os textos de referência de Le Guen são aqui os *Três ensaios sobre a teoria da sexualidade* e o *Projeto* de 1895:

> Um acontecimento atual vem desencadear uma angústia que somente adquire sentido e existe por causa de um acontecimento anterior – neste momento, aparentemente inofensivo – que o preparou. O movimento age nos dois sentidos: do acontecimento atual para o anterior, e do anterior para o atual[11].

Por que chamar este movimento de "dialético"? Sabe-se que a dialética – em sua forma hegeliana – caracteriza-se pelo papel essencial da contradição. A contradição não é a simples oposição dos contrários, mas a dupla negação interna a cada termo de uma relação; além disso, não se situa apenas no nível do pensamento: sua ação é a de um mecanismo real. O real se apresenta assim como movido do interior por um processo lógico.

A contradição não é o mesmo que a simples ação recíproca, ou seja, o efeito produzido em A por B e por B em A. É por isso que Le Guen precisa apresentar o apoio e o *a posteriori* como dois momentos de um *mesmo* processo. Tomados isoladamente, esses mecanismos não são *contraditórios*: para compreender que as experiências passadas determinam o sentido das mais recentes, não é necessário recorrer à ideia de negação. Igualmente, para compreender que o atual possa alterar o sentido do antigo, ou simplesmente dar-lhe sentido – "Ah, é isso que *aquilo* queria dizer!" – não se tem necessidade da dialética.

É a *conjunção* dos dois movimentos num mesmo processo que os torna opostos um ao outro – pois operam em sentido contrário – e transforma de dupla de opostos em figura contraditória,

---

[11] *Pratique...*, p. 42.

portanto portadora de movimento. E isso porque o efeito dessa conjunção é transformar traços que sem ela permaneceriam isolados em partes de uma *mesma* configuração, habitada por um movimento interno que cria o novo ao negar o antigo, ao mesmo tempo em que o conserva e o ultrapassa. Esse movimento constrói assim uma história, pela sucessão de inscrições e reinscrições, sempre apoiadas pelos momentos precedentes[12].

Acabamos de falar em história: aí está uma das categorias centrais da teoria de Le Guen. A questão é saber como ela começou e por que obedece aos esquemas dialéticos: é o que visa a explicar o conceito de "Édipo originário". Esse termo designa o momento primordial de constituição do sujeito, momento que deve pertencer à sua biografia real, e não ser considerado como ficção ideal. É na descrição do medo do estranho que se encontra em *Inibição, Sintoma e Angústia* que Le Guen discerne este momento inaugural: a criança percebe o estranho no lugar da mãe, e essa percepção suscita angústia. O estranho é o não-mãe, que forma com a mãe uma dupla "consubstancial", e que vem significar a perda dessa. É este o modelo do objeto, e da relação que o sujeito manterá com ele.

Ora, esse objeto é *duplo* e *contraditório*, pois é formado pela dupla mãe/não-mãe; o sujeito se constitui ao mesmo tempo e pelo mesmo movimento com que o constitui. Resulta daí que "nenhum sujeito pode advir como sujeito senão ao se situar em uma relação conflitiva triangular (...). Sua própria unidade é unidade de contrários, porque se funda em seu objeto duplo e conflitivo"[13].

Aqui convém remeter o leitor ao livro anterior de Le Guen, *O Édipo Originário*[14], no qual desenvolve sua hipótese e dela tira várias consequências clínicas e teóricas. O que importa observar

---

[12] Claude Le Guen, *Théorie de la méthode psychanalytique*, p. 14.
[13] *Pratique...*, p. 93.
[14] Claude Le Guen, *L'Oedipe originaire*, Paris, Minuit, 1978.

agora é que o Édipo originário *apoia* todo o desenvolvimento ulterior: eis que se torna mais coerente o modelo dialético da psique, pois a contradição se acha instalada nele desde o princípio. *Contradição*: a relação entre sujeito e objeto é feita de negação, e cada um dos dois termos é habitado por uma negação interna. No caso do objeto tal como definido acima, isso é evidente e não necessita maiores comentários. Para o sujeito, ela se funda sobre a identificação com o não-mãe, o qual também é contraditório, porque é "presença de uma ausência e ausência de uma presença". Eis por que o funcionamento psíquico será marcado pelas diferentes modalidades da negação, "questão que parece estar no fundamento da Psicanálise"[15]. Toda a elaboração teórica do segundo volume gira em torno do problema do negativo, ao qual remetem numerosos conceitos psicanalíticos: "negação, desunião, retorno, inversão (...) para só citar os mais evidentes"[16].

Com o modelo metapsicológico construído em referência aos processos reais que aconteceram na infância, será fácil considerar o trabalho do tratamento como colocação em jogo de movimentos análogos: o apoio e o *a posteriori* serão suas coordenadas fundamentais. O Édipo, em sua função de triangulação conflitiva, ordenará o conjunto daquilo que se vai produzir na singularidade de cada análise.

É o que demonstra o estudo minucioso e esclarecedor de alguns fragmentos clínicos extraídos da análise de pacientes seus, estudo complementado por uma leitura com lupa do caso do *Homem dos Lobos*. Le Guen se interessa pelo trabalho que leva à interpretação no psicanalista e ao *insight* no paciente; suas teses metapsicológicas encontram assim uma ilustração bastante conveniente. Vemos configurar-se o "Édipo do tratamento", em ressonância com o Édipo originário e com o Édipo secundário,

---

[15] *Théorie...*, p. 68.
[16] *Théorie...*, p. 68.

ou seja, com o complexo de Édipo tal como o descreve Freud. Igualmente, torna-se claro o peso que a história do analista, suas opções teóricas e sua inserção em um campo mais vasto – constituído tanto pela realidade social em sentido amplo quanto por este setor da realidade que é o mundo psicanalítico e os conflitos que o atravessam – o peso que tudo isso pode ter na determinação de suas associações em sessão, associações que conduzem à formulação da interpretação.

Os exemplos escolhidos tendem a mostrar, aliás, que a interpretação desencadeia com bastante frequência efeitos surpreendentes para o psicanalista, os quais que se explicam por seu caráter ao mesmo tempo traumático e reparador: eis em ato a conjunção do apoio e do *a posteriori*. É isso que permite ver no trabalho do tratamento a história se fazendo, em continuidade e em ruptura com a história infantil:

> A história, em Psicanálise como em outro lugar, não é uma coleção parcial e descontínua de acontecimentos redescobertos ou desenterrados, mas atualização permanente, contínua, por um processo que a reconstrói, e, ao atualizá-la, a totaliza (...). Apoiando-se no modelo de uma garantia assegurada pelos processos do inconsciente, é possível e justificado – tal é o argumento de Freud – *re-constituir* a história na atualidade de sua instável permanência[17].

A reconstrução da história é assim designada como a finalidade do trabalho que se realiza no tratamento, sob a condição de não a conceber como "recuperação do que se passou", mas como movimento do qual faz parte integrante a própria reconstrução. Isso aproxima as posições de Le Guen das de Stein, para quem a reconstrução do passado é também o objetivo das

---

[17] *Pratique...*, p. 119-120.

FIGURAS DA TEORIA PSICANALÍTICA

sessões de análise, igualmente sob a condição de não a conceber como "recuperação do que se passou". Mas essa concordância se apoia em bases bastante diferentes, como se pode ver ao comparar rapidamente a concepção que cada um dos dois autores tem da cena primitiva e do complexo de castração.

## Onde situar o originário?

Para Stein, como constatamos, a cena primitiva é a atualização mais próxima do fantasma do inconsciente. Ela apresenta um caráter mítico pelo fato de que todos os seus representantes são transposições mais ou menos deformadas desse fantasma; é caracterizada pela fascinação do sujeito, que nela se acha implicado na condição de testemunha. Resulta, enfim, de um movimento regrediente cuja origem é a situação analítica; é pelo jogo combinado da regressão, da transferência e da interpretação que ela se estrutura, fruto de um trabalho de construção do qual é o termo assintótico.

Ora, se Le Guen se recusa a ver na cena primitiva um acontecimento real e datável, o que equivaleria a desenterrar uma lembrança esquecida (mesmo que fundadora), admite contudo que a condensação de várias cenas mais ou menos indiferentes da qual resulta a cena primitiva "é predeterminada, apoiada pelo modelo que organiza e orienta o processo evolutivo"[18]. Esse modelo é o do Édipo originário: a dupla mãe/não-mãe é aqui constituída numa representação angustiada de destruição. Notemos que o afeto que acompanha a cena é, para Le Guen, a *angústia*, enquanto Stein fala de *fascínio*: este não é um afeto, mas é inegável que conota um estado afetivo. A divergência entre os dois autores está no papel atribuído à realidade: para Le Guen,

---

[18] *Théorie...*, p. 130.

106

o Édipo originário (que não se confunde com a cena empírica em que a criança chora porque tem medo do estranho) não é de forma alguma uma construção "mítica", mas um modelo estruturante, coerente e dotado de efetividade, porque está ancorado na realidade biográfica.

Convém precisar o sentido dos termos *modelo* e *coerção*, recorrentes na escrita de Le Guen. Um modelo é tanto um esquema real, uma montagem de fatores processuais que engendram efeitos, quanto um artifício descritivo e explicativo que se situa no nível do pensamento. Essa é a justificação do emprego do termo "dialética": falar de modelo, nesse sentido, leva a uma imbricação muito estreita entre a teoria e a prática, assim como entre a teoria e os fenômenos dos quais ela é teoria.

Le Guen se opõe ao nominalismo e ao convencionalismo epistemológicos: "entre a materialidade da organização (psíquica) e o modelo que a explica, há um retorno mútuo; um é o reflexo do outro, e reciprocamente"[19]. É por isso que pode falar de *coerção recíproca* entre a teoria, a prática e o objeto tanto de uma como de outra. O jogo pode ser complexo, mas nada tem de tautológico:

A ideia de *coerção* deve ser conservada por si mesma: é um dado central do método psicanalítico; é a única coisa que permite justificar a organização do complexo de Édipo, a formação dos sintomas, a teoria do recalque e a teoria da repetição[20].

No pensamento de Stein, o lugar destinado por Le Guen às ideias de *coerção* e de *modelo* é ocupado pelas de *virtualidade* e de *atualização*. Essas noções, cuja paternidade remonta a

---

[19] *Théorie...*, p. 285.
[20] *Théorie...*, p. 86. Nota de 2009: Le Guen se refere aqui ao papel central do que Freud denomina *Zwang* (compulsão), presente, por exemplo, na noção de *Wiederholungszwang* (compulsão de repetição).

FIGURAS DA TEORIA PSICANALÍTICA

Aristóteles, funcionam em seu texto como verdadeiros operadores lógicos. Mas é notável que nem uma nem outra impliquem o trabalho do negativo, a não ser na forma bastante atenuada da *transposição*. É evidente que Stein reconhece a ação do conflito psíquico: seu ponto de partida é o embaraço experimentado na situação analítica, que obviamente manifesta a existência de um conflito, e se dedica a uma dedução muito sofisticada da ação das "duas potências psíquicas", cuja articulação e antagonismo governam o funcionamento mental. A divergência, portanto, não se encontra aí. Ela reside na concepção completamente oposta do *estatuto do originário*, daquilo que funda a série das transposições: para Stein, o que habitualmente é chamado originário só pode ser mítico, situado em um tempo fora do tempo; para a Psicanálise, o originário "real" só pode ser a situação analítica. Já Le Guen o vê no estabelecimento – muito cedo na infância – de um esquema conflitivo que coage e organiza a história do indivíduo.

Isso diz respeito aos postulados mais fundamentais de cada um dos autores, aqueles que concernem à natureza mesma da Psicanálise. Vimos que Stein não admite o "realismo" no campo psicanalítico, o qual é, em sua opinião, estritamente interpretativo: por conseguinte, para ele a Psicanálise não é e não pode ser uma ciência, mesmo que histórica, e concebê-la assim seria se curvar à ideologia.

Ora, é precisamente isto que Le Guen não pode aceitar, pois para ele a natureza científica da Psicanálise é uma evidência fundada sobre o tipo de relação que ela estabelece com seu objeto, a qual permite construir um modelo que participa ao mesmo tempo do real e do saber sobre esse real.

Por abstrata que possa parecer tal discussão, ela não o é em absoluto: prova disso é como determina a concepção de cada autor quanto ao complexo de castração. Le Guen não tem nenhuma dificuldade em deduzir do Édipo originário a estrutura desse complexo nos termos em que Freud o formulou: ameaça de perda do pênis, em conjunção com o desejo incestuoso pela mãe e com a rivalidade frente ao pai. Entre os fantasmas ditos originários, este é o que melhor se presta à explicação em termos de seu modelo:

> Ao significar a ausência da mãe, o não-mãe aparece concomitantemente como representante desta perda e como aquele que a provoca. Vindo de fora, inominado, ele é o destruidor, o devorador: também é o que está "a mais", o que deve desaparecer. Ele faz brotar o desejo de sua própria destruição (assim se prefigura o desejo de morte do pai) (...). A criança tem medo de perder a mãe, ou seja, de perder alguma coisa experimentada como unida a seu próprio corpo, e que deveria permitir a "volta ao seio materno", algo que "pode ser separado do corpo", e este medo se refere à ameaça significada por um terceiro[21].

Embora consista numa dedução original do complexo de castração, essa formulação não deixa de ser bastante clássica, pois equivale a considerá-lo como *secundário* em relação ao Édipo, como se referindo essencialmente à relação entre a criança e seus pais, e como concernindo a uma ameaça de perda – perda da mãe, do pênis que a substitui, ou do amor.

Ora, Stein tem do complexo de castração uma concepção inteiramente diversa: relaciona-o a outras coordenadas, e tira dele uma significação bastante nova. O eixo de sua discussão deste complexo é a questão da *diferença dos sexos*, que forma o terceiro paradigma do real (os dois outros são o princípio de contradição e o fato de que o homem é mortal). Para dizer as coisas de modo esquemático, o complexo de castração visa a negar a diferença dos sexos, e consequentemente a transgredir um

---

[21] *Théorie...*, p. 93-94.

destes paradigmas do real, o que é outra maneira de dizer que busca realizar de forma disfarçada o desejo de onipotência. Se a vontade da mulher de ter um pênis e o medo do homem de perder o seu são conteúdos frequentemente encontrados no curso de uma psicanálise, isso não implica que estas tendências sejam óbvias, "naturais":

> A ilusão segundo a qual o que resulta da interpretação durante a psicanálise pode ser observado imediatamente na criança nasce de tais posições *a priori*, que o psicanalista não poderia partilhar sem fazer pesar sobre o tratamento (...) a hipoteca de uma convicção idêntica àquela que o paciente deseja que ele adote.

O pênis é, segundo Stein, um dos elementos constitutivos da cadeia simbólica, ao lado da fala, das fezes, do seio, da criança e do olhar; como essas representações podem se substituir umas às outras, todas são aptas a figurar "o único resto de toda diferença".

Ora, isso tem uma consequência bastante fundamental: depois de ter mostrado, em um exemplo preciso, como é possível "fazer um esboço do drama da infância", Stein escreve:

> Os conteúdos do tema edipiano, tais como se sucedem de maneira aparente ou disfarçada nos atos de consciência durante as sessões de análise, e tais como se encadeiam na construção da história dramática do paciente, resultam das substituições [na cadeia das representações] do resto que faz a diferença, a diferença anatômica dos sexos (...). Não podemos jamais esquecer que, versão anedótica do complexo de Édipo, o argumento dramático cuja mola aparente é o medo da castração é somente uma construção na análise, um produto da análise que não poderia ser confundido com o processo de sua produção[22].

---

[22] *L'enfant...*, p. 215-217.

Evidentemente, Le Guen não pretende derivar de maneira linear o complexo de castração de alguma experiência fortuita ocorrida na infância da pessoa; é justamente esta a necessidade que o leva a retificar a origem proposta por Freud para esse complexo, e a fazer resultar do Édipo originário. Aqui temos a ocasião, rara nos escritos analíticos, de verificar numa questão precisa *quais* consequências teóricas e clínicas decorrem de uma posição de princípio. Stein refere o complexo de castração à tendência à realização do desejo, à realização de todos os desejos ao mesmo tempo, ao desejo de abolir a diferença dos sexos; em uma palavra, "à ilusão de uma possível onipotência (...) que repousa sobre a negação da diferença dos sexos"[23]. O complexo de castração tem, portanto, função *defensiva*, sendo este seu aspecto mais fundamental. Stein atinge assim, por um caminho completamente pessoal, uma das conclusões mais fundamentais de Melanie Klein.

Mas isto não é o essencial. Ao situar a origem desse complexo no desejo de onipotência, nosso autor o compreende como uma formação que visa a preservar a ilusão de que a onipotência pode ser alcançada; é nisso que consiste um dos motores da resistência no tratamento. A crítica das "versões anedóticas do complexo de Édipo", e mais geralmente de toda concepção "dramática" da Psicanálise, está fundada sobre o conceito de cadeia simbólica. Ora, parece-me de importância considerável que a origem dessa cadeia simbólica não esteja de forma alguma localizada na infância, e sim na *situação analítica*. Quero dizer com isso que seu lugar de *desvelamento* é o tratamento, mas também que sua *construção* só é possível no e pelo trabalho que nele se dá.

O "tema edipiano" é pois coisa bem diversa do complexo de Édipo, e não é por acaso que Stein, considerando este

---

[23] *L'enfant...*, p. 243.

FIGURAS DA TEORIA PSICANALÍTICA

último um "sistema apto a explicar o processo analítico"[24], se recusa a fazê-lo derivar de qualquer combinação de fatores empíricos. Isto não impede que, ao ouvir um paciente, ele se proponha a seguir de perto o encadeamento retroativo das representações inteiramente singulares que constituem os "conteúdos do tema edipiano" daquela pessoa. Contudo, seu fio condutor na reconstituição do passado se é a interpretação das representações que figuram os atributos cuja série forma a cadeia simbólica.

Le Guen estaria inteiramente de acordo, acredito, em dizer que "o complexo de Édipo é um sistema apto a explicar o processo analítico", mas por razões bastante diferentes. Seria antes a homologia entre os três Édipos, apoiada e ressignificada no *a posteriori*, que lhe serviria de suporte não empírico para fundamentar as construções em algo mais sólido que o arbitrário da contratransferência. Nos exemplos que elenca, aliás, as construções se apresentam tão detalhadas e seguindo tão de perto elementos singulares do discurso do paciente quanto as propostas por Stein. Mas – e esta diferença é grande – o que é "originário" para Le Guen é justamente uma situação *real*, ainda que não datável, enquanto para Stein o "primordial" (o termo "originário" é muito raro em seu livro) é sempre de ordem *mítica*, seja ele a palavra fundadora ou a cena primitiva.

Podemos apresentar essa diferença essencial ainda de outra forma. Para Le Guen, o originário tem o valor de um esquema que garante a continuidade da evolução. É por isso que necessita de um modelo no qual a contradição seja efetivamente atuante, e é por isso que escreve uma *Dialética Freudiana*, colocando-se explicitamente sob a égide de Hegel e de Marx. Para Stein, o originário tem a função de um transcendental no sentido kantiano, ou seja, de uma condição de possibilidade da experiência e do

---

[24] *L'enfant...* p. 165.

112

conhecimento. Poderia ter intitulado seu livro, como observou Nicolas Abraham, *Crítica da Razão Psicanalítica*[25].

Consequentemente, esse transcendental não pode ser colocado no mesmo nível que os fenômenos dos quais é condição formal: estes se produzem nas sessões de análise, que não devem ser confundidas com a situação analítica. É ela que é o transcendental, o que dissocia as noções de originário e primordial: este é mítico, mas a situação analítica é completamente real. Ora, entre o transcendental e o fenômeno não existe nem movimento real, nem contradição; sua relação é de condicionante a condicionado. A análise atenta dos dados empíricos (as falas do paciente) deve permitir separar, a cada vez, qual é o tipo de componente transcendental que os subtende; compreende-se que as referências aos sonhos e às sequências de tratamento que permeiam o livro de Stein não tenham em absoluto a função de *ilustrar* suas hipóteses teóricas, mas sim as de *fundamentar*.

## A necessidade estrutural da sedução

Dos três fantasmas originários descritos por Freud, a cena primitiva e a castração acabam de ser evocados em suas relações com o complexo de Édipo, tal como se apresentam nos textos de Stein e de Le Guen. Resta-nos considerar o destino do terceiro desses fantasmas – o da sedução – que está no centro da obra de Jean Laplanche, e do qual falaremos agora.

Os *Novos fundamentos para a Psicanálise* se apresentam como uma crítica – no sentido kantiano de "exame" – das relações da Psicanálise com alguns domínios vizinhos, e como o esboço de

---

[25] Ver a resenha do livro de Stein publicada sob o título de "Psychoanalysis Lithographica", e retomada em *L'écorce et le noyau*, Paris, Aubier-Flammarion, 1978. Tradução brasileira: *A Casca e o Núcleo*, São Paulo, Escuta, 1996.

FIGURAS DA TEORIA PSICANALÍTICA

uma doutrina positiva que concerne à sua natureza, bem como a alguns de seus conceitos principais. Trata-se de renovar o que funda a prática e a teoria psicanalíticas, explicitando e dissipando uma série de mal-entendidos.

Reconhecemos em Laplanche vários temas e ideias já encontrados em Le Guen, embora cada autor tenha chegado a eles por um caminho singular. Primeiramente, a insistência sobre a dupla valência do modelo em Psicanálise – ao mesmo tempo épura de um processo no saber e protótipo real, *Vorbild*, daquilo que organiza. Laplanche traz a essa ideia uma precisão suplementar, mostrando que os modelos construídos por Freud são deliberadamente ambíguos quanto ao seu referente (seu exemplo favorito é o da vesícula do *Além do Princípio do Prazer*, estudado várias vezes nos cinco volumes das *Problemáticas*).

Em seguida, o cuidado de estabelecer a especificidade da Psicanálise no seio das disciplinas que a cercam, que só tem sentido por incluí-la num conjunto do qual, justamente, faz parte de modo particular. Laplanche introduz o termo "morfismos" para designar as transposições, para a Psicanálise, de conceitos e esquemas emprestados de outros campos, tais como a biologia, a física, a linguística, mas em momento algum admite que possa ser deduzida de um campo heterogêneo a ela:

> Nossa tese sobre estes campos conexos é que o domínio próprio da Psicanálise se produz por um corte a partir destes domínios conexos e em confronto com eles. Mas um corte (...) que não deixa intacto aquilo que corta: que é fundador. Assim como é fundador, refundador, o gesto que cria a situação analítica[26].

Eliminando sucessivamente a pretensão de fundar a psicanálise sobre cada um desses "campos conexos", Laplanche se

---

[26] Jean Laplanche, *Nouveaux fondements...*, p. 56.

interroga quanto à possibilidade de o fazer sobre a prática, o que equivaleria a tirar desta última "um saber positivo que se deveria apenas a ela mesma e a ele mesmo"[27]. Duvida, porém, que isso seja possível, pois, se a situação analítica – a "cuba" (*le baquet*), como a denomina – define-se pela exclusão dos interesses adaptativos (mesmo que estes lhe sejam tangentes), ela abre igualmente para o passado: "O fundamento da Psicanálise só pode ser pesquisado na história do surgimento do sujeito psicanalítico, surgimento que deve ser situado em relação a uma história mais vasta. Esta segunda história não é psicanalítica: é a história infantil".

Vê-se claramente o parentesco desta problemática com a de Le Guen, e ao mesmo tempo sua total não-congruência com a de Stein. Para os dois analistas, há isomorfismo entre o originário que organiza o funcionamento psíquico e as coordenadas que estruturam o tratamento analítico:

> A regra fundamental que organiza este último reinstaura um processo que está em ressonância com outro processo, fundador do ser humano (...). O homem dando sentido à sua experiência, se autoteorizando: eis o objeto da Psicanálise. Mas a simbolização que resulta do tratamento (...) é simbolização sobre a base das primeiras simbolizações, em cujas pegadas, necessariamente, nos colocamos nessa procura dos fundamentos[28].

A convergência com a concepção de Le Guen, no entanto, cessa aqui: para Laplanche, o conteúdo do originário *não* é o conflito traumático do Édipo, mas o que chama de "sedução originária". Em compensação, é surpreendente ver que, apesar de propor uma concepção que em muitos aspectos diverge da de Stein, Laplanche está próximo deste no que se refere à

---

[27] *Nouveaux fondements*, p. 57.
[28] *Nouveaux fondements...*, p. 14.

FIGURAS DA TEORIA PSICANALÍTICA

sedução, e que, nesse aspecto, os dois autores se opõem completamente às teses de Le Guen. Vale a pena examinar mais atentamente essa notável contradança.

Quando, em *O Édipo Originário*, Le Guen tenta mostrar como os fantasmas são parte integrante do complexo de Édipo originário, reconhece francamente que a sedução não entra em seu esquema, porque a cena da sedução é composta por *dois* personagens, sem conflito e sem terceiro. Conclui por conseguinte que é necessário retirá-la da lista dos fantasmas primordiais, deixando nesta rubrica apenas a cena primitiva e a castração[29]. A razão disso é evidente: interpretando como o faz o texto de Freud que usa como referência (o trecho dos *Três Ensaios* sobre os cuidados maternais que erotizam a criança), é-lhe impossível *conflituar* a cena de sedução.

Disso se segue que ela não possa de forma alguma ser considerada um fenômeno *originário*: como vimos, merece essa qualificação apenas o que, por sua contradição interna, tem o poder de apoiar outra coisa, e de ser retomado no *a posteriori* por aquilo que apoiou: é por isso, creio, que a sedução está por completo ausente da *Dialética Freudiana*. Dito de outro modo, a não-conflitualidade da sedução a torna inapta a figurar entre os componentes da situação originária; ao situar essa última na vivência real do bebê, Le Guen insistirá na inexistência de qualquer relação dual entre ele e sua mãe, já que ela está "consubstancialmente ligada ao não-mãe".

Para Stein, as coisas se apresentam de outra maneira. Como seu ponto de partida é a situação analítica, ele não tem nenhuma dificuldade para descobrir no "roteiro transferencial" o desejo de ser seduzido e a presença constante das representações de uma cena de sedução, na dupla qualidade de configuração sexual e de expectativa da palavra do psicanalista: "Por trás da

---

[29] *L'Oedipe originaire*, p. 63.

representação cuja enunciação parece ser o alvo da resistência, há sempre a imagem de uma cena de sedução a ser encontrada".

Embora possa ter-se produzido durante a infância do paciente, a sedução é *também* consequência da transferência na situação analítica. E isso necessariamente, pois o que importa aqui é menos o conteúdo da fala do analista que o poder que lhe atribui a expectativa do paciente: lembremos que um dos efeitos dela é proporcionar uma situação substitutiva à satisfação sexual, o que ele chama seu "efeito de metáfora". Se concordamos com a tese steiniana de que a situação analítica faz as vezes de situação originária, segue-se que a sedução figura nela como componente essencial, mas sem que seja necessário referi-la a um momento fundador capaz de ser localizado (ainda que só idealmente) na vivência efetiva do sujeito.

A originalidade da posição de Laplanche nesse debate reside, a meu ver, em formulá-lo em termos inteiramente novos, ultrapassando a oposição entre uma concepção da sedução que a faz figurar entre os elementos do originário quando este é indissociável da situação analítica (Stein), e uma outra concepção (Le Guen), que a exclui quando o originário se enraíza na vida psíquica da criança. Ele começa por definir o originário como sendo *conjuntamente* da ordem do empírico e da ordem do transcendental: é originário o que está presente no início da vida, mas somente se apresentar a característica de ser igualmente universal e independente de qualquer contingência, mesmo as mais gerais.

Isso posto, a questão de saber o que é a situação originária acha sua resposta no fato de que qualquer bebê humano, sem exceção, encontra-se confrontado desde que nasce com o mundo dos adultos. A situação originária tem então dois protagonistas: o bebê e o adulto. Eles vão estabelecer uma relação dupla, que responde aos dois aspectos essenciais da situação. Por outro lado, no bebê atuam certas montagens que visam à manutenção ou ao retorno de certos equilíbrios no registro da ordem vital, mas que para completar seu ciclo necessitam da ajuda do adulto: é a *fremde Hilfe* de que fala Freud no *Projeto*. Este aspecto nada tem de especificamente humano: para não morrerem, os filhotes de todas as espécies que ultrapassam um grau mínimo de organização têm necessariamente de serem cuidados por um indivíduo adulto. Visto sob esse ângulo, o papel do adulto é prover a satisfação das necessidades do bebê e zelar por sua proteção contra os perigos, inclusive esse perigo que constitui para a criança humana a *ausência* do reflexo do medo.

O que singulariza o adulto humano é que, sendo habitado por um inconsciente, ele não vai se limitar ao registro natural: suas ações "cuidadoras" serão necessariamente marcadas por significações sexuais, que ele próprio ignora, e que terão impacto sobre a criança, porque estão presentes em todas as mensagens enviadas pelo adulto. Eis aqui o segundo aspecto constitutivo da situação originária, aquele pelo qual ela é *sedução*. O psiquismo adulto é mais rico e mais complexo que o da criança, e por isso esta vai se ver confrontada com elementos que forçosamente ultrapassam sua capacidade de os absorver e elaborar. Nas palavras do autor:

> Com o termo de *sedução originária*, qualificamos esta situação fundamental em que o adulto propõe à criança significantes tanto não-verbais quanto verbais, até mesmo comportamentais, impregnados de significações sexuais inconscientes.

Esses significantes são duplamente enigmáticos: em primeiro lugar para a criança, que não detém o código deles e que de qualquer forma não os saberia interpretar; mas, sobretudo, enigmáticos para o próprio adulto, na medida em que se referem ao seu recalcado. Esse elemento, central na concepção de Laplanche, a distingue da noção ferencziana de "confusão das línguas", que também se refere à interação sexual entre um adulto e uma criança. O caráter em parte obscuro para o próprio adulto daquilo que faz ou diz permite colocar o *enigma* como núcleo da sedução originária. Todo enigma é sedução, pois introduz em cada pessoa algo que vai mordê-la do interior, exigindo um trabalho de tradução para que se torne compreensível, portanto relativamente inofensivo. Seja ou não originária, qualquer sedução funciona dessa maneira. O próprio da variedade *originária* não reside então nesse traço comum a toda sedução, mas no fato de que, por conter um sentido sexual inconsciente, o enigma é antes de tudo opaco para o próprio sedutor.

Para Laplanche, a sedução – "fato gerador central em Psicanálise" – é um gênero que comporta ao menos três espécies: a originária, a precoce e a infantil. Já apresentamos a primeira; vejamos rapidamente no que consistem as outras.

A sedução precoce é aquela da qual Freud fala nos *Três Ensaios*: a erogeneização da criança pelos cuidados maternos. Esses cuidados veiculam os significantes enigmáticos da mãe, seus desejos recalcados, como observa Freud no *Leonardo*. Os pontos de passagem, de contato e de troca entre o corpo da criança e da mãe tornar-se-ão, precisamente, as zonas erógenas.

Estas entram assim no quadro de uma teoria da pulsão que não abordarei no presente artigo, mas não deixa de ser interessante e ousada. Ressaltemos apenas que ela evita qualquer referência ao que Laplanche despreza como "biologia duvidosa": a ideia de uma maturação sexual endógena. Em vez disso, encontramos uma firme articulação entre pulsão e sedução, por meio da noção de *objeto-fonte*. O objeto-fonte é a outra face do significante enigmático, isto é, daquilo que o adulto implanta no psiquismo da criança: é a representação recalcada cuja estimulação constante, ao se exercer do interior sobre o Eu, produz o impacto sentido como pulsional[30].

---

[30] Ver a este respeito "A pulsão e seu objeto-fonte", *Teoria da sedução generalizada*, Porto Alegre, Artes Médicas, 1988, cujas ideias essenciais são retomadas nas páginas 135-145 de *Nouveaux fondements*.

## FIGURAS DA TEORIA PSICANALÍTICA

"Sedução infantil" é o nome dado por Laplanche aos comportamentos perversos do adulto com a criança, que formavam a base da "teoria da sedução" proposta por Freud nos anos 1895-1897, e que hoje colocaríamos na categoria da pedofilia. Aliás, foi uma crítica bastante cerrada dessa teoria, em cujos detalhes não vamos entrar neste momento, que o conduziu às consequências das quais surge sua "teoria da sedução generalizada".

É necessário precisar que a sedução originária *não é*, em absoluto, o primeiro termo de uma série que continuaria com a sedução precoce e com a sedução infantil: "a sedução originária é a essência última das outras duas, no sentido em que é a única que introduz a dissimetria atividade/passividade"[31]. Aqui está a especificidade da concepção do originário em Laplanche: detenhamo-nos um instante para melhor compreendê-la.

O originário segundo Laplanche é uma categoria da *efetividade*, ou seja, desencadeia um processo causativo, sem no entanto ser uma causa determinada. O que o adulto sexuado detona na criança "pronta a se deixar desviar" é o trabalho de simbolização. É evidente que a ação do primeiro sobre a segunda tem efeitos para ele, mas tais efeitos não poderiam ser considerados como originários, uma vez que resultam de um sexual "já ali" *antes* que encontrasse a criança. Ora, esse trabalho de simbolização deixa atrás de si "restos" não-domináveis, que por este motivo serão recalcados e virão a formar o núcleo do inconsciente da criança.

É preciso observar que nada exige que a ação sedutora ocorra uma única vez, sob a forma de uma cena particular, nem *a fortiori* que se dê num momento determinado da vida da criança. É antes a *necessidade* da sedução que lhe confere o estatuto de originário, necessidade de ordem mais estrutural que factual[32].

---

[31] *Nouveaux fondements...*, p. 127.
[32] Ver o comentário de Conrad Stein ao artigo "Da teoria da sedução restrita à teoria da sedução generalizada", que dá título ao livro de Laplanche.

Laplanche escapa assim à aporia que fez malograr a teoria da sedução "restrita" em Freud: o deslizamento indefinido de cena em cena, sem que seja jamais possível encontrar a última, que seria também a primeira. Essa aporia nasce de uma concepção empirista do originário, que o reduz ao que "aconteceu no começo", deixando de lado o caráter universal que ele deve possuir para ser verdadeiramente originário.

Para que a sedução possa preencher sua função de "fato gerador central em Psicanálise", falta ainda demonstrar que ela funda também a prática do tratamento. Reencontramos aqui a exigência do isomorfismo entre os processos psíquicos em geral e os que se desenvolvem na situação analítica, único meio de construir uma ponte entre a teoria metapsicológica destes processos e as modalidades de intervenção que permitem atingi-los e alterá-los.

Porque exclui do seu campo os interesses adaptativos que dependem da autoconservação, a situação analítica apresenta o traço bastante particular de ser um "lugar pulsional ou sexual puro"[33], lugar que deve ser continuamente instaurado. Tal tarefa incumbe ao que Laplanche intitula "as recusas do psicanalista": em primeiro lugar, a de se situar no plano adaptativo (por exemplo, dar conselhos); em segundo, a de saber previamente o que é o inconsciente do outro. A isso o analista se recusa duplamente: evitando misturar a teoria à sua escuta (o que transformaria esta numa ampliação daquela), e não prejulgando o sentido do que escuta (o que permite seguir, passo a passo, o desenvolvimento das representações e dos afetos no discurso do paciente). É isso, precisamente, o que faz da situação analítica um lugar de

---

O essencial deste comentário pode ser encontrado no número 29 de *Études Freudiennes*, que reproduz as atas do colóquio *"La séduction en psychanalyse"* (1987, p. 137-167).

[33] *Nouveaux fondements...*, p. 152.

sedução originária no sentido de "sedução do enigma", aqui representado pela negativa do analista em o resolver cedo demais, ou no lugar do paciente.

Assim o originário, embora mais pregnante no início da vida psíquica, pode igualmente ser recolocado em jogo em uma situação posterior, como a da análise[34]. É uma mobilização deste tipo, cujo indício na situação analítica será a transferência "em oco", que poderá permitir a mudança do que se havia cristalizado como traços de caráter no ego, ou em defesas demasiado rígidas. "Transferência em oco" (*en creux*) é uma noção criada por Laplanche para distinguir a transferência móvel, que permite retomar conflitos e imagos infantis na relação com o analista, da que repete indefinidamente o que foi traumático, sem tornar possível a "reenigmatização" do vivido infantil.

Em outras palavras, as coordenadas da situação analítica tornam possível a *elaboração* do que foi recalcado na infância, e uma nova tradução do enigma que naquela época havia suscitado o trabalho de simbolização, interrompida porém num nível insuficiente. Essa reativação do enigma não é uma repetição do idêntico, pois se dá em condições mais favoráveis: a situação analítica, por sua continência (materializada na atenção do psicanalista e em sua recusa de atuar a sedução), favorece simbolizações novas, cujo resultado será a redução do potencial traumático daquele enigma.

Pode-se dizer, então, entre o "Édipo do tratamento" e o "Édipo originário" na versão de Le Guen vigora uma relação semelhante à que segundo Laplanche se dá entre a "sedução originária dos primórdios" e a "sedução originária no processo analítico". Vê-se também que na teoria laplanchiana o complexo de Édipo ocupa uma posição secundária em relação à sedução, esta sim o verdadeiro princípio organizador da vida psíquica.

---

[34] *Idem*, p. 156.

Isso se deve, a meu ver, à maneira pela qual que cada um dos autores concebe a situação originária. Laplanche situa a criança na posição de *objeto*; o adulto – não especificado, ainda que sua encarnação mais plausível seja a mãe – é o *agente* de um "a mais" que para a criança é um "demais", de onde a necessidade para ela de efetuar o trabalho de simbolização, ou seja, de ligação e de tradução. A clivagem que no adulto separa a consciência do inconsciente tem aqui importância crucial, pois é ela que permite conceber como *enigmático* o caráter dos significantes para aquele que os produz.

O conflito não está ausente dessa configuração, mas se apresenta *no interior* de cada um dos protagonistas, e não *entre* eles. No adulto, em consequência do recalque, ele é "em ato"; na criança, é induzido pela implantação dos significantes enigmáticos (primeiro momento do recalque originário), e despontará quando da primeira tentativa de tradução (segundo momento do recalque originário).

Para Le Guen, o lugar do conflito é bem diverso. A situação originária comporta um "a menos" – a mãe ausente – e um "demais" – o não-mãe presente; ambos estão em posição de objeto, ou do que vai se tornar o objeto. A criança ocupa aqui a posição de *sujeito*: o processo vai ser descrito a partir de seu ponto de vista, e os dois outros personagens se situam em relação a ela. O traumático nessa situação não é de forma alguma o "a mais" – a significação sexual que impregna os significantes enigmáticos – mas a conjunção do "demais" e do "a menos", o "demais" sendo aqui evidentemente a angústia sentida pela criança ao perceber o não-mãe. É por isso que o conflito pode se estabelecer ao mesmo tempo *entre* o sujeito e seu objeto "duplo e contraditório", e *no interior do sujeito*, em sua relação consigo mesmo, mediatizada pela dupla ligação com o objeto conflitivo. Dessa configuração não há como deduzir a sedução, enquanto a triangulação fundadora se segue naturalmente: ela se chama "o Édipo originário".

FIGURAS DA TEORIA PSICANALÍTICA

A meu ver, é impossível conciliar essas duas concepções do originário, bem como cada uma delas com o seu equivalente na teoria de Stein, a saber, o presente da situação analítica. Não é notável que os três autores, que haviam partido em busca dos fundamentos da Psicanálise, cheguem a conclusões tão diferentes? Por outro lado, estão de acordo sobre pontos não menos importantes. Tentemos então fazer um balanço de suas convergências e divergências.

## Os alfaiates, o rei e o castelo psicanalítico

O que é comum a essas três figuras da situação originária? Observa-se sempre a presença de *dois* protagonistas: o sujeito e um segundo – psicanalista, não-mãe ou adulto sexuado – pois sem *outro* não há constituição do sujeito. A recusa do solipsismo e da concepção do narcisismo primário como clausura integral em si, que Freud apresenta por exemplo em "Os Dois Princípios do Funcionamento Psíquico", marca uma primeira distância em relação à doutrina do fundador. Mas as consequências deste fato não serão as mesmas para cada um dos nossos autores.

Vê-se também a marca deixada pelas elaborações pósfreudianas, principalmente as de Lacan e dos autores ingleses, os quais também recusam aquela concepção, e defendem – por razões diferentes, mas que não podemos abordar aqui – o papel essencial do outro na aurora da vida psíquica.

Assim como para o problema do narcisismo primário, a insatisfação frente a outras teses de Freud que, sem ser indispensáveis ao seu sistema, nele ocupam posição de destaque, está na raiz da reflexão de Stein, de Le Guen e de Laplanche. Mas isso não os conduz a ver no fundador algo "superado": ao contrário, os incita a retomar o seu pensamento, e o instrumento que escolhem para tanto será precisamente *este mesmo pensamento*.

No entanto, se os três interpretam Freud por meio de Freud, os sistemas teóricos que constroem não são compatíveis, pois o Freud que servirá como interpretante e o Freud a ser interpretado *não são idênticos* em cada uma das abordagens. Em outras palavras: uma vez estabelecido o princípio segundo o qual o que é percebido como errôneo ou insuficiente na doutrina freudiana deve ser reformulado através do que nela é correto e bem fundado, e não através de outras doutrinas, ainda que psicanalíticas e pós-freudianas, será preciso efetuar uma seleção criteriosa na herança freudiana. É nesse momento que se instauram diferenças de fundo, que se irão aprofundando à medida que prossegue a reflexão de cada autor.

Para Stein, o insuficiente em Freud é constituído por sua necessária cegueira quanto a certas implicações de suas descobertas, em particular para determinadas particularidades da situação analítica. Cegueira que não deve ser atribuída a falhas de raciocínio, mas à necessidade sentida por Freud – como por qualquer um – de colocar proteções no seu caminho, a fim de não "se perder na loucura". O resultado é que a teoria deve ser reconstruída de trás para frente, partindo dos fenômenos que se podem observar na situação analítica, e *não* de uma gênese hipotética a partir do grau zero da psique. Isso conduz Stein a rever inteiramente a teoria da transferência, já que em virtude do seu postulado ela não pode ser encarada como repetição de um infantil que seria originário. Desta reformulação bastante considerável nascem suas concepções do complexo de Édipo e do complexo de castração, também diferentes do que diz Freud na letra do seu texto. Disso decorre sua contribuição a meu ver mais original: o estudo dos efeitos da fala do psicanalista.

Le Guen e Laplanche estão de acordo na recusa de um outro aspecto da doutrina de Freud: a teoria do originário *stricto sensu*, da qual fazem parte o conceito de "fantasma hereditariamente transmitido" e o recurso ao mito da horda primitiva. Por motivos diferentes, ambos veem nessas ideias a ingerência de um fator extra-analítico, exigido pela ênfase na *evolução endógena* da psique que atravessa toda uma parte da obra de Freud. Le Guen vê nisso um tributo à ideologia: enquanto ciência, a Psicanálise deve poder explicar a gênese de seu objeto em termos univocamente psicanalíticos, e que não apelem para noções ofensivas à razão. É para isso que propõe a concepção do Édipo originário. Mas, tendo decidido situar o originário no começo da vida, ele precisa mostrar como a prática do tratamento pode recuperá-lo e mobilizá-lo: daí a exigência de um modelo capaz de fundar o movimento de um ao outro e vice-versa (o que é realizado pelo mecanismo do apoio/*a posteriori*), e a exigência de que esse modelo seja de tipo dialético, a fim de poder explicar um processo cujo cerne é a dupla negação.

Quanto a Laplanche, a crítica do extra-analítico segue outra via: a interrogação do "recalcado teórico" em Freud. A noção de um recalque por Freud de algumas de suas descobertas é o verdadeiro organizador de suas *Problemáticas*, às quais é necessário acrescentar o volume dos *Novos Fundamentos*. Daqui se segue a necessidade de retornar, como historiador munido dos instrumentos fornecidos pela Psicanálise, às diferentes etapas do percurso de Freud, revelando seus bastidores e "fazendo trabalhar" os conceitos assim renovados. Passo a passo, durante vinte e cinco anos de uma paciente pesquisa, resultaram deste método algumas conclusões, entre as quais as teorias da sedução e da pulsão que discutimos acima.

Emprestando de Laplanche um de seus mais fecundos conceitos, poder-se-ia dizer que Freud representa para nossos três autores o papel de um *objeto-fonte*, ou seja, algo que um ser humano – aqui o psicanalista contemporâneo, necessariamente inscrito na posterioridade de Freud – recebe de outro, o qual oferece ao primeiro uma mensagem que *contém mais do que ele mesmo sabe*: no caso, a teoria psicanalítica, conjunto de significantes excitantes e fonte de estímulos, objeto de um trabalho de apropriação e de ressignificação, cujo fruto é a construção do sistema teórico que dá conta do surgimento, da estrutura e do funcionamento dela.

Mas a situação do autor-psicanalista é também dialética no sentido do Édipo originário de Le Guen. Ele é psicanalista, portanto dispõe de uma experiência semelhante à do fundador da disciplina. Por outro lado, está confrontado à teorização feita por Freud e àquilo que esta experiência permite entrever, ou seja, o modo de constituição do sujeito humano. Se consentirmos em abstrair o conteúdo manifesto e conservar apenas as relações contraditórias que as estruturam, é legítimo, creio, considerar que a configuração formada pelo psicanalista, pela experiência do tratamento e pela teoria pode ser superposta àquela formada pela criança, pelo não-mãe e pela mãe. A posição do outro se revela então ocupada pela prática *e* pela teoria, cada uma delas habitada por uma negação interna.

A prática é da ordem do singular – *este* paciente, *esta* transferência, *esta* contratransferência, etc. – mas contém em si o universal, sob a forma das constantes e das possibilidades do funcionamento psíquico definidas pela teoria. Se não fosse assim, a prática seria pura empiria, e não poderia engendrar nenhum conhecimento de ordem geral. A teoria, por sua vez, move-se no universal, porque é feita de conceitos e de esquemas que se enraízam nas descobertas feitas *no* e *pelo* trabalho singular de cada tratamento. O lugar de encontro dessas duas dimensões é a reflexão do psicanalista a respeito do que faz ("o que fazemos quando psicanalisamos?", pergunta-se Le Guen nas primeiras linhas de seu livro). Essa reflexão deve incluir, negar e ultrapassar tanto a singularidade de cada sessão quanto a dimensão abstrata e geral da teoria: eis a origem da sua dialética.

Quanto à ideia proposta por Stein – que o ponto de partida se situa na experiência do processo analítico – não é difícil

FIGURAS DA TEORIA PSICANALÍTICA

ver nela a ponte com a exigência de retomar o pensamento de Freud, tanto mais que ele o diz expressamente: "A experiência do processo analítico é também experiência de transmissão da Psicanálise, e por este motivo inclui necessariamente a leitura de Freud e de outros autores"[35].

Resta acrescentar que as elaborações teóricas que discuti neste texto permanecem abertas a novos desenvolvimentos: nesse sentido, como o fez Le Guen em um de seus escritos, poder-se-ia ver no psicanalista, assim tocado pela exigência de pensar e de comunicar por escrito o que pensou, como um *arpenteur* do castelo psicanalítico". Enquanto o rodeia, vai traçando seu caminho na esperança de nele penetrar. Não se poderia dizer, todavia, que aqui o caminho é o próprio castelo, que os passos do caminhante são ao mesmo tempo os gestos do construtor?

Se assim for, é preciso reconhecer em Lacan aquele que primeiro indicou a direção a tomar. Cada um dos três autores poderia retomar como sua a observação de Conrad Stein na "advertência" ao seu capítulo sobre o "duplo encontro":

> O encontro com Jacques Lacan desempenhou um papel determinante na forma com que me situo em relação a Freud. Menos pelo que dele emprestei, menos pela inspiração de um sistema de interpretação que não adoto, que pelo fato de Lacan ter devolvido à imaginação seu direito de cidadania, em uma Psicanálise sufocada pelo compromisso pseudocientífico[36].

*A Criança Imaginária, A Dialética Freudiana* e os *Novos Fundamentos para a Psicanálise* devem sua existência ao que bem

---

[35] Ver sua intervenção nas "Jornadas sobre a Sedução em Psicanálise" promovidas por *Etudes Freudiennes* e publicadas no número 29 desta revista (1987), especialmente p. 149 e seguintes.

[36] *L'enfant...*, p. 333.

podemos considerar como "imaginação teórica". Esses três livros são criação do novo, obra de pensamento a partir do que Freud estruturou como teoria e como prática no campo da psicanálise.

Para concluir: digamos que no castelo psicanalítico mora um rei, o Imperador Originário. Como no conto de Andersen, ele precisava de roupas novas; Le Guen, Laplanche e Stein podem ser comparados a três alfaiates, que – ao contrário dos impostores da história – dedicaram anos a confeccionar uma bela vestimenta para ele. São túnicas magníficas, bem cortadas, tecidas com o melhor fio. Mas é preciso reconhecer: esses habilíssimos artesãos não se entendem lá muito bem sobre as medidas do seu ilustre cliente!

# Parte II
## LEITURAS

# SOBRE A PSICANÁLISE E O PSICANALISTA

Não é raro que, ao sabor das ocasiões que se apresentam, o psicanalista se veja interpelado por aquilo que seus colegas escrevem. O ritmo das publicações não permite acompanhar tudo o que é lançado no Brasil e no Exterior, mas é certo que alguns escritos nos marcam mais do que outros. Sentimos vontade de dialogar com o autor, ou de falar do livro com alguém; pode vir um convite formal para que o façamos, e assim surge uma resenha.

O gênero é capcioso. É preciso dar ao leitor uma ideia do conteúdo da obra, mas o escrito analítico desafia o resumo: por sua própria natureza, é sinuoso, refere-se a vários planos simultaneamente (clínico, teórico, polêmico, histórico...), e por isso dificulta a tarefa do resenhador, obrigando à seleção e à concisão. Também é preciso dizer por que a obra interessará a um círculo mais ou menos amplo de leitores e, na medida do possível, despertar neles o desejo de compartilhar com quem já a leu os benefícios advindos da leitura; mas uma resenha feita essencialmente de adjetivos não cumpre bem sua função. Em todo comentário está implicado um juízo de valor, quando mais não fosse porque, não sendo críticos profissionais, dificilmente nos daremos ao trabalho de escrever sobre um livro que não nos diz nada. Tratando-se de traduções, convém contextualizar a obra e seu autor, inclui-los numa problemática ou num momento da história das ideias, esclarecer as condições em que eventualmente foi acolhida na cultura brasileira: corre-se aqui o risco de permanecer em volta da obra, ao invés de falar dela.

Contudo, estou persuadido de que, ao documentar o que pensa de um trabalho alheio, o leitor-escriba vai além do mero desejo de perpetuar suas próprias impressões. A resenha é antes de mais nada um serviço de utilidade pública: dar notícia de que existe algo interessante, dizer por que, divulgar ideias que merecem ser conhecidas, são atividades que fazem parte da vida intelectual, e contribuem para socializar o conhecimento. Como pesquisador, sou grato aos que me indicaram a existência de textos que, de outra forma, eu continuaria a ignorar.

A esses fatores de ordem geral cumpre acrescentar outro, mais específico da condição do psicanalista. Este passa a maior parte do seu tempo recluso entre quatro paredes, com porta dupla e chave na fechadura. O isolamento é por isso uma ameaça real à sua estabilidade psíquica e ao seu senso crítico. O exercício da Psicanálise cria uma curiosa atmosfera de irrealidade, pois, em decorrência das regras da arte, as convenções do bom senso e da vida cotidiana se encontram suspensas. Por essas razões, ler o que outros escrevem representa para o psicanalista mais que um prazer ou um dever de atualização profissional: é uma atividade regeneradora tanto do seu narcisismo quanto do que estou chamando, por comodidade, de "senso crítico".

Atividade de restauração narcísica, pois o leitor se encontra numa posição psíquica diferente da de quem escuta. Exerce a soberania de ler quanto e quando quiser; pode fechar o livro, saltar um trecho, voltar atrás, riscar a página... Já o ouvinte está muito mais vulnerável, muito mais sujeito aos caprichos do outro. Conrad Stein conta, em *L'enfant imaginaire*, a história de um paciente que lhe dizia: "Faço aqui minhas pequenas piruetas, e nunca sei quando ocorrerá a sua intervenção". Do seu lado, o

psicanalista retrucava mentalmente: "Faço aqui minhas pequenas intervenções, e nunca sei quando elas terão algum efeito".
Ler é, certamente, deixar-se impregnar, comover e conduzir pelo
discurso do outro; mas isso pode ser feito no ritmo que for conveniente ao leitor, no local e no momento por ele escolhidos, e
com a intensidade que ele desejar ou suportar.

Para um profissional cujo instrumento de trabalho é sua
própria pessoa – constantemente sujeito ao desgaste de sua superfície psíquica pelas transferências mobilizadas na análise, que
precisa conter muitas das reações emocionais que em outras circunstâncias expressaria sem constrangimento – o fato de poder
controlar as condições de sua exposição a outrem é ocasião para
o exercício de um poder que, na função analítica, lhe está vedado
por todos os lados.

Também é, por outra parte, ocasião para reconstruir seu
senso crítico. A suspensão do juízo de realidade e de valor exigi-
da pela postura analítica é, como notou Piera Aulagnier, uma das
atitudes mais antinaturais que se possa imaginar, e requer um
esforço psíquico considerável, do qual – pelo hábito e por imposi-
ções superegoicas – em geral evitamos nos aperceber. Tal atitude
é sem dúvida necessária para poder analisar; no entanto, à força
de admitir com equanimidade sentimentos, fantasias, sintomas,
atuações e falas que, sob condições não analíticas, pareceriam
aberrantes, não é raro que no analista vacilem os parâmetros do
julgamento de valor. Nesse sentido, ler textos de Psicanálise é um
poderoso antídoto contra a onipotência, contra a depressão e contra
a sensação de solidão, pois verificamos que outros vivem circunstâncias semelhantes, pensam coisas parecidas ou mesmo opostas
às que consideramos verdadeiras, percorrem trajetórias transver-
sais ou paralelas à nossa, mas em todo caso *comparáveis* a ela.

É por pensar assim que dou grande valor ao trabalho de
resenhar livros: é uma bem-vinda oportunidade de sair do isolamento, de dialogar com colegas, de elaborar questões que, de outro
modo, talvez permanecessem indefinidamente em suspenso.

As notas de leitura aqui reunidas espalham essa postura. Originalmente escritas para os cadernos culturais da imprensa[1], pareceu-me que conservavam algum valor, mesmo passada a ocasião que suscitou cada uma delas. Focalizam questões vinculadas entre si (o que justifica comparecerem aqui como partes de um mesmo capítulo): as implicações teóricas e clínicas da diversidade hoje vigente no campo psicanalítico, que determinam silenciosamente certos funcionamentos tanto do terapeuta quanto do paciente, e mesmo do supervisor.

## Paulo César Souza (org.), *Sigmund Freud e o Gabinete do Dr. Lacan,* São Paulo, Brasiliense, 1989

Paulo César Souza, historiador e germanista de inegável competência (escreveu um livro sobre a Sabinada e traduziu Brecht e Nietzsche), propõe-nos nesta coletânea que tomemos ou retomemos contato com alguns textos bastante instigantes. Dirigida a "leitores que cultivam uma vaga ideia da importância da Psicanálise", ela na verdade interessa a um público muito mais amplo, no qual se incluem todos os que desejam ter da pessoa e do pensamento de Freud uma ideia mais exata.

O livro reúne textos assinados pelo historiador Peter Gay, cuja biografia de Freud acaba de ser lançada entre nós; pelo sociólogo americano Philip Rieff; pelo filósofo inglês Richard Wollheim (cujo *As Ideias de Freud,* publicado pelo Cultrix, ainda é uma das melhores introduções ao tema); pela psicanalista Marilene Carone; pelo professor Jean Maugüé, que lecionou na

---

[1] Exceto a terceira, apresentada oralmente no VIII Fórum Internacional de Psicanálise, Rio de Janeiro, 1988. Ver a "Nota sobre a origem dos textos", ao final deste volume

Sobre a Psicanálise e o Psicanalista

USP entre 1935 e 1943; e pelo próprio organizador, além de uma entrevista inédita e de pequenos trabalhos de Freud.

Esse cardápio variado não pretende a nenhuma homogeneidade; o interesse da coletânea reside exatamente no contraste dos temas e das posições dos diversos autores. Além disso, estabelece-se entre eles um diálogo involuntário, que o leitor atento não deixará de notar: as observações de Peter Gay acerca do estilo literário de Freud, por exemplo, fazem eco aos artigos de Marilene Carone sobre a versão brasileira de suas obras; o mesmo Gay enfatiza a "visão trágica" da cultura em Freud, respondendo por antecipação aos comentários de Rieff sobre o "homem psicológico", que segundo esse autor, "vive pelo ideal do *insight*, que conduz ao domínio da própria personalidade" (p. 105); o artigo de Wollheim sobre Lacan pode ser lido em contraponto ao de Gay, bem como a um dos textos de Carone, já que nele o tema são os destinos da Psicanálise pós-freudiana. A unidade do livro não está – nem poderia estar – no conteúdo manifesto dos textos, mas em sua inspiração comum: cada qual à sua maneira, eles nos convidam a refletir sobre o homem e a doutrina, e sobre o impacto que ambos tiveram na nossa imagem de nós mesmos.

O artigo de Peter Gay abre o volume num tom característico:

> Enquanto a prosa de Freud era sumamente adequada aos seus propósitos, seus aposentos ofereciam um sugestivo contraste com as ideias que ali eram geradas. É como se estivesse fabricando explosivos na sala de visitas. (p. 35)

Gay nos oferece uma excelente visão do caráter de Freud, dominado por sua paixão pela verdade, e das circunstâncias culturais em que produziu suas teorias. Para ele, Freud é essencialmente um cientista alemão, e nessa perspectiva reserva comentários sarcásticos para os que imaginam que os intelectuais vienenses, na virada do século, "passavam os dias num seminário intensivo sobre a cultura modernista". Bem informado e escrito com elegância, seu ensaio assinala algumas das condições que tornaram Freud tão significativo para a cultura moderna.

Já o artigo de Rieff, escrito em 1959 e parte de seu clássico *Freud, the Mind of a Moralist*, situa a Psicanálise como "a mais sutil das ideologias contemporâneas da salvação pessoal". Quanto de Freud e quanto do clima cultural da Psicanálise americana contribuem para sustentar essa afirmação é difícil precisar; em todo caso, o autor concentra suas baterias no fato de que a crítica freudiana da cultura é datada, querendo com isso chamar a atenção para a permissividade da sociedade moderna e para o ar razoavelmente caduco de uma doutrina que enfatiza o caráter repressivo da moral sexual. Freud seria um agudo crítico da sociedade vitoriana – mas, infelizmente, já não somos vitorianos.

Este é um aspecto delicado quando se tenta apreciar o valor atual das ideias freudianas; mas, a meu ver, Rieff erra o alvo. Não porque ainda sejamos vitorianos, mas porque a visão de Freud culmina com uma concepção trágica da cultura, nos antípodas do que o autor caracteriza como *homo psychologicus*, voltado para o *insight* e para o domínio da própria personalidade. O sociólogo americano é menos infeliz quando assinala o sentido emancipador da Psicanálise; mas será que "sentido emancipador" quer dizer "domínio da própria personalidade"? Não creio.

O problema é de interpretação, certamente, porque em Freud coexistem posições que dão margem a uma ou a outra leitura: há a ênfase no inconsciente e em sua irredutibilidade à consciência e ao ego, e há a ênfase na possibilidade de este mesmo ego ficar menos submetido aos esquemas defensivos produzidos por sua própria história. Mais precisamente, a célebre fórmula "onde era o *id*, o ego deve advir" se presta a uma leitura segundo a qual o ego deve ou pode substituir o inconsciente, embora não seja este o sentido mais óbvio do que Freud quer dizer. Poder-se-ia pensar, com maior legitimidade, que a análise visa não a diminuir a força do inconsciente, mas a diminuir a força das repressões egoicas sobre ele, de modo a flexibilizar o funcionamento psíquico; mas esta é uma questão complexa, que não cabe focalizar agora.

Em todo caso, a ideia de que Freud fosse um partidário do *insight* (compreensão intuitiva) é demolida por Marilene Carone num dos mais belos textos da coletânea: "A Ideologia de uma Tradução". Marilene foi a primeira, entre nós, a chamar a atenção para a péssima qualidade da edição Standard Brasileira das obras de Freud, numa série de artigos publicados no *Folhetim* e aqui reproduzidos. Além de críticas muito pertinentes aos absurdos que infestam essa edição, parece-me que o artigo sobre a "ideologia da tradução" contém um ponto de vista bastante fecundo: buscar a influência das escolas pós-freudianas na maneira como se lê Freud. Este é o outro assunto para especialistas, mas cabe notar que a coletânea de Paulo César oferece materiais sugestivos para esclarecer o problema.

Nesse sentido, o artigo de Marilene Carone coloca em perspectiva o de Richard Wollheim, "O Gabinete do Dr. Lacan": texto polêmico, bastante documentado, e que não deixará de suscitar muxoxos daqueles para quem Lacan e a *bocca della verità* são uma só e mesma coisa.

Wollheim apresenta um sumário das principais ideias do psicanalista francês, referindo-as às fontes nas quais se inspirou; argumenta que ele quis completar o esboço deixado por Freud quanto à imagem do homem, transformando esse esboço num quadro acabado. Ironiza algo que deveria ser objeto de reflexão mais desapaixonada, a "erotização do texto" por parte de Lacan e de seus seguidores. Não vejo mal nenhum nessa erotização, desde que não se transforme em fetichismo: como que outros instrumentos se poderia ler, senão com os da razão erotizada?

*Erotizada* aqui significa capaz de investir o ato de ler, capaz de suportar o paciente deciframento do texto para, a partir dele, produzir novos pensamentos.

Aquilo que sob a pena de Wollheim é um sarcasmo me parece perfeito para definir o que distingue uma leitura criativa de uma paráfrase sem sal. É pena que os lacanianos não repitam com o texto de Lacan a mesma operação que ele soube fazer com o de Freud: nada menos erotizado que as enfadonhas tentativas de falar como o mestre, ao invés de procurar pensar como ele sabia, soberbamente, fazer.

Isso dito, o filósofo aponta algumas dificuldades sérias para a doutrina lacaniana, em particular o reduzido espaço que, ao se deter primordialmente nos fatores ditos "estruturais" do psiquismo, ela confere à experiência e à maturação do ser humano. De fato, o lacanismo – especialmente em sua fase final, a partir dos últimos anos da década de 60 – reservou espaço cada vez menor para aquilo que em Freud define a essência do psíquico: a dimensão do *conflito*. Em vez disso, prepondera cada vez mais a dimensão da *carência*, ou, como se tornou moda dizer, da "falta". Mas este também é um problema para ser discutido em outro momento.

Os autores brasileiros – Paulo César e Marilene Carone – comparecem com escritos de circunstância, que emolduram os ensaios mais densos e de cunho mais histórico-crítico de Gay, Rieff e Wollheim. Os trabalhos de Marilene foram precocemente interrompidos por seu falecimento, perda da qual a Psicanálise neste país levará décadas para se recompor[2].

---

[2] (Nota de 2010) Ao escrever esta frase, tinha em mente a interrupção do seu trabalho de tradutora. Desde então, a própria Editora Imago deu início a uma nova versão das *Obras Completas*, sob a direção de Luiz Alberto Hanns, da qual até o momento (2010) saíram três volumes. A Companhia das Letras encarregou Paulo César Souza de realizar outra tradução, cujos primeiros volumes também estão sendo lançados em 2010.

Ela havia iniciado uma tradução das obras de Freud a partir do original alemão, fundamentada em seu amplo conhecimento da Psicanálise enquanto teoria e enquanto prática. Os estudos aqui reproduzidos são prolegômenos a uma discussão séria dos problemas metodológicos implicados em traduzir Freud, no Brasil, hoje. À parte a dimensão polêmica – quando satiriza sem dó nem piedade alguns dos contrassensos mais flagrantes da edição Imago – o que me parece mais valioso nos artigos que constam desta coletânea é a dimensão construtiva, presente sobretudo no ensaio que mais me agradou: "A Ideologia de uma Tradução". Com efeito, o único termo traduzido com absoluta uniformidade ao longo dos 24 volumes da Standard Brasileira é *insight*, palavra inglesa que não consta do texto de Freud; Marilene reflete sobre as implicações desse fato, ressaltando a escolha epistemológica e terapêutica que serve de solo a tamanha fidelidade lexical – escolha que, como se poderia imaginar, enraíza-se na Psicanálise britânica do pós-guerra.

Já os artigos de Paulo César Souza dão uma ideia bastante boa do ambiente físico em que Freud viveu e pensou, a famosa "sala de visitas" na qual ele fabricava suas dinamíticas hipóteses. Trata-se de um bom ponto de partida para os leitores que, antes de mergulhar nos espinhosos problemas tratados pelos outros autores, quiserem formar uma imagem desse entorno. Da mesma forma, o suculento ensaio sobre "As Vidas de Freud" fornece pistas para situar as diferenças e semelhanças entre as várias biografias do ilustre personagem que nos últimos anos se tornaram disponíveis em português – Gay, Jones e Max Schur.

Por fim, o trabalho do professor Maugüé. Não poderia ter sido mais feliz a inclusão deste artigo, publicada em *O Estado de S. Paulo* em 1939. Jean Maugüé marcou toda uma geração de estudantes com sua maneira de ensinar Filosofia na provinciana São Paulo dos anos 30. Recentemente, Paulo Arantes publicou, no número 23 da Revista *Novos Estudos* do CEBRAP, um importante artigo, "Jean Maugüé e a USP", que resgata o projeto pedagógico do professor francês para o departamento de Filosofia da USP. É muito oportuno, assim, poder ler o seu "ensaio de filosofia freudiana", que restitui o que podia ser a apreensão de Freud em 1939.

Aos que pensassem estar hoje em posição mais adequada para falar dele, recomendo a leitura do estudo, de uma fineza e de um charme extraordinários. O professor conhecia bem Freud, e ressalta aspectos do seu pensamento que merecem atenção, em especial a "confiança na fecundidade do instinto e na plasticidade da inteligência" (p. 113). Freud no contexto dos anos 20, a década da revanche das pulsões sobre a dura disciplina imposta ao desejo, ao amor e à lucidez durante a Primeira Guerra Mundial; Freud como *pensador da dignidade*, naqueles tempos sombrios em que, nas profundezas da velha Europa, se preparava uma tempestade de barbárie ainda mais cruel que a daquela guerra. Ignoro se Maugüé era um leitor de policiais; se o fosse, talvez lhe viesse ao espírito, para caracterizar aquele momento, a previsão com a qual, em *O Último Adeus de Sherlock Holmes*, o detetive se despede do seu inseparável escudeiro: "Watson, um vendaval se aproxima, vindo do Leste".

Talvez Freud não gostasse de ser evocado junto com Watson, cuja inabalável estupidez o tornava tão simpático. Ele não queria ser simpático: queria "descobrir algo dos enigmas da mente humana". E o livro organizado por Paulo César Souza permite colocar em perspectiva esse homem que, questionado por Max Schur no dia em que estourou a Segunda Guerra Mundial – "*Herr Professor*, o senhor pensa que esta será a última guerra?" – respondeu, implacável: "Será *minha* última guerra".

## Bento Prado Jr. (org.), *A Filosofia da Psicanálise*, São Paulo, Brasiliense, 1990

Freud, suas ideias, o destino que a Filosofia lhes reservou, o diálogo nem sempre frutífero que ao longo deste século vêm travando os discípulos de Sócrates com os textos freudianos: quantos mal-entendidos! A começar pelo próprio projeto de ler Freud como se lê um filósofo....

*Filosofia* da Psicanálise, filosofia da *Psicanálise*: o título do livro alude às duas acepções possíveis desta expressão, como precisa Bento Prado Jr. em sua apresentação. Trata-se de refletir epistemologicamente sobre conceitos e objetos psicanalíticos, mas alguns dos ensaios querem também determinar que consequências têm, para a própria Filosofia, as descobertas da disciplina freudiana. Em ambos os terrenos, as contribuições aqui enfeixadas são de grande interesse, graças à finura da análise, à elegância da escrita, ao uso imaginoso da erudição, e – coisa rara num campo tão devastado pela repetição de lugares-comuns – graças à originalidade do pensamento.

Num dos artigos, Luiz Roberto Monzani traça uma breve história da reflexão filosófica sobre a Psicanálise, atravessada pelo desejo de depurar a teoria psicanalítica daquilo que cada autor considera como "escória". Esta pode ser a indesejável intromissão do materialismo mecanicista numa prática que tem por objeto o espírito humano, produtor de significações singulares: é a tradição fenomenológica, que, como nota Bento Prado em outro artigo, deve muito à *Crítica dos Fundamentos da Psicologia* de Georges Politzer. Ou pode ser o igualmente indesejável grau de arbitrariedade introduzido pela interpretação do sentido numa disciplina que deveria obedecer aos cânones da cientificidade mais exigente: é o caso dos que, em Freud, privilegiam a vertente biológica até o reduzir a um "cripto-biólogo", como, segundo Monzani, faz Frank Sulloway em *Freud, Biologist of the Mind*.

FIGURAS DA TEORIA PSICANALÍTICA

Buscando acomodar a Psicanálise a sistemas de referência pré-estabelecidos, essas leituras fracassam no seu intento, acabando por deformar o discurso que pretendiam compreender[3]. Surgiu, então, especialmente na França e em suas extensões intelectuais (como os departamentos de Filosofia das universidades paulistas, de onde provêm os autores do volume), uma atitude mais humilde, "que acabou por colocar as questões em outros termos, e sobretudo possibilitou o começo de uma leitura atenta e rigorosa dos textos" (p. 127). É nessa perspectiva que foram elaborados os ensaios da coletânea, procurando elucidar questões pontuais na genealogia ou na articulação dos conceitos psicanalíticos; desse trabalho, minucioso e paciente, resultam algumas novidades muito bem-vindas.

O artigo de Monzani sobre o "manuscrito perdido" de Freud – "Visão de Conjunto das Neuroses de Transferência", de 1915 – é um exemplo dessa forma de operar. Monzani quer responder a duas questões: qual é a situação desse texto na obra de Freud? E, no interior do discurso freudiano, qual o significado das teses que defende?

Sabe-se que Freud renunciou a publicar este escrito, que contém uma grande "fantasia pré-histórica" acerca da maneira pela qual as privações da era glacial teriam contribuído para engendrar as neuroses do homem civilizado. Monzani mostra que nada há de "alucinado" no texto, que trabalha com questões bastante precisas: os fatores que contribuem para o desencadeamento das neuroses. Esses fatores são a regressão e a disposição; é entre os elementos que determinam a primeira que Freud insere as "experiências" fixadoras. Ora, por vezes essas experiências

---

[3] Os analistas franceses mencionados em "Três concepções do originário" também buscaram eliminar da doutrina freudiana o que lhes parecia descabido, mas o fazem dentro dos parâmetros fundamentais dela. Daí, a meu ver, a fecundidade das suas contribuições.

144

não ocorreram na infância de uma pessoa, mas tudo se passa como se ela abrigasse fantasias capazes de precipitar o conflito defensivo do qual vai se decantar a neurose.

Freud raciocina, então, que elas devem estar presentes, mesmo que seu conteúdo não tenha sido experienciado pelo indivíduo (por exemplo, alguém que nunca foi ameaçado pela perda do pênis pode ter fantasias de castração, e construir sintomas para se proteger dos desejos que levariam à realização dessa ameaça). Sua hipótese é que aquilo que assim se vê ativado são *heranças arcaicas*, conteúdos adquiridos no passado da espécie e transmitidos inconscientemente de geração em geração.

O problema com essa tese é que ela não encontra qualquer apoio, nem na Biologia, nem na Antropologia. Por que então Freud se aferra a ela? Responde Monzani: porque necessita de um "apoio na realidade" para a relação que estabelece entre a pulsão, a fantasia e o objeto de ambas. O pilar da teoria freudiana da sexualidade é a inexistência de qualquer relação predeterminada entre a pulsão sexual e seu objeto, aquilo que a satisfaz. A pulsão precisa encontrar o objeto, e para isso segue certas vias e indicações provindas da realidade. Se na vivência do indivíduo essas indicações faltam, e se mesmo assim a pulsão se orienta para determinados objetos, das duas uma: ou a fantasia os engendra por algum automatismo (é a hipótese de Melanie Klein), ou "aquilo que é fantasia hoje, uma vez foi realidade".

Mesmo que adquirida em tempos remotos, uma parcela da fantasia tem que corresponder a um evento real, a uma impressão que em seguida poderá sofrer todas as alterações do processo primário, mas precisa ter sido gravada na psique em algum momento. Vê-se que é para responder a exigências precisas da sua concepção de sexualidade que Freud recorre à hipótese da herança filogenética, sofisticando-a em elaborações sucessivas, cujo traçado o texto de Monzani desenha com clareza e exatidão.

Outros exemplos dessa leitura "epistemológica" dos escritos de Freud encontram-se nos artigos assinados por Osmyr Faria Gabbi Jr. O professor da Unicamp aborda, entre outros temas, a influência exercida pela teoria da afasia elaborada por Freud em 1891 sobre sua concepção da histeria, relação interessantíssima, que até hoje – tanto quanto eu saiba – não havia sido observada. Também estuda a evolução da teoria da memória do *Projeto* de 1895 até "Recordações Encobridoras" (1898), à medida que Freud passa de um esquema no qual não cabe a fantasia para outro, no qual ela determinante para o funcionamento do aparelho psíquico.

O leitor que busca compreender os meandros da elaboração teórica de Freud, as hesitações, os enganos, a lenta construção de um pensamento "em espiral" (Monzani), tem nesses trabalhos indicações preciosas tanto de conteúdo quanto de método: os resultados deles valem pela forma pela qual foram alcançados. Insisto nisso porque, a pretexto de desvendar a história do pensamento de Freud, são comuns leituras anacrônicas, que enxergam em qualquer sentença redigida por ele sementes de suas teorias posteriores. Isso para não falar nos disparates daqueles que, armados unicamente com sua "luz natural", perpetram verdadeiros massacres com os textos, "demonstrando" o que bem entendem, sem qualquer respeito pela lógica e pelas boas maneiras intelectuais.

Já pela lição de cautela e de modéstia que nos proporcionam, os ensaios desta coletânea mereceriam leitura atenta. Mas, a meu ver, o que a torna realmente interessante são os problemas levantados pelos autores, que apontam para a delicada questão de uma filosofia da Psicanálise no segundo sentido definido por Bento Prado Jr.: "a filosofia que [ela] parece impor aos filósofos, exigindo mudanças cruciais no aparelho conceitual da própria Filosofia". Não é pouca coisa o que implicam essas palavras: elas significam que as descobertas da Psicanálise *impõem* (o termo é

Sobre a Psicanálise e o Psicanalista

fortíssimo) reformulações no arcabouço conceitual da tradição filosófica. São os artigos assinados por Bento, e em certa medida a parte final do de Monzani ("Balanço e Perspectivas") que contêm as sugestões mais instigantes nesse sentido.

O que poderia justificar a afirmação do filósofo paulista? Ela deve, de início, ser relativizada: são *certos* problemas, doutrinas e questões herdadas da tradição que parecem mais permeáveis às investidas dos filósofos que leram e meditaram Freud (e não, note-se bem, dos psicanalistas fantasiados de filósofos que proclamam ingenuamente a "morte do *cogito*" ou a emergência de uma nova "ética"). Entre essas questões, a julgar pela leitura dos trabalhos aqui resenhados, destacam-se as problemáticas do objeto, do sujeito e do tempo. Não temos aqui espaço para estudar esses temas com a atenção que merecem, mas vale a pena indicar, brevemente, do que se trata.

É no artigo de Bento sobre o uso feito por Lacan das referências à etologia que se delineia mais claramente o problema do objeto. Dito de modo simples, o que as pesquisas etológicas revelam é que o mundo "real" não é idêntico ao mundo "objetivo": em determinadas espécies animais, o imaginário tem papel constitutivo, e não apenas secundário, na estruturação da experiência perceptiva e no desencadeamento de comportamentos sexuais ou agressivos: "a imagem que provoca o comportamento sexual é uma imagem pretendida, não uma imagem percebida", diz ele. Basta um modelo grosseiro do que normalmente funciona como estimulo – imagem "pretendida" – para que comece o ciclo sexual: o animal literalmente "imagina" estar diante da fêmea, por pouco que as "marcas" distintivas dela estejam presentes no modelo-imagem.

Lacan se serve dessa descoberta para sugerir que do "real sem fissuras" se passa assim a um primeiro descentramento, o do imaginário, já que a imagem introduz um "não ser", um "irreal" nas bordas do real. Seria esse o primeiro narcisismo; na

147

sexualidade humana, ocorre um segundo movimento, a passagem do primeiro para o segundo narcisismo, pela via da "desfuncionalização" da sexualidade. Aqui nasce a pulsão, "recuando para longe da coisa natural" e instituindo o regime do desejo.

Qual a importância filosófica desse desenvolvimento? É introduzir, no coração da "objetividade", a determinação pelo outro humano. Se na aurora do mundo se encontra o outro humano como primeiro objeto e como forma da subjetividade, a relação entre sujeito e objeto não pode mais ser pensada como apropriação de um "real positivo" sempre já dado, ou mesmo constituído pelas operações soberanas do espírito. Bento extrai aqui uma importante consequência da concepção lacaniana do narcisismo, que recusa a leitura desse como clausura solipsista e avança a noção de uma imagem especular, na qual coincidem o outro e o ideal.

Esse fio condutor encontra outra formulação na leitura feita por Bento Prado da obra de Herbert Marcuse, *Eros e Civilização*, dessa vez abordando a questão do desejo e da determinação metafísica do Ser como Eros. Já Luiz Roberto Monzani aponta uma segunda vertente do problema, ao se interrogar sobre o significado exato, em Filosofia, da dissociação operada pela Psicanálise entre "sujeito" e "consciência". A questão da constituição do objeto, herdada do pensamento alemão, parece receber assim da disciplina freudiana um impulso inesperado, que repercute em outros territórios da Filosofia: pois quem constitui esses objetos, como, em que condições temporais, sob quais condições socioculturais?

É preciso notar, porém, que a palavra *objeto* não designa, em Filosofia e em Psicanálise, a mesma entidade. A primeira costuma definir como objeto seja aquilo de que se ocupa uma ciência (o objeto da Física, o objeto da História etc.), seja aquilo que é apreendido numa representação, o correlato dela, em qualquer das formas que pode tomar o ato de representar: perceber um objeto presente, rememorar um objeto passado, antecipar um objeto futuro (pela imaginação), ou mesmo alucinar um objeto inexistente. Nessas diferentes maneiras de representar, o objeto é sempre *aquilo do qual há representação*: a área de pertinência do conceito é, portanto, a epistemologia ou a teoria do conhecimento.

O sentido psicanalítico do termo objeto deriva, historicamente, do sentido filosófico, na medida em que também é correlato a um movimento do sujeito. No verbete "Objeto" do *Vocabulaire de la psychanalyse*, Laplanche e Pontalis o vinculam à pulsão e aos sentimentos de amor e de ódio, o que já estabelece uma diferença importante com a acepção filosófica: o objeto também é *correlato a...*, mas a correlação se dá no registro afetivo, e não no cognitivo. No entanto, a característica fundamental do objeto em Psicanálise é o fato de ele *agir* no psiquismo, de incitar à fantasia e condicionar certos comportamentos: pense-se no objeto fóbico, no objeto persecutório, no "bom" objeto kleiniano, indutor da coesão e da estabilidade do ego, no objeto *"a"* lacaniano, causa do desejo... Por estar intimamente relacionado com o equilíbrio pulsional e defensivo, o objeto inconsciente é operante, e não apenas conteúdo de representações que o apreendem desta ou daquela maneira.

Mas, além dessas definições gerais, a natureza do objeto é um dos problemas em aberto na Psicanálise contemporânea. A reflexão filosófica reencontra assim uma questão que vale como divisor de águas entre as diversas correntes, posto que sobre ela divergem lacanianos, kleinianos, freudianos clássicos, psicólogos do *self* e partidários da "escola das relações objetais". A elaboração dessa temática pela Filosofia, enquanto filosofia da Psicanálise – que se ocuparia dessa esfera e de outras análogas (temporalidade, subjetividade, desejo etc.), pode vir a contribuir para instaurar um debate menos estéril entre os próprios psicanalistas.

Parafraseando a fórmula de Bento Prado Jr., haveria uma Psicanálise que a Filosofia parece impor aos analistas, exigindo

FIGURAS DA TEORIA PSICANALÍTICA

mudanças cruciais no próprio aparato conceitual da tradição psicanalítica? Quem sabe...

## Gerard Chrzanowski, "One Psycho-Analysis or Many"

Enquanto a Filosofia não nos dá – se é que algum dia nos dará – a conciliação entre as diversas escolas psicanalíticas, será preciso ir convivendo com aquilo a que chamei uma vez "Diáspora da Psicanálise": a existência paralela, e nem sempre tranquila, de diversas maneiras de a conceber e a praticar. O debate sobre esse tema num fórum internacional é de importância crucial; o trabalho do professor Gerard Chrzanowski, de Nova York, apresenta pontos que merecem discussão, sendo interessante ainda por expressar um ponto de vista americano, para nós brasileiros pouco conhecido.

O núcleo do seu argumento consiste na afirmação de que a questão "uma Psicanálise ou muitas" é uma questão retórica, o que significa, em termos menos corteses, que se trata de um falso problema. O verdadeiro problema seria aquele que serve como pano de fundo contra o qual se destaca a pergunta; tal pano de fundo é constituído pelo que Chrzanowski denomina *the boundaries of Psychoanalysis*, as fronteiras da Psicanálise:

> A Psicanálise moderna está dividida entre abraçar uma Psicanálise ou muitas. Num exame mais fino, essa dicotomia se dirige a um componente constitutivo centrado numa proclamação quanto ao que são as fronteiras essenciais da Psicanálise. (p. 13)

No decorrer do texto, essa expressão parece referir-se a duas dimensões diferentes. Em primeiro lugar, a metáfora do campo ou da esfera sugere que a Psicanálise cobre um certo território,

150

que se expande continuamente sob a pressão das novas configurações patológicas para cujo tratamento ela é empregada[4]. Num segundo sentido, *fronteiras* conota um limite interno para as variações do que se costuma denominar *"standard Psychoanalysis"*; aqui a pergunta não é mais "a quais objetos se pode aplicar a Psicanálise", mas "até que ponto podemos introduzir alterações nos procedimentos clássicos que a caracterizam".

Tendo situado desta maneira o problema da pluralidade e da unidade da disciplina, o professor é levado a postular uma atitude flexível quanto ao modo de trabalhar do analista, e a centrar suas observações no nível bastante específico do manejo do *setting*: número de sessões, posição física do paciente etc. Preocupado com a apreensão da problemática de cada paciente e com a eficácia terapêutica do trabalho, Chrzanowski defende uma posição segundo a qual a adesão a uma teoria dentro do campo não deve se converter em obstáculo para as fronteiras próprias da Psicanálise:

> Particularmente, sou a favor da lealdade a uma teoria, com uma ressalva: (...) a lealdade analítica exige respeito para com outros pontos de vista, sem adotá-los (p. 9). Em minha opinião, importa clinicamente o que preferimos, dentro do âmbito de nossa personalidade e temperamento, e dentro das fronteiras abertas da nossa própria teoria da terapia. (p. 7)

Para Chrzanowski, portanto, existem diversas teorias no interior do campo psicanalítico, e estas teorias são *teorias da terapia*; cada psicanalista, por razões de personalidade e temperamento, adota uma, porém dele se exige respeito pelas demais e capacidade de se questionar e renovar, a fim de poder alargar seu repertório no contato com os pacientes e com colegas que

---

[4] *"Today Psychoanalysis is in search of novel territory"* (a Psicanálise contemporânea está em busca de novos territórios, p. 13).

aderem a outras teorias. É útil mencionar aqui a concepção de *teorias* que subjaz a estas reflexões:

> psychoanalytic theory, as essential as it is, runs the risk of dominating the therapeutic process; the basic purpose of theory is to serve as a significant ally in the realm of communication[5]. (p. 2)

Cabe perguntar, contudo, sob quais condições esse aliado pode se tornar "significativo"; e aqui, a meu ver, a hipótese do professor Chrzanowski é insuficiente para nos oferecer elementos de resposta. Pois, mais adiante, ele nos diz que a Psicanálise é um "construto criativo focalizado sobre a ambiguidade e o paradoxo" (p. 10). *Construto*, isto é, transposição para o nível do conceito daquilo que se dá sob a forma de uma experiência, ela mesma condicionada por um certo número de fatores. Ora, que esses fatores estejam *materializados* no *setting* não implica que eles se *reduzam* aos elementos deste *setting*.

De modo geral, a posição de Chrzanowski, embora simpática porque é tolerante, reduz o tema em debate à sua dimensão psicológica, ao referir-se a aspectos como a personalidade e o temperamento de cada psicanalista. A meu ver, o tema ganharia em ser considerado sob uma perspectiva *epistemológica*, já que seu verdadeiro teor é saber como e por que, no interior do campo psicanalítico, existem diversas teorias. Chrzanowski considera essa diversidade como um dado natural, como consequência mais ou menos óbvia da trajetória percorrida pela Psicanálise desde Freud até os dias atuais.

Neste ponto, minha posição é diferente. Interessa-me muitíssimo pesquisar as origens e os motivos da multiplicação

---

[5] A teoria psicanalítica, embora essencial, corre o risco de dominar o processo; a finalidade básica da teoria é servir como aliado significativo no reino da comunicação.

de tendências – este é o problema epistemológico –, e interessa-me mais ainda compreender o uso político que tem sido feito dela, que me parece dos mais perniciosos. É acerca desses dois tópicos que gostaria de sugerir algumas ideias.

Tudo seria muito simples se Freud tivesse sido não apenas o primeiro, mas também o único e o último psicanalista: a Psicanálise seria então idêntica à "teoria de Freud", e a questão da diversidade não se colocaria, a não ser em termos do deslizamento das próprias hipóteses freudianas umas em relação às outras. Talvez este seja um bom ponto de partida: Freud não coincide com Freud, e isso não apenas no sentido mais óbvio de que seu pensamento evolui sobre quase todas as questões de que se ocupou ao longo da sua trajetória, mas ainda no sentido de que a "obra de Freud" comporta pelo menos quatro coordenadas articuladas entre si. De forma sumária, podemos caracterizar estas coordenadas designando-as como a metapsicologia, a teoria do desenvolvimento psíquico, a nosologia e a teoria do processo analítico. Em cada uma delas, há elementos invariantes e elementos que se foram modificando, dentro da própria obra de Freud:

a) metapsicologia: a ideia central aqui é a da existência e da eficácia do inconsciente dinâmico, e portanto de uma região psíquica inacessível à observação consciente. Dessa tese resulta a noção de uma psique dividida, cujas partes entram em conflito umas com as outras. O conteúdo do inconsciente e a maneira pela qual o conflito se organiza são aspectos que, em certa medida, variaram ao longo da obra de Freud; mas as noções fundamentais permanecem, e fornecem ainda hoje a base para qualquer teoria psicanalítica possível;

b) teoria do desenvolvimento psíquico: a tese central aqui é a de uma complexidade crescente do funcionamento mental, com os resíduos das fases anteriores interferindo no modo de funcionamento das subsequentes. As etapas admitidas por ele variaram: algumas postuladas inicialmente foram modificadas ou deslocadas. Mas a ideia de que o infantil – conceito introduzido por Freud – tem função preponderante na constituição do psiquismo jamais foi abandonada, bem como a determinação essencial desse infantil, que é a de ser um infantil *sexual*;

c) nosologia: é a classificação das organizações psicopatológicas que decorre dos dois primeiros fatores. Aqui são essenciais noções como fixação e regressão: quanto mais cedo na vida ocorre o transtorno, mais graves serão suas consequências. A ideia central é que as diferentes modalidades da organização psíquica – psicose, neurose, perversões – podem ser compreendidas em termos de operações altamente complexas, envolvendo as pulsões, as defesas e os diferentes níveis em que ambas operam (narcísico, objetal etc.);

d) teoria do processo analítico: é evidente que, daquilo que Freud acredita ser a psique (seus conteúdos, sua forma de organização, os impasses que deve vencer em sua história) depende a maneira pela qual acreditará ser possível à ação terapêutica interferir no seu funcionamento. A essa dimensão da Psicanálise pertencem conceitos como os de transferência, resistência, repetição e interpretação.

Para mim, é *Psicanálise* toda doutrina que busca dar conta dos fenômenos psíquicos e culturais operando com estas quatro coordenadas. É Psicanálise uma teoria para a qual elas sugerem um certo *tipo de problemas*, por mais que possam ser diferentes as respostas oferecidas para eles. Assim, as várias escolas divergem quanto à composição do inconsciente, mas nenhuma deixa de considerar central o *problema* do inconsciente. Há discordância quanto à natureza do que seja *objeto* para o psiquismo – objeto interno, objeto da pulsão etc. – mas qualquer teoria, para ser psicanalítica, necessita formular hipóteses sobre algo que se chama "objeto". E o mesmo vale para as demais coordenadas.

Em dois trabalhos anteriores – "Para além dos monólogos cruzados" e "Problemas de uma história da Psicanálise"[6] – procurei desenvolver algumas dessas implicações, no que se refere às principais escolas atualmente existentes: a freudiana clássica, a *ego-psychology*, a teoria das relações de objeto, a kleiniana e a lacaniana. Estas são as tendências que conseguiram operar transformações de longo alcance em todas e em cada uma das quatro coordenadas fundamentais, disso resultando a formulação de teorias bastante complexas, que mantêm entre si e com a obra de Freud relações igualmente complexas.

Um dos fatores que alimentaram a formação dessas teorias é o contato com aquilo que denomino *matriz clínica*, isto é, formas de organização psicopatológica irredutíveis à metapsicologia então existente, e que colocavam problemas, no nível do processo psicanalítico, insolúveis pelo recurso às hipóteses então em vigor nesse plano. Tal situação obrigou Klein, Lacan e outros a trabalhar os conceitos freudianos, bem como a introduzir novos, que terminaram por alterar o equilíbrio interno da doutrina psicanalítica. De modo muito esquemático, pode-se dizer que para Melanie Klein as matrizes clínicas determinantes são a neurose obsessiva e a depressão; para Lacan, a paranoia; para Bion, a esquizofrenia; para Freud, a histeria e a neurose obsessiva.

---

[6] Publicados respectivamente em *A Vingança da Esfinge* (Casa do Psicólogo, 2ª. ed., 2005), e em Joel Birman (org.), *Percursos na História da Psicanálise*, Rio de Janeiro, Relume-Dumará, 1985. Uma versão remanejada deste último artigo pode ser encontrada no *Jornal de Psicanálise* n° 60/61, Sociedade Brasileira de Psicanálise de São Paulo, 2000.

Enfatizo que, se fôssemos estudar o problema mais minuciosamente, veríamos que em Freud já existem – mais desenvolvidas em certos casos e menos em outros – as matrizes clínicas que gerarão as teorizações posteriores; é certamente o caso da neurose obsessiva, que o obrigou a reformular profundamente a metapsicologia e a teoria do processo analítico calcados sobre o estudo da histeria. Em grau menor, em *Luto e Melancolia*, bem como no *Caso Schreber*, há mais do que o germe de uma terceira tópica, que levaria em conta o papel fundante do objeto perdido e do objeto narcísico na economia psíquica[7].

Essa situação não é constatada apenas por mim. Num artigo publicado em 1989 no *International Journal of Psychoanalysis*[8], Ricardo Bernardi leva bastante longe uma ideia semelhante, trabalhando com a noção de paradigmas, introduzida na filosofia das ciências por Thomas Kuhn. Segundo o colega uruguaio, as teorias de Freud, Melanie Klein e Lacan constituem paradigmas que orientam a apreensão de certos aspectos do material clínico, influindo na construção de um novo objeto (no sentido de objeto epistemológico discutido na seção 2 do presente artigo), cujas propriedades são tematizadas, descritas e explicadas pelas respectivas hipóteses teóricas. Os paradigmas também orientam a interpretação e a estratégia escolhida pelo psicanalista para intervir na situação clínica[9]. Um aspecto do trabalho de Bernardi interessa diretamente ao nosso tema, pois remete a uma das questões levantadas pelo professor Chrzanowski em seu texto: a questão da "incomensurabilidade" entre os diferentes paradigmas.

---

[7] Estas questões são abordadas num ensaio inédito redigido em 1996 e intitulado "De Freud a Freud e vice-versa", a ser incluído num futuro livro sobre a história da nossa disciplina.

[8] R. Bernardi, "The Role of Paradigmatic Determinants in Psychoanalytical Understanding", *International Journal of Psychoanalysis*, LXX, p. 341-357, 1989.

[9] Uma discussão mais aprofundada do estudo de Bernardi encontra-se no artigo "Existem Paradigmas em Psicanálise?", in Renato Mezan, *A Sombra de Dom Juan e Outros Ensaios*, São Paulo, Casa do Psicólogo, 2ª. ed., 2005.

Entende-se por "incomensurabilidade" o fato de que os três paradigmas "são irredutíveis uns aos outros, pois não há acordo entre eles quanto às premissas gerais (que não compartilham) nem quanto à experiência (que não veem do mesmo modo)"[10]. De fato, existem enormes áreas de irredutibilidade. Creio ter formulado uma hipótese razoavelmente eficaz para dar conta deste fenômeno, introduzindo as ideias de coordenadas da teoria e de matriz clínica. Mas não concordo com uma implicação da tese da incomensurabilidade, que nos levaria à conclusão de que existem muitas Psicanálises, e não simplesmente vários sistemas de Psicanálise.

O problema, mais uma vez, é *situar* essa suposta irredutibilidade. Minha convicção é que, se as respostas aos problemas são incompatíveis, e mesmo se existem alguns problemas que só o são em certos paradigmas, mas não em outros, isso não nos impede de falar em *uma* Psicanálise. Pois o fundamento da nossa disciplina consiste em certas hipóteses que *nenhuma* escola põe em questão: se o fizer, estará fora do que se considera Psicanálise.

Contrariamente ao que poderia parecer, e ao que talvez acariciasse nosso "narcisismo das pequenas diferenças", tomar como pontos de apoio a existência do inconsciente, de uma cisão essencial na psique humana, de um conjunto de impulsos e de defesas cujo jogo oculto determina o funcionamento psíquico, da capacidade de transferir e de resistir, bem como a acessibilidade de princípios desses mecanismos à ação modificadora da interpretação – tomar como pontos de apoio estas hipóteses configura com nitidez um núcleo básico da Psicanálise, que alimenta a prática clínica e a reflexão teórica, embora o conteúdo de todos e de cada um desses pontos de apoio seja tema de questionamento e de novas teorizações.

---

[10] Bernardi, *op. cit.*, p. 354.

Uma palavra final sobre o uso político que vem sendo feito, especialmente no Brasil, da situação atual da Psicanálise, que como vemos é complexa, mas não confusa. Chamo de uso político o fato de nos servimos dessa situação de diversidade seja para advogar um pluralismo preguiçoso, seja para desqualificar outras correntes como não psicanalíticas, através de um terrorismo obscurantista.

Na primeira vertente, em nome da cordialidade e do bom-tom, isentando-nos da tarefa de pensar, limitando-nos a repetir as últimas novidades produzidas pelos autores da escola ou do paradigma que adotamos. Isso nos impede de questionar nosso trabalho de modo fecundo, fazendo inclusive trabalhar, por dentro, a teoria à qual nos filiamos.

Na segunda vertente, em nome da verdade e da virtude enfim alcançadas pelos mestres a quem veneramos, entregamo-nos a um exercício de ódio e a ataques por vezes infames, que visam simplesmente a nos reassegurar de que detemos as chaves do saber, e que nossos colegas de outras tendências não passam de perigosos charlatães. Ao fazermos isso, penso que já não agimos como psicanalistas, mas como fantoches; a aventura de uma análise – a nossa – e a aventura do trabalho com nossos pacientes e com nossos colegas, como dizia Leclaire em outro contexto, deveria nos conduzir mais longe.

Pois o que Freud descobriu, e que é nossa herança comum, é que buscamos a Psicanálise a fim de nos curar, e por isso investimos a pesquisa. O "mais longe" a que me refiro – e que também nos vem da descoberta de Freud – é que, nesse processo, descobrimos que a cura não está no final da pesquisa, como um estado de perfeita beatitude e de felicidade sem conflitos: a pesquisa *é* a cura. Ambas são uma só e mesma coisa. Não é muito, mas é o que basta para manter viva a Psicanálise.

# Sérvulo Figueira, *Nos Bastidores da Psicanálise,* Rio de Janeiro, Imago, 1991

A Psicanálise não existe pairando no céu das ideias: materializa-se em instituições e em consultórios que ficam num lugar determinado do mundo. Como a cultura na qual se implanta vem a influenciá-la? Por quais caminhos sutis ela e a cultura local se interpenetram? Estas e outras questões são focalizadas na coletânea de Figueira, que reúne 33 artigos escritos em circunstâncias variadas e para públicos diversos, que vão dos congressistas da IPA aos leitores dos cadernos culturais da imprensa brasileira.

O livro não esconde o que é: precisamente, uma coletânea, sem nenhuma pretensão à uniformidade geométrica. Não obstante, atravessando os diferentes textos como um traço vermelho, delineiam-se as preocupações constantes do autor, sua temática própria, que retorna sob diferentes roupagens em quase todos. O que poderia dar a impressão de certa monotonia, tantas são as vezes em que a vemos formulada, resulta da insistência com que Figueira rumina um mesmo problema fundamental: como ser psicanalista no Brasil? Ocorre que esse problema não admite solução simples nem resposta rápida, porque se desdobra em diversos planos. E um dos méritos do livro é o de seguir as suas linhas de refração, tentando extrair da massa de dados algo que se assemelhe a uma ordem e a uma lógica. Donde o subtítulo: *Sobre Política, História, Estrutura e Dinâmica do Campo Psicanalítico.*

Dada a impossibilidade de discutir com o necessário vagar os pontos de vista de Sérvulo Figueira, o mais indicado é ater-me a um dos ensaios, que apresenta de modo concentrado suas ideias principais: "Psicanálise e Crise". Tal parece ser igualmente a opinião do autor, já que, embora recente (1988), este é o artigo que abre a coletânea. Vemos aqui abordados três tópicos favoritos: a pluralidade teórica no campo; a "cultura psicanalítica brasileira"; os aspectos político-institucionais das associações de analistas, em particular as filiadas à IPA. Aparentemente sem muita relação, os temas vão se mostrar intimamente entrelaçados, graças a uma habilidade invulgar na construção e na exposição do argumento. Essa habilidade aparece, por exemplo, na maneira pela qual são apresentadas as consequências da fragmentação do campo: após elencar diversas reações efetivamente exibidas por psicanalistas de carne e osso ao fenômeno da dispersão, Figueira as sintetiza num único vetor: o dilema "o que é/ o que não é Psicanálise". A alternativa, que aparentemente poderia ser resolvida apenas no plano teórico-clínico, enumerando-se os traços definidores do que é Psicanálise, vê-se remetida a outra problemática: a das relações entre saber, poder e transferência, relações que "não foram estudadas por Freud nem incluídas por seus seguidores como pertencentes à Psicanálise" (p. 19). O tema "pluralidade e fragmentação" será objeto de estudo mais detido em outros artigos do livro, mas desde já se evidencia a posição de Figueira: elas são consequência da estrutura mesma do campo psicanalítico, o qual se define pela articulação entre fatores pertencentes a diferentes níveis.

O segundo tema é a da popularização e difusão da Psicanálise em nosso meio, que acarreta a formação de uma "cultura psicanalítica brasileira". Tal "cultura" é consequência de outra série de fatores, também irredutíveis a um só: o processo socioeconômicos de modernização do Brasil, a aptidão da disciplina freudiana para se converter numa visão de mundo aparentemente portadora de parâmetros pelos quais pautar comportamentos e atitudes, e outros mais. A tese de Figueira é que tal fenômeno nada tem de "extra-analítico", no sentido de que seria sem importância para a prática e para a reflexão teórica. Ao contrário, por determinar padrões de identificação tanto para o analista quanto para seus pacientes, o processo em questão influi *diretamente* sobre a clínica, sobre a teorização e sobre a institucionalização da Psicanálise, gerando consequências tanto mais eficazes quanto menos perceptíveis e pensáveis por meio dos conceitos psicanalíticos habituais.

O psicanalista torna-se objeto de uma transferência idealizadora por parte de certos pacientes – convictos de que "estar em análise" é uma condição intrinsecamente boa e salutar – e, em nome de uma suposta sagacidade que o habilitaria a discernir significações inconscientes em qualquer episódio da vida social, é solicitado pelos meios de comunicação a se pronunciar sobre os assuntos mais disparatados. Figueira observa que ambas as situações, que gratificam a vaidade sem resultar em qualquer conhecimento novo, figuram entre os motivos pelos quais a Psicanálise no Brasil "se distingue por altos níveis de consumo e por baixíssimo índice de produção, e menos ainda produção original, ou sobre problemas originais"[11] (p. 21).

O terceiro tema é o da política institucional no interior da organização fundada por Freud a fim de garantir o futuro de suas descobertas: a Associação Psicanalítica Internacional (IPA). Por distante que possa parecer essa questão da vida quotidiana nos consultórios, ela codetermina subterraneamente uma série de atitudes e de reflexos por parte dos membros desta associação e de suas sociedades afiliadas. Isso porque ambos se pautam pelo que a IPA prescreve como "boa Psicanálise", estando sujeitos a sanções caso se desviem de tal padrão.

Figueira sugere que os psicanalistas deveriam estar mais atentos para os "bastidores" da Psicanálise, isto é, para tudo

---

[11] Este diagnóstico sombrio, que no entanto era verdadeiro em 1986, já em 1997 pedia revisão, como argumentei em "Figura e Fundo: Notas sobre o Campo Psicanalítico no Brasil" (*Interfaces da Psicanálise*, São Paulo, Companhia das Letras, 2002; nova publicação, ligeiramente modificada, na revista *Mente e Cérebro*, série "Memória da Psicanálise", n° 8, outubro de 2009, p. 6-16). Ver também, neste volume, o artigo "Caleidoscópio".

aquilo que ela não pode ver nem registrar, mas que no entanto determina de múltiplas maneiras o que fazem e o que pensam. Seus trabalhos são exemplos de como isso pode ser feito, quer se trate de apresentar o pensamento de Kohut e de Winnicott, de comparar o panorama psicanalítico brasileiro com o inglês ou o francês, ou em outros tópicos que, sob o seu olhar perscrutador, revelam-se invariavelmente mais ricos e mais polêmicos do que sonhava nossa vã filosofia.

Contudo, há um ponto que convém questionar: a assimilação, a meu ver injustificada, dos "bastidores da Psicanálise" ao "inconsciente" dela. Se por "bastidores" se entende, como o faz Figueira, aquilo que condiciona e determina a Psicanálise sem que ela se aperceba disso, é evidente que eles não lhe são exteriores no sentido usual do termo "extra-analítico". É impossível não concordar com ele quando afirma que "o analista realmente envolvido nas dificuldades e nos paradoxos da mais concreta prática clínica" não pode desconsiderar os efeitos que advêm da inserção social e cultural da sua pessoa, da sua teoria e da sua prática num contexto que as envolve e indiscutivelmente as co-determina. Mas disso não se segue que esse "interior/exterior" seja o *inconsciente* da Psicanálise, a menos que se queira identificar inconsciente e ideologia, ou inconsciente e preconceito. Tampouco se segue que a teoria psicanalítica, mesmo depurada e refinada, seja suficiente para apreender o movimento que engendra a "cultura psicanalítica", verdadeiro horizonte temático contra o qual se destacam todas as análises do autor.

Dito de outro modo, é verdade que "Freud nos legou uma psicanálise que é uma verdadeira máquina de difusão dela própria, mas é incapaz de pensar sobre este processo e as suas consequências para ela mesma" (p. 22). Figueira subentende aqui que a Psicanálise *deveria* poder pensar, e pensar psicanaliticamente, sobre essas questões. Mas não estou seguro de que tal proeza seja exequível, e a leitura do seu livro tende a me persuadir de que tampouco é desejável. Isso porque a Psicanálise – como qualquer disciplina – recorta seu objeto mediante um complexo sistema de exclusões, cuja finalidade é colocar em evidência o nível de realidade em que se situa esse objeto e poder assim apreende-lo conceitualmente. Ora, o valor dos trabalhos de Figueira consiste precisamente em demonstrar a utilidade de uma abordagem não-redutora, capaz de se servir de noções provenientes da Sociologia, da Política, da História, da Epistemologia *e* da Psicanálise, de distinguir cuidadosamente os diferentes níveis e fatores, e de os articular respeitando a especificidade de cada um.

Se é assim que procede o autor, por que exigir que os psicanalistas aprendam a se situar melhor nos labirintos de sua própria prática através de uma leitura *psicanalítica* daquilo que a codetermina? É mesmo necessário, para convencer os recalcitrantes de que têm algo a ganhar com um tipo de conhecimento que tendem a considerar supérfluo, apresentá-lo como *inerente* à Psicanálise? Pois, se a teoria psicanalítica fosse suficiente para dar conta dessa zona de sombra, não teria sido preciso recorrer às demais disciplinas, nem refletir – como o faz um dos ensaios – sobre as diversas concepções da interdisciplinaridade.

Reconhecer que a Psicanálise tem um subsolo não exige que ele seja confundido com o inconsciente, pois é das condições de produção da disciplina que se trata. Que essas condições lhes sejam em parte obscuras é próprio de qualquer produção social, e tal obscuridade depende de fatores que, sem ser "extra-analíticos", são com certeza "não-analíticos": por exemplo, a luta de classes, a dependência cultural do país, etc. Tais fatores incidem sobre a Psicanálise em diversas dimensões e segundo diversos ângulos, o que é abundantemente demonstrado, aliás, pelos ensaios aqui reunidos. Ninguém, nem mesmo o psicanalista mais atento aos efeitos obscurecedores da ideologia, pode saltar por cima da sua própria sombra.

FIGURAS DA TEORIA PSICANALÍTICA

## Manoel Tosta Berlinck, *Psicanálise da Clínica Cotidiana*, São Paulo, Escuta, 1989

A preocupação com os fatores analíticos e extra-analíticos que condicionam o trabalho do psicanalista está presente também em outra coletânea, que reúne trabalhos de Manoel Berlinck. Nos últimos anos, este tem-se tornado uma figura cada vez mais conhecida no meio paulista, através de seus trabalhos pessoais, mas principalmente através da Livraria Pulsional, a primeira do país a especializar-se em Psicanálise, e da Editora Escuta, cujas coleções são do mais alto nível. Esta apreciável contribuição à disciplina freudiana enriquece-se agora com uma série de ensaios, que, sem ser a primeira obra de Berlinck (como sociólogo, escreveu livros e artigos apreciados pelos especialistas), é seu livro de estreia em Psicanálise.

A primeira qualidade do volume é a simplicidade com que se expressa o autor. As ideias que apresenta – e são muitas – vêm envolvidas numa prosa acessível, bem cuidada e que revela, antes de mais nada, respeito pelo leitor. Berlinck não pretende ser obscuro para fingir densidade de pensamento, nem deseja fascinar pela pirotecnia da erudição arrogante. Quer colocar questões, compartilhar a elaboração a que elas o conduziram, e expõe-se com lealdade à discussão de suas premissas e de suas conclusões. São mais que qualidades de um bom pesquisador: são condições indispensáveis para suscitar aquilo que, na *Interpretação dos Sonhos*, Freud sugere como postura adequada para ler um livro de Psicanálise – o leitor "fazer seus, por um tempo, os mais ínfimos detalhes da minha existência, pois o interesse pelo significado oculto dos sonhos exige imperiosamente tal transferência". Berlinck, é certo, não solicita tanto de quem o lê: convida-o apenas a refletir com ele sobre as condições de trabalho de um psicanalista.

Esse é o objeto comum dos artigos aqui reunidos, em que pese a manifesta diversidade dos temas. Por *condições de trabalho* entende-se um conjunto de fatores de várias ordens, que, sem se confundir na noite em que todos os gatos são pardos, remetem uns aos outros no modo da sobredeterminação.

*Sobredeterminação* não significa apenas que o afetivo, o institucional, o político, o doutrinário estão enlaçados reciprocamente, e que cada um deles é atravessado pelos demais. Significa que esses vários aspectos configuram ordens de sentido e de efetividade, e que qualquer elemento constitutivo do trabalho do psicanalista participa simultaneamente, e por vezes contraditoriamente, de cada uma delas. Digo propositadamente "trabalho do psicanalista", e não "trabalho psicanalítico", porque para Manoel o psicanalista é um agente histórico e social, e da natureza de sua inserção na espessura da história e da sociedade vai resultar a margem de manobra de que poderá dispor no exercício de sua função propriamente analítica.

Tal afirmação não implica consequências de tipo demagógico-populista, como poderia imaginar um espírito maldoso. Longe de mim, e de Berlinck, a sugestão de que um analista cujo engajamento político se manifestasse na atuação clínica seria capaz de interpretar melhor o que lhe dizem seus pacientes. Não se trata de opiniões, nem de enquadramento "politicamente correto" (o que quer que isso possa significar). Trata-se de compreender que a possibilidade de inventar sua própria identidade enquanto psicanalista depende de uma liberdade interior que só se adquire pelo conhecimento das dimensões que a constituem, mas ao mesmo tempo a limitam.

Entre elas há que contar a esfera econômica e social, tanto em sentido lato ("Alexandre e seus Irmãos: Psicanálise de Pixotes?"), quanto na sua incidência sobre a prática de uma profissão liberal no Brasil contemporâneo ("O Preço da Clínica"). Há também que contar a diáspora institucional e doutrinária da Psicanálise, que à primeira vista produz um efeito de desorientação naqueles que se iniciam no *métier*, e cujas consequências

FIGURAS DA TEORIA PSICANALÍTICA

vão muito além desse momento inaugural. Berlinck é agudo na análise das militâncias obscurantistas e das ortodoxias que induzem verdadeiros "suicídios psíquicos"; detém-se com vagar no estudo dos fatores que fazem oscilar a precária identidade do analista, e muitas vezes o impelem para os braços sempre abertos do "seguro". Dentre eles, merece especial atenção aquilo que obtura sua angústia, e o protege do questionamento advindo da abertura para seu próprio inconsciente e para o dos outros.

Pois este é o nervo da questão: a *escuta* é o instrumento de trabalho do psicanalista, o que lhe permite manter sua posição sem sucumbir demasiado frequentemente às seduções imaginárias que ela lhe promete. Tal escuta necessita, segundo Berlinck, conservar-se pluralista ("O que é um Psicanalista Argentino"), aberta ao surgimento da imagem deslumbrante que vem informar a interpretação ("A Função Escópica da Escuta Psicanalítica"), atenta às intrusões que podem bloqueá-la (quase todos os artigos do livro).

Uma das formas de evitar que isso ocorra é situar as teorias, e as instituições que se apresentam como suas fiadoras, na perspectiva histórica da respectiva gênese. O autor oferece numerosos exemplos como isso pode ser feito, pois é leitor assíduo dos clássicos e dos menos clássicos que constituem a Biblioteca de Babel psicanalítica. Freud, naturalmente, sempre; mas também Lacan ("aqui, como tantas vezes, mais enfático do que explícito", comenta à p. 89), Klein, Stein, Heimann, Fédida e especialmente Ferenczi, cuja presença nestas páginas é sensível, especialmente quando seu nome não é mencionado. De Ferenczi provém um traço especialmente simpático do pensamento de Berlinck, a saber a carinhosa atenção prestada a detalhes aparentemente insignificantes do cotidiano do analista, discutidos em textos como "O intervalo entre as sessões" e "O psicanalista e a falta do cliente".

Estão presentes também temas mais tradicionais, porém só aparentemente mais "nobres": o uso defensivo que se pode fazer do enquadramento analítico[12] ("A Contratransferência contra a Transferência"), o impacto político do narcisismo e da diferença anatômica dos sexos, o sujeito e sua relação com a linguagem e a lei. Acrescente-se a esta lista a saudável preocupação com a divulgação da Psicanálise de forma a não comprometer a capacidade de pensar dos destinatários ("Sexo e Sociedade", "A Psicanálise em Cursos de Ciências Sociais"), e ter-se-á uma boa ideia do leque de interesses do autor da *Psicanálise da Clínica Cotidiana*.

Encontramos uma expressão compacta deles nas linhas finais de "Da Ortodoxia como Suicídio Psíquico". Vejamos:

> O psicanalista contemporâneo encontra-se, porém, numa situação delicada. Se ignora as fundamentais contribuições dos grandes psicanalistas que o precederam, corre o grave risco de assemelhar-se ao bárbaro que não ascende à cultura e permanece no âmbito de uma certa espontaneidade pulsional tão ao gosto de certa brasilidade. Se adere a tais contribuições de forma rígida, corre o risco de se tornar ortodoxo. Como escapar deste dilema em direção à sua própria palavra?
>
> O caminho à palavra do analista é, como tantas vezes já disse e outras tantas já se esqueceu, a referência clínica. (...). É a partir desta situação que [ele] deve buscar sua própria palavra, articulando-a com o que já se disse e tornando-se assim *mais um que fala*, encadeando-se e assujeitando-se para se tornar sujeito. (p. 80)

Os escritos de Manoel Berlinck são balizas de um trajeto que, sendo dele, é atraente o bastante para que seu leitor deseje acompanhá-lo, e suficientemente generoso para não tornar impossível a esse último apropriar-se daquilo que puder tornar seu.

---

[12] Palavra preferível ao desnecessário espanholismo "enquadre".

FIGURAS DA TEORIA PSICANALÍTICA

## Claude Le Guen, *Prática do Método Psicanalítico*, São Paulo, Escuta, 1991

Se o livro de Berlinck se concentra nas condições de trabalho do psicanalista, este outro toma como objeto o processo psicanalítico em seu conjunto, de modo ao mesmo tempo abrangente e direto. Trata-se do primeiro volume de uma *Dialética Freudiana*, que contém dois tomos: o segundo, *Teoria do Método Analítico*, permanece inédito em português.

O trabalho de Le Guen pertence ao que é conhecido, na França, como Psicanálise "clássica". O eixo desta forma de a praticar e pensar é a obra de Freud, entendida não como monumento dos heroicos tempos do começo, mas como texto da mais extrema atualidade, como o qual se dialoga, que deve ser interpretado por ele mesmo e à luz da prática que funda e da qual é testemunha[13].

Aqueles que se inscrevem nesta perspectiva – como Piera Aulagnier, André Green, Conrad Stein, Jean Laplanche, Serge Viderman e uma plêiade de outros – passaram pelo furacão lacaniano, mas não permaneceram na órbita do mestre: aceitaram o princípio de um retorno a Freud, porém recusaram a forma que Lacan deu a tal retorno. Como consequência desta opção, veem-se na necessidade de reinterrogar a obra de Freud, reconstruindo a teoria segundo seus parâmetros essenciais, selecionando aquilo que faz sentido e impulsiona a prática clínica, e recusando certos aspectos, considerados incompatíveis com o espírito que anima uma e outra.

Poder-se-ia dizer que, segundo esses autores, há partes do freudismo que ficam aquém dele mesmo: quer porque Freud fosse um homem do seu tempo e tivesse sucumbido a certos

---

[13] Ver, neste volume, o capítulo "Três Concepções do Originário: Stein, Le Guen, Laplanche".

168

preconceitos de época, quer porque certas questões hoje candentes não o fossem para o fundador, quer por outros motivos, o que vemos é um incessante movimento de crítica de Freud através de Freud. É esta posição que singulariza a Psicanálise francesa frente às suas congêneres inglesa e americana, já que essas procuram remediar as falhas que detectam na doutrina de Freud por meio de *outros* elementos, recolhidos em diferentes áreas e autores, por vezes mesmo não analistas.

Neste contexto, o livro de Claude Le Guen se destaca por diversas razões. Em primeiro lugar, porque ataca de frente o problema da prática: seu tema é o método psicanalítico, tal como anima a vida da clínica. Em segundo lugar, não se furta à discussão de questões espinhosas, em especial o problema da relação entre o passado infantil e o psiquismo adulto. Sabemos que em Psicanálise "infância" não significa apenas o que aconteceu quando éramos pequenos; o inconsciente *é* o infantil, no seu modo de funcionamento, na intensidade dos seus impulsos, na violência por vezes mutiladora das defesas de que se serve o ego para reprimir e silenciar estes impulsos – defesas que são igualmente inconscientes. O infantil é portanto o mais atual *e* o mais remoto, o mais distante da consciência, o mais estranho à percepção que cada um de nós tem de quem é e de como é.

O interesse principal do argumento desenvolvido por Le Guen reside na maneira pela qual resolve o problema da presença difusa do infantil na vida mental e emocional do adulto. Sua tese fundamental é que o funcionamento psíquico é dialético, o que quer dizer que é habilitado pela contradição e pela história. A cada etapa da sua evolução, a psique se organiza como um conjunto de processos que se determinam reciprocamente através da dupla negação (traço essencial da dialética segundo Hegel e Marx), deixando atrás de si sedimentos que, por seu turno, sofrerão as mesmas vicissitudes. A ideia original do autor consiste em subsumir esses processos sob a rubrica de um único mecanismo, que denomina "apoio/*a posteriori*"[14]. A novidade está na barra que une o "apoio" e o *a posteriori*", até aqui dois conceitos desvinculados um do outro, e que designam, no pensamento psicanalítico usual, mecanismos também heterogêneos.

A noção de "apoio" caracteriza a maneira pela qual a sexualidade vem a investir atividades originalmente ligadas à ordem vital, ao campo da conservação de si. Alimentar-se é uma dessas atividades: sem ingerir um tanto de proteínas, o ser humano perece. É legítimo, assim, afirmar que a função nutritiva pertence ao campo da autoconservação. Mas, quando o bebê substitui o mamilo ou a mamadeira pelo dedo, estamos diante de um ato que nada tem a ver com a autoconservação: do dedo não sai leite.

O que ocorre? Freud responde que o ato de sugar o dedo está numa relação complexa com o ato de mamar: é um prolongamento e uma substituição dele, mas também é outra coisa. Como o bebê não o suga para se alimentar, mas porque isso lhe dá prazer, estamos diante do fenômeno de *apoio*: a sexualidade nascente se apoia sobre a função corporal de mamar, conservando dela o "pôr algo na boca", mas simultaneamente o objeto assim introduzido nada mais tem de nutriente: é um objeto sexual, autoerótico, como se diz. Ele "representa" o seio: nisso reside toda a diferença. O seio não é aqui o órgão físico da lactação, mas uma representação mental integrada numa fantasia, e o dedo, por sua vez, representa esse objeto fantasmático. O mesmo processo repete-se para as outras funções vitais, dando origem a estas entidades psicanalíticas que são a analidade, a genitalidade etc.

Le Guen não contesta este uso específico do conceito de apoio, mas sugere ampliá-lo para outras áreas do funcionamento mental. O que caracteriza o apoio é que um "antes" indica o caminho a um "depois": mais precisamente, o posterior é

---

[14] O termo *a posteriori* traduz o alemão *nachträglich*, em francês *après-coup*.

conformado e delimitado pelo anterior. O que vem depois ocorre num campo de possibilidades balizado pelo que aconteceu antes: este "primeiro" exclui, pela maneira mesma como se deu, certos desenvolvimentos que em tese se poderiam verificar. Le Guen compara essa situação com o leito de um rio: as águas correm seguindo a inclinação deste último. Nesse exemplo, o leito seria o "antes", e as águas que por ele fluem o "depois".

Mas é evidente que, no caso do rio, a correnteza vai também erodindo as margens e o fundo; depositam-se sedimentos trazidos pelas águas, de forma que se pode dizer que o leito vai sendo alterado pelo correr delas. Assim, o "depois" modifica o "antes": transpondo essa metáfora para o território psíquico, pode-se dizer que o que acontece "depois" tem a propriedade de modificar o que ocorreu "antes". Não na sua factualidade, evidentemente, mas no seu *sentido*: acontecimentos banais da vida de uma criança podem adquirir retroativamente a significação de um trauma, ao serem remodelados em novo contexto por uma experiência posterior.

É essa peculiaridade da nossa vida psíquica que Freud designa com o termo *"a posteriori"*, e é esse mecanismo que Le Guen propõe acoplar ao apoio para constituir seu par fundamental. Tal situação pode parecer complicada e abstrata, mas nada é mais comum do que ela: todos temos, em nossa vida, exemplos de algo que nos aconteceu e que só posteriormente ganhou valor psíquico, em função de outro evento que aparentemente nada teria a ver com o primeiro.

Segundo Le Guen, é desta maneira que se constitui uma história a partir dos acontecimentos em aparência desconexos que povoam a vida de uma pessoa: o "antes" informa e conforma o "depois", que por sua vez confere novo sentido àquele. A esse movimento incessante, Le Guen chama "dialética psíquica", e é ele que fornece o fio condutor de suas análises. A determinação do presente pelo passado permite conceber que os sintomas de um indivíduo, sua forma pessoal de amar e de ser, tenham raízes na infância; a possibilidade de "alterar" o passado numa análise permite conceber que ocorra a mudança psíquica, que certos traumas deixem de ser traumas, que partes esquecidas da história sejam recuperadas, que os objetos infantis sejam deslocados das posições em que ficaram incrustados. O meio pelo qual essa transformação tem lugar é evidentemente a experiência da análise e aquilo que ela induz, isto é, a mobilização emocional conhecida como "transferência".

Este breve resumo do argumento do livro não faz justiça à vivacidade e à verve com que Le Guen vai conduzindo o leitor pelos meandros do método psicanalítico: com a ajuda de fragmentos da sua prática e de alguns exemplos tirados da obra de Freud – em especial da *Interpretação dos Sonhos* e da história clínica do *Homem dos Lobos* – a complexidade do funcionamento psíquico vai sendo desmontada e reconstruída, mostrando como, em cada caso, a lei geral da determinação recíproca do passado pelo presente e do presente pelo passado pode ser vislumbrada e reconhecida.

De permeio, algumas saborosas polêmicas com outras tendências da Psicanálise ilustram o pensamento do autor e permitem situá-lo frente a elas. Le Guen tem aguda consciência de que nossa uma prática não se dá no vazio, mas em meio ao *sound and fury* da cultura, e em particular neste setor dela que são os debates entre psicanalistas. Ter mostrado como e por que cada sessão faz parte de várias histórias – a do paciente, a do analista, a *deste* tratamento, a da Psicanálise como um todo, a da sociedade à qual pertencem ambos os protagonistas do diálogo analítico – ter mostrado isso não é certamente o menor dos méritos do livro, cuja leitura provocará calafrios em certas espinhas "*psi*".

Le Guen pretende responder a uma questão cuja aparente simplicidade recobre um vasto campo de problemas: o que fazemos quando analisamos? E sua resposta, se podemos escolher uma fórmula para ilustrá-la, não deixa de ser desafiadora: "a análise não cura nada ela só muda um pouco do essencial". Parece pouco, mas todos os que um dia deitaram num divã e confiaram o mais íntimo de seus pensamentos a um discreto indivíduo sentado atrás dele sabem que o "pouco do essencial" faz uma enorme diferença. O valor desta *Prática do Método Psicanalítico* está, singelamente, em procurar mostrar de que modo isso é possível.

## Julia Kristeva, *No Princípio Era o Amor: Psicanálise e Fé*, São Paulo, Brasiliense, 1987

Uma perspectiva diferente sobre o processo analítico é oferecida por Julia Kristeva num livro cujo conteúdo vai bem mais longe do que promete seu título. Convidada a dar para os alunos de um liceu francês uma conferência sobre "Psicanálise e Fé", ela pensou inicialmente em dizer não; mas, refletindo que deveria existir um jeito de deslocar e esclarecer tal demanda – isto é, de fazer trabalho de psicanalista, ainda que sem o divã – acabou por concordar. Sábia decisão: a ela devemos a oportunidade de nos deleitar com um belo texto, no qual, além de abordar o problema da fé sob um ângulo freudiano, a autora nos apresenta de modo claro, comovente e apaixonado a essência da experiência psicanalítica.

Muito bem traduzido por Leda Tenório da Motta, que soube evitar os galicismos tão irritantes na maioria das obras que nos chegam de Paris, e adornado com uma capa sutil de Camila Cesarino Costa, o livro de Kristeva está escrito numa linguagem que se afasta de qualquer tecnicismo, sem jamais deixar de lado o rigor do pensamento. Ele faz parte de um novo gênero de escritos psicanalíticos, que incorporam criativamente os resultados da reflexão lacaniana sem se imporem o tributo do psitacismo: nada de imitar o inconfundível estilo de Lacan, que,

FIGURAS DA TEORIA PSICANALÍTICA

por ser único, não se presta a contrafações. É novo também por um segundo motivo: seu centro é a prática do analista lacaniano, o que constitui uma bem-vinda surpresa para todos os que se enfastiaram de encontrar nos textos da escola uma arrogante mistura de pseudofilosofia com má literatura, salpicada de sentenças oraculares cujo efeito habitual é deixar irritado e confuso o leitor que deseja saber do que realmente se está falando.

Kristeva acredita que a principal contribuição da Psicanálise para a cultura não é o falatório diletante sobre qualquer assunto da moda, mas o aprofundamento da investigação sobre seus próprios objetos. Nisso não está sozinha: em suas recentes conferências em São Paulo, Pierre Fédida mostrou com brilho as vantagens dessa postura.

E qual é o objeto psicanalítico por excelência? "A *palavra trocada*, e os acidentes desta troca, entre dois sujeitos em situação de *transferência e contratransferência*" (p. 9). Ora, a transferência é uma experiência de amor, e na fé – em sua versão cristã – o que está em jogo é precisamente o amor. A partir dessa premissa, a autora realiza um duplo movimento. Em páginas admiráveis de emoção e de argúcia, descreve facetas essenciais da situação analítica e oferece uma visão nítida, embora resumida, do que é um processo de análise. Na vertente paralela, utiliza as categorias freudianas de *sintoma* e de *fantasma* para interpretar o elo que une o crente a Deus, aos outros e a si mesmo.

Ocasionalmente, sua competência de linguista vem à tona, como na passagem em que, a partir das diversas etimologias propostas pelos especialistas para a palavra *credo* ("eu creio", em latim), pinça a significação que estrutura a fé nas línguas – e portanto nas culturas – indo-europeias: *credo* designa "um ato de confiança que implica restituição" (p. 42)[15]. O que se confia ao Deus, nesse caso? Sua leitura do texto canônico do *Credo*

---

[15] Da mesma raiz provêm *credor, crédito, acreditar, credencial* etc.

174

desvenda toda uma série de fantasias fundamentais do ser humano, que a religião acolhe e organiza numa narrativa logicamente coerente e socialmente aceitável.

Convém ressaltar a importância de que, tanto para Kristeva como para Freud, se reveste o fato de a religião oferecer uma via para a simbolização dos conflitos mais arcaicos, tanto para aqueles que se situam no momento pré-verbal (para cuja representação psíquica ela utiliza o termo *semiótica*), quanto para aqueles que se estruturam a partir do momento em que a separação – a ferida narcísica fundamental – pode ser de algum modo tolerada pelo psiquismo humano.

"Deus vos amou primeiro", "Deus é amor", são postulados que asseguram ao crente a doação de um amor que precede suas obras e independe dos seus méritos. Função mais semiótica do que simbólica, ela repara as feridas narcísicas que mal se dissimulam nos nossos anseios e ódios. Uma vez apaziguada a dimensão narcísica, também nossos *desejos* podem encontrar sua representação nas narrativas que carregam a experiência da fé; o nascimento virginal – sonho secreto de toda infância – ou o tormento da carne no Gólgota, que faz reviver em glória a melancolia essencial do homem: é assim que Kristeva nomeia o anelo de reencontrar o corpo e o nome de um pai do qual ele está irremediavelmente separado.

Búlgara de nascimento, a familiaridade com a fé ortodoxa do seu país torna mais rica a percepção que a autora tem do cristianismo, não a limitando à sua versão católica romana. Há em seu livro uma página curiosa (p. 66), em que tenta construir uma tipologia das reações características de cada religião frente à Psicanálise e à transferência. Outra referência importante para ela é a clínica da psicose, aqui presente sob a forma do relato abreviado de um tratamento. Isso porque o psicótico é precisamente aquele que não pôde encontrar um espaço acolhedor para suas angústias e fantasias arcaicas. Ora, o essencial da tese de Kristeva sobre a economia da fé é exatamente que ela pode proporcionar tal espaço, tanto no nível das posições psicóticas (pré-edipianas), quanto no dos desejos e formações psíquicas regidas pela constelação Édipo/castração.

Mas a autora não cede à tentação de concluir que a fé é um equivalente da análise. Esta é para ela uma "experiência radical de lucidez", que se caracteriza por escapar ao que Merleau-Ponty chamou um dia "pequeno racionalismo": não é uma lucidez que se conquista pela repressão dos afetos, mas pela travessia deles na experiência da transferência. É por essa razão que pode ver na Psicanálise um passo além do que foi dado por Pascal, segundo quem "o coração tem razões que a razão desconhece".

A teoria psicanalítica, diz ela, tenta vigorosamente "calcular estas razões" (p. 74), mas sem excluir desse cálculo a porção de desconhecido, a incógnita que passa de equação em equação, e que se deve ao fato simples de que jamais se poderá tornar o inconsciente inteiramente consciente. No entanto, isso não desqualifica a análise. Conhece-se a história do homem que urinava na cama, e que, depois de dez anos no divã, respondia a quem lhe perguntava se a análise o havia curado: "Não. Continuo a fazer pipi na cama, mas agora eu sei por quê".

Kristeva parece dizer algo semelhante: "A análise começa num momento comparável ao da fé, que é o estabelecimento do amor de transferência. Eu tenho confiança em você e espero algo em contrapartida". No entanto, a análise termina com a constatação de que não poderia haver contrapartida sem que eu me alienasse a quem a oferece; a demanda, mas também o desejo, tornam o sujeito escravo do seu objeto:

> Analisado, nem por isso deixo de desejar, mas com conhecimento de causa e de efeito. O conhecimento do meu desejo é minha liberdade e meu esteio. Daqui por diante, eu amo e me iludo às minhas próprias expensas. (p. 65-66)

Parece igual à história do homem que urinava, mas não é; pois o termo "saber" não significa a mesma coisa aqui e ali. Não se trata de conhecer logica e racionalmente o motivo do sintoma, antes ignorado: a análise não é uma passagem da ignorância para o conhecimento. Ela é um vir a saber de outro modo aquilo que, sem querer saber, eu já sabia, mas não podia saber que sabia. E o que é isto? Kristeva diz com limpidez:

> Eu sou outro. Isso me escapa, tem algo de indizível; e tenho o direito de jogar para ver mais claro... Só, eu o sou na verdade, e incomensurável. A partir daí, posso também jogar alto, e de verdade, e construir laços... A gravidade oscila para uma leveza que guarda a memória do sofrimento e continua à procura de sua verdade, pela alegria de começar incessantemente. (p. 65)

Se o coração tem razões que a razão desconhece, é temperando-se reciprocamente que eles podem se abrir um para o outro. Difícil? Certamente. Mas não é impossível: essa é a aposta da Psicanálise.

## Herbert Rosenfeld, *Impasse e Interpretação*, Rio de Janeiro, Imago, 1988

Os livros de Le Guen e de Kristeva nos apresentam diferentes ângulos do que é a prática psicanalítica na França. Graças às traduções realizadas nos últimos dez ou doze anos, e também à presença no Brasil de psicanalistas que estudaram ou se formaram nas instituições francesas, esse modo de trabalhar tornou-se mais conhecido entre nós. Mas, na história da Psicanálise brasileira, essa é uma aquisição recente. Nos anos cinquenta e sessenta, era a escola kleiniana que desfrutava de um prestígio inigualável; a maior parte dos psicanalistas do Brasil havia sido formada em Londres, em Buenos Aires, ou por analistas que aprendido o *métier* naqueles centros. Havia no panorama analítico mundial, então largamente dominado pela Inglaterra e pelos Estados Unidos, outras tendências, em especial a "psicologia do ego", ligada aos nomes de Anna Freud, Hartmann e de Erikson, que na época se dominava "psicanálise clássica"; mas por razões variadas os analistas latino-americanos se sentiram mais atraídos pelo pensamento de Melanie Klein.

Essa situação modificou-se profundamente nas últimas décadas, com o aumento da influência francesa a partir do trabalho de Jacques Lacan. Ele teve um papel fundamental na renovação do pensamento psicanalítico, promovendo um "retorno a Freud" que gerou repercussões de enorme alcance. Muitos dos analistas franceses mais criativos passaram por seus seminários; alguns mantiveram-se mais ligados a ele, outros se afastaram, porém carregando marcas de sua maneira de conceber o fazer analítico. Os primeiros formam as tropas lacanianas; entre os segundos, como lembrei ao comentar o livro de Le Guen, contam-se André Green, Laplanche, Pontalis, Conrad Stein, Piera Aulagnier e outros.

A partir dos anos 60, a psicanálise francesa começou a penetrar na América Latina, primeiro em Buenos Aires, e dali para o Rio de Janeiro, Porto Alegre e São Paulo. O tipo de trabalho proposto por Lacan implica uma rigorosa reflexão teórica e um grande estímulo à produção escrita; consequentemente, na esteira de sua chegada ao Brasil, traduziram-se muitos livros, revistas foram fundadas, e alguns analistas dessa tendência puderam publicar textos seus. Entre numa livraria hoje, vá à prateleira de Psicanálise; sete entre dez obras terão algo a ver com a obra de Lacan. Do que era leitura obrigatória vinte ou vinte e cinco anos atrás, sobraram alguns volumes empoeirados e a preços de ocasião[16].

---

[16] (Nota de 2010) Verdadeira em 1988, quando o presente texto foi redigido, esta frase precisaria hoje ser escrita de outra maneira. Deixo-a como está, porém, para marcar mais uma vez a grande diferença entre o estado do campo analítico então e na atualidade.

Essa breve caracterização da literatura psicanalítica entre nós parece-me útil para situar a iniciativa que conduziu à publicação do livro de Herbert Rosenfeld. O simples fato de existir em português assinala algo novo no campo: os kleinianos parecem ter saído da toca e entrado novamente na liça intelectual, pois o volume é o primeiro de uma série editada sob os auspícios do Instituto de Psicanálise de Londres, em convênio com a Editora Imago. O responsável pela coleção, Elias Mallet da Rocha Barros, fez sua formação em Londres, e, tendo regressado ao Brasil há alguns anos, dedica-se à divulgação do pensamento kleiniano. Entre suas intervenções já publicadas, conta-se um dos posfácios ao segundo volume do livro de J. Petot, *Melanie Klein* (São Paulo, Perspectiva)[17]. Rocha Barros leva a sério seu papel de editor: *Impasse e Interpretação* contém um primoroso prefácio, que introduz o leitor não apenas nos temas e interesses de Herbert Rosenfeld, mas ainda no ambiente histórico e científico no qual foi produzida a obra do autor, e em cuja constituição teve papel decisivo.

Outro aspecto positivo da edição é o cuidado com a tradução: uma nota introdutória explica os critérios seguidos para verter termos técnicos como "cisão", "pulsão", "investimento" e outros. Essa preocupação se situa, como é sabido, no contexto de um debate sobre a tradução que não se restringe a este livro, mas envolve o problema da versão de Freud para várias línguas, inclusive a nossa, e tem resultados bastante importantes. Pois as

---

[17] (Nota de 1995): Desde a redação desta resenha, Rocha Barros publicou diversos textos importantes da escola kleiniana, tanto na Imago quanto na Escuta, dando impulso ao *revival* kleiniano entre nós. Também coordena a nova edição das *Obras Completas* de Melanie Klein, cujos quatro volumes estão sendo traduzidos. (Nota de 2010): Completada em 1999, a tradução recolocou a obra da analista austríaca na bibliografia dos cursos de Psicanálise. Prova do interesse que ela vem suscitando é o admirável comentário de Elisa Maria Ulhôa Cintra e Luís Claudio Figueiredo, *Melanie Klein, Estilo e Pensamento* (São Paulo, Escuta, 2004).

palavras têm significado, coisa que muitos tradutores – de textos psicanalíticos e outros – costumam esquecer.

Mas é tempo de dar uma ideia do conteúdo do livro. O modo de escrever a Psicanálise não é o mesmo nos vários climas culturais: o que poderíamos chamar "estilo britânico" se caracteriza pela presença constante de referências clínicas muito detalhadas, que servem como ponto de partida e como ilustração do raciocínio. Rosenfeld segue a regra: cerca de trinta relatos de caso ocupam um lugar considerável nos artigos aqui reunidos. O leitor brasileiro provavelmente já se havia desabituado desta maneira de proceder, uma vez que os autores franceses ou inspirados pelos franceses dão a seus textos outro andamento; saudável contraponto, que permite seguir linha a linha a elaboração do argumento.

O centro do pensamento do autor é a questão terapêutica: como fazer para modificar situações psíquicas que se tornaram insustentáveis? Seu método é a análise detalhada da transferência, no sentido que esse termo toma na prática inglesa: a relação com o analista ocupa incessantemente o palco, pois nela se julga residirem os sentidos inconscientes de qualquer fala do paciente. A "relação com o analista" inclui, em parte graças ao trabalho do próprio Rosenfeld, as reações emocionais nele produzidas pelas comunicações do paciente: a análise detalhada da contratransferência serve como guia para a formulação e para a avaliação da oportunidade de cada interpretação. Por fim, os mecanismos psíquicos mais constantemente descritos são a cisão do *self* e dos objetos, e a identificação projetiva. É com este equipamento teórico que Rosenfeld aborda o estudo de organizações psíquicas que pouco têm a ver com as clássicas neuroses estudadas por Freud: psicose, estados ditos "fronteiriços", organizações narcisistas etc.

Uma das contribuições importantes do analista inglês é sua concepção do narcisismo destrutivo, discutida no prefácio de Rocha Barros e abundantemente ilustrada ao longo do livro.

Sobre a Psicanálise e o Psicanalista

Para ele, o narcisismo está ligado ao mecanismo da idealização (ideia já presente em Freud); a novidade está em considerar que a idealização pode concernir não apenas ao aspecto libidinal, mas ainda à dimensão destrutiva. Nesse caso, as partes onipotentes e destrutivas do *self* tornam-se invencíveis, e impossibilitam relações positivas com o mundo, com os outros e consigo próprio.

Isto traz consequências calamitosas para o processo analítico, pois o que sustenta o narcisismo destrutivo é a inveja: o analista torna-se invejado exatamente porque é capaz de proporcionar compreensão e ajuda, e vê-se atacado naquilo que poderia servir ao paciente como ferramenta para a mudança. Essa questão, cujas ramificações são amplas, ocupa diversos capítulos do livro, e suscita reflexões que vão além do espaço de que dispomos nesta resenha.

A grande riqueza de problemas abordados em *Impasse e Interpretação* torna desaconselhável qualquer resumo; gostaria apenas de chamar a atenção para um outro aspecto do livro, que me parece importante e inovador: Rosenfeld foi um supervisor infatigável (no prefácio de Rocha Barros, encontramos informações sobre como realizava essa atividade). Entre os relatos do livro, há alguns que dizem respeito a situações de supervisão, em especial o caso de "Sylvia". O que me parece extraordinário é sua capacidade de mostrar ao mesmo tempo os erros cometidos pela terapeuta e as razões desses erros, sem querer transformá-los em acertos, mas com grande consideração pela sensibilidade do analista iniciante. Rigor técnico e teórico podem assim conviver com tato e doçura, o que certamente deve ter auxiliado a supervisionanda a compreender melhor sua paciente e a si mesma.

As ideias de Rosenfeld são originais, sem dúvida, mas se inscrevem numa tradição – a kleiniana – que por sua vez é parte da história da Psicanálise. O livro termina com um apêndice precioso, que retraça a história da clínica e da teoria das psicoses desde Freud. Essa consideração pelo que foi pensado antes, ao mesmo tempo em que se marcam os pontos de discordância, contrasta com a arrogância dos que pretendem ter descoberto a roda sozinhos, ou aprendido em alguma oficina secreta uma receita infalível para a fabricar.

Não que se deva ingenuamente tomar como verdades reveladas as ideias do autor; o que me conduz a recomendar o livro, além da clara sensação de ter com ele aprendido muitas coisas, é a honestidade simples com que Rosenfeld expõe suas ideias, suas hesitações, seus erros, suas reflexões – e o caminho que o conduziu a elas. Devo dizer que a ênfase na ajuda terapêutica me parece merecer discussão, embora não me perfile entre aqueles para quem Psicanálise e finalidade terapêutica são estranhas uma à outra. Noções básicas do repertório kleiniano me parecem às vezes utilizadas *à outrance*, e em certos momentos gostaria de poder compreender onde fica o complexo de Édipo nos pacientes cuja história se relata.

Independentemente do que se possa pensar a este respeito, *Impasse e Interpretação* é um livro para ser lido, pensado e eventualmente questionado; é também uma obra indispensável na biblioteca de todos os que se interessam, como disse Freud certa vez, pelos "demônios mais terríveis que habitam a alma humana".

# CALEIDOSCÓPIO

O nome do pequeno aparelho que todos conhecemos vem de três termos gregos: *kalós* (bonito), *êidos* (imagem, figura), *skopêin* (ver). Embora o primeiro deles tenha sido construído para estudos de óptica[1], "ver belas figuras" simplesmente girando um tubo fechado logo se tornou um passatempo popular.

O princípio do caleidoscópio é a combinação incessante de um pequeno número de peças coloridas, num ambiente em que dois ou mais espelhos refratam a luz. Algo semelhante acontece numa análise: a ressignificação das experiências pode ser comparada ao ligeiro movimento que faz se formarem novas figuras a partir das já existentes.

A analogia pode servir também para o que ocorre na reflexão teórica. Aqui as "peças coloridas" são os conceitos, que o analista combina para gerar as hipóteses – mais específicas ou mais amplas – com as quais opera, e que constituem a base do que pode vir a escrever. Embora a teoria psicanalítica seja sutil e complexa, os elementos que a constituem não passam de algumas dezenas; os realmente fundamentais são em número ainda menor. A familiaridade com eles talvez seja o motivo de já não nos admirarmos de que, com tão poucos, possamos fazer tanto: dar conta dos mecanismos do funcionamento mental e

---

[1] Pelo físico inglês Sir David Brewster, em 1816.

das diversas patologias, formar uma ideia dos processos em jogo em nosso trabalho, compreender os mais diversos aspectos do fazer humano...

Pretensão vã, dirão alguns: o que você quer é puxar a brasa para a sua sardinha! Peço licença para discordar, e, desta vez, não com um argumento, mas colocando diante dos seus olhos, caro leitor, uma amostra da variedade de temas que podem ser abordados numa óptica psicanalítica. O material para isso provém de notas sobre livros escritos por orientandos, colegas e amigos; justapondo-as umas às outras, quero ilustrar a vitalidade da Psicanálise, o partido que se pode tirar dos seus instrumentos quando bem empregados, e também a relevância dos resultados a que permitem chegar.

Os textos aqui examinados falam da clínica, do corpo, da infância, da doença, da velhice, do laço entre as gerações, do sonhar, do amor, da solidão, e de outros tópicos. Alguns focalizam questões ligadas à psicopatologia, como as perversões, a impotência e a ejaculação precoce; outros tratam do imaginário ficcional e religioso. Coube-me o privilégio de orientar as pesquisas que geraram a maior parte deles, e os apresentar quando da sua publicação.

Na verdade, a "orelha" é uma minirresenha, e o que disse no capítulo "Sobre a Psicanálise e o psicanalista" aplica-se a ela também. Ao contrário do que poderia parecer, dar notícia do conteúdo de uma obra em dois ou três parágrafos é desafio mais árduo que o fazer em várias páginas. Não se trata de opor "superficialidade" a "precisão": o fato de ser conciso não torna inacurado um comentário. Se retomo aqui as observações que esses trabalhos me sugeriram, é tanto para homenagear seu mérito intrínseco quanto porque, juntos, oferecem um bom recorte da produção psicanalítica no Brasil atual.

"Como a interpretação vem ao analista?" Esta pergunta – título de uma obra coletiva publicada na França há muitos anos – não cessa de intrigar os estudiosos da Psicanálise. Muito já se escreveu a respeito, focalizando diferentes aspectos desta notável realização mental; e o campo continua fértil, como demonstra Eliana Borges Pereira Leite em *A Figura na Clínica Psicanalítica*[2].

O conceito que ela escolhe para o mapear é o de *figura*. Rastreando as origens do termo através de um estudo do romanista Erich Auerbach, concentra-se no aspecto visual das imagens suscitadas pelo discurso do paciente no analista. Com efeito, o primeiro sentido da palavra é o de *forma* ou *imagem*, derivando rapidamente para as acepções conexas de *símbolo*, *esquema*, *alegoria* e *representação*.

O exame minucioso das condições metapsicológicas em que se delineiam certas imagens que lhe ocorrem em meio à escuta revela o parentesco deste processo com a formação dos sonhos e com a dinâmica das fantasias. Dois estudos de caso emolduram e conferem substância aos desenvolvimentos mais teóricos, permitindo ao leitor como que espiar por cima do ombro da analista, e obter uma visão bastante clara do processo pelo qual passa a figura desde a sua súbita irrupção até o momento em que é instrumentalizada na formulação verbal.

O texto de Eliana é antes de tudo elegante: a frequentação da literatura, do cinema e das artes plásticas reflete-se numa prosa colorida e rica de ressonâncias. O trabalho efetuado sobre os conceitos é de notável rigor, a reflexão sempre original, e o encadeamento das ideias de uma clareza somente possível a quem maneja com segurança as noções mais complexas da Psicanálise.

---

[2] São Paulo, Casa do Psicólogo, 2001.

FIGURAS DA TEORIA PSICANALÍTICA

O surgimento inopinado de imagens que desconcertam o analista é também estudado por Gina Tamburrino em *Escutando com Imagens: Clínica Psicanalítica*[3]. Elas parecem nada ter a ver com o que lhe está sendo dito, mas, a um olhar mais cuidadoso, revelam conexões com a situação emocional ou com o tipo de conteúdo que prevalece naquele momento.

Seguindo a tradição, de início a autora atribuiu o fenômeno às astúcias da contratransferência. Embora já não seja não tão mal falada quanto nos primeiros tempos da Psicanálise – num belo capítulo, ela mostra como a partir de Paula Heimann os sentimentos do analista passaram a ser utilizados como elemento do próprio processo – ela não foi suficiente para dar conta do que Gina observava: uma surpreendente adequação daquelas imagens, por vezes muito vivas, a algo que o paciente trazia em seguida (um sonho, uma lembrança), e de que a analista não poderia ter conhecimento prévio.

Foi no modelo "intersubjetivo", formulado entre outros por Thomas Ogden, que ela encontrou uma conceituação preliminar para o que estava vivenciando. Uma extensa pesquisa a levou a percorrer a história da Psicanálise, de Freud e Ferenczi a Melanie Klein e Bion, e deles a autores contemporâneos como Antonino Ferro, Walter Trinca, Luis Cláudio Figueiredo e outros. Um dos méritos do livro é precisamente a qualidade da informação histórica, que permite ver de que modo o problema da participação do analista no processo terapêutico foi sendo equacionado até chegar às posições atuais.

Neste percurso, somos apresentados a Henrique, Sálua, Renata, Giulio e Salvatore, em cuja companhia Gina viveu momentos de grande perplexidade e de intensa dor. É preciso saudar a coragem tranquila com que ela desnuda os bastidores – bem, *alguns* bastidores! – da sua clínica, possibilitando ao leitor

---

[3] São Paulo, Editora Vetor, 2007.

acompanhar o modo pelo qual a mente e o corpo de um analista são afetados pela experiência da escuta. E, assim como a imagem dá forma e um sentido inicial às sensações que se impõem ao escuta*dor*/senti*dor* sentado na poltrona, o esforço para compreender até onde for possível o que aconteceu e por que aconteceu permite ir além da singularidade *desta* experiência, e propor uma metapsicologia da imagem, que sem dúvida é um dos pontos fortes deste texto.

A abertura para a imagem e a disposição de aceitá-la como vem favorecem uma escrita colorida por metáforas, paralelos e analogias, que, longe de ser miçangas dispensáveis, fazem parte da própria trama do argumento. Do "facho de luz" no primeiro parágrafo ao "horizonte sobre o mar" do último, não há página sem um exemplo feliz deste modo de escrever – e, é claro, de *pensar*.

Assim, vemos como a experiência da clínica e a da escrita se aproximam. Talvez a metáfora que melhor exprime a postura teórica e clínica de Gina seja a da *ponte*: ela é exímia em construir pontes entre autores, entre estes e ela mesma como estudante e leitora, e entre diversas dimensões do funcionamento psíquico, da angústia sem nome até o pensamento secundarizado. Ela mesma, com a simplicidade sensível que é sua marca, sintetiza o que pretendeu fazer – e fez com brilho:

> Somente passando por mim mesma pude reconhecer os que por mim passaram e passam (...). Por isto, não falo aqui apenas e tão-somente a língua dos analistas, mas primeiramente a do humano que antes somos.

Esta frase faz eco àquela com que Helena Kon Rosenfeld conclui o trajeto de *Palavra Pescando Não-palavra – A Metáfora na*

*Interpretação Psicanalítica*[4]: "A experiência psicanalítica tem uma afinidade com a experiência estética e poética: é um tornar-se outro, perder-se no outro e reencontrar-se consigo mesmo". Esta convicção, na verdade, o orienta desde o início. E não sem razão: se muitos foram os que assinalaram o parentesco entre a Psicanálise e certos processos artísticos (a começar por Freud, na *Gradiva*), a originalidade deste livro consiste em tomar o problema pelo avesso, e tentar investigar certas facetas da experiência psicanalítica a partir da Estética.

Diálogo que implica ponderar, a cada passo, os riscos de fundir um no outro os dois campos em presença; que exige portanto fineza na análise, e uma clara consciência de "até onde se pode ir longe demais", para usar uma expressão consagrada entre os franceses. Helena sai-se muito bem deste desafio. Seu texto, límpido e fluente, revela uma analista sensível às ressonâncias tanto das palavras quanto dos afetos, e uma prosadora talentosa, que sabe dosar os argumentos e as imagens, os ritmos e as ideias. Uma estreia notável, e à qual, esperemos, seguir-se-ão outros estudos do mesmo valor.

Se as três autoras precedentes se detêm num ponto particular da experiência clínica, a coletânea de Luís Carlos Menezes, *Fundamentos de uma Clínica Freudiana*[5], nos introduz nela por outros caminhos. No início dos anos oitenta, o analista gaúcho retornou de uma longa permanência na França e se fixou em São Paulo; desde então, no Instituto Sedes Sapientiae e na Sociedade de Psicanálise, que chegou a presidir, sua presença vem contribuindo para infundir vigor aos debates psicanalíticos em nosso país.

---

[4] São Paulo, Casa do Psicólogo, 1998.
[5] São Paulo, Casa do Psicólogo, 2001.

Como professor, supervisor e participante em colóquios – para não falar do seu trabalho cotidiano – suas intervenções são marcadas por um estilo característico, sensível a quem o ouve, e agora a quem o lê. Se pudesse captar numa fórmula este estilo, diria que é um misto de *serenidade* e de *determinação*. Menezes é um apaixonado pela Psicanálise, pela sua fecundidade em termos tanto terapêuticos quanto intelectuais; é também um crítico dos engajamentos apressados, da fé ingênua na palavra dos que se apresentam como Mestres – e sabemos que, na história do movimento freudiano, não foram poucos os pretendentes a tal posição.

Os textos aqui reunidos espelham esta paixão bem temperada. Neles vemos um analista profundamente envolvido com sua prática e com os problemas que ela coloca; também vemos alguém que se formou no período áureo da Psicanálise francesa às voltas com o meio paulista e com as "evidências" que nele têm lugar – seja a influência inglesa na Sociedade da IPA, seja no Sedes a tradição argentina. Em todas as intervenções aqui reunidas ecoa algo a que o próprio autor se refere no texto "Da Escuta ao Trabalho da Escrita": a forte presença do *interlocutor*, aquele a quem quer persuadir, mas também aquele com quem deseja aprender.

É para esta função que nós, leitores, somos aqui convidados. O tom dessas páginas é firme, porém jamais peremptório; a sensibilidade do clínico aflora em inúmeras passagens, mesmo e sobretudo quando fala de teoria, porque para Menezes esta só faz sentido se ancorada na realidade da transferência e da elaboração.

Um saudável bom humor – às vezes, autoironia – modula a visão da comunidade dos analistas que aqui transparece: afetuosa, já que sem colegas não é possível ser analista (*dixit* Granoff), mas nada complacente, pois só uma postura exigente pode nos preservar das ilusões (em especial narcísicas) a que tão facilmente nos entregamos.

Aceitemos, assim, o convite para acompanhar o autor em seu caminho, em suas dúvidas, em suas reflexões e interrogações. A recompensa não se fará esperar.

A "influência inglesa" a que me referi é o solo no qual se apoia Paulina Cymrot no seu estudo sobre a continência na situação analítica: *Ninguém escapa de si mesmo*[6].

Ela poderia ter escolhido como epígrafe a célebre frase de Eduardo Portela, quando lhe perguntaram se o presidente Figueiredo o manteria na pasta da Cultura: "Não sou ministro, *estou* ministro". A distinção lexical ecoa uma diferença que a Filosofia categorizou, desde Aristóteles, como a que vige entre a substância e o acidente ou circunstância; a autora desvenda uma nova dimensão dessa venerável noção, ao conceber a continência não como característica inerente à função analítica, mas como algo passageiro, que pode se expandir ou retrair segundo diversas condições.

Ao lembrar-nos de que o analista não *é* continente, mas *está* (ou não) continente, ela acentua que – como tudo o que é humano – essa função está sujeita a falhas e ambiguidades. Também aponta, tanto conceitualmente quanto por meio de exemplos tirados da sua prática, meios e modos para estimular a expansão da capacidade de continência – entre os quais o mais original é o emprego do humor como forma de introduzir cunhas no que parece monolítico, e portanto não comporta a abertura ao *outro* que caracteriza o "estar continente".

Complementando à maneira de um díptico seu livro anterior (*Elaboração Psíquica: Teoria e Clínica Psicanalíticas*[7]), este que

---

[6] São Paulo, Casa do Psicólogo, 2003.
[7] São Paulo, Escuta, 1997.

Caleidoscópio

agora vem à luz confirma a qualidade principal de Paulina enquanto autora psicanalítica: uma serena firmeza na exposição de seus pontos de vista, acompanhada pela disposição ao diálogo e à impregnação pela fala do outro, como condição para poder falar em seu próprio nome.

A continência, como sabemos, é requerida de modo especial em determinadas etapas de uma análise. Em *A Travessia do Trágico em Análise*[8], Mauro Pergaminik Meiches estuda alguns deles, que caracteriza como *trágicos*.

Pode-se falar em "o" trágico, independentemente de sua encarnação em peças, contos e romances? A linguagem comum sugere que sim: dizemos que tal coisa é uma tragédia, no sentido de catástrofe, ou que determinada história é trágica, porque se passa em meio ao sofrimento e acaba mal. Ou seja, embora tenham sido os gregos os primeiros a materializá-lo em obras para o palco (Ésquilo, Sófocles, Eurípides) e a pensá-lo como categoria estética (Platão, Aristóteles), o trágico rapidamente transcendeu o seu berço helênico, e passou a designar uma dimensão fundamental da experiência humana.

Meiches argumenta que também na Psicanálise se pode falar de fases ou momentos trágicos, e que a travessia deles representa uma etapa especialmente mutativa num tratamento. Partindo do estudo do trágico em sua forma teatral, discute alguns casos que o apresentam *in vivo* em determinados processos analíticos; em seguida, comenta a visão nietzscheana desta categoria, mostrando em que e por que ela difere da dos gregos. Em síntese, Nietzsche valoriza nela o excesso (como sinal de vitalidade e elemento fundamental da catarse), enquanto para a

---

[8] São Paulo, Escuta, 1997.

Ética antiga o trágico está associado a calamidade e perdição: é o castigo imposto pelos deuses à *hýbris*, o orgulho que faz perder a cabeça. Por fim, juntando todos os fios, sugere que os momentos de travessia do trágico durante uma análise estão ligados a momentos de oscilação nas identificações, que acarretam o luto de uma visão de si ou de um objeto narcísico até então essenciais para a manutenção da identidade (e do sintoma).

De permeio com esta tese, o leitor encontrará análises exemplares de alguns aspectos do trágico, como sua relação com a alegria, sua concretização em obras teatrais contemporâneas, sua ligação com a culpa, as considerações de Freud sobre o tema, e outros mais. *Metáfora do analítico*, conclui o autor: eis o papel do trágico na Psicanálise.

Bem escrito, bem informado, por vezes polêmico, o texto de Meiches interessará a todos os que, na esfera *psi* ou fora dela, desejam aprofundar o estudo da interface entre a Psicanálise e a cultura, porque percebem que esta articulação nada tem de esotérica nem de ornamental: como diz em suma o autor desse livro, ela é fundamental para um trabalho clínico que não se perca na ideologia.

Talvez se possa chamar de trágica a situação em que se viu o sultão Scharyiar: certo dia, descobre que a esposa o trai com "o mais vil dos escravos", e, enlouquecido pelo ódio e pela dor, decide vingar-se de todas as mulheres do reino... quem não conhece a história? O que poucos haviam percebido, porém, é que Scheerazade – a única que sobreviveu à primeira noite de amor com o transtornado sultão – exerceu uma tarefa *terapêutica*, pois, ao cabo das mil e uma noites de vigília, ouvindo as histórias que ela lhe contava, o monarca reconcilia-se com a vida, com as mulheres e consigo próprio.

Em *Mil e Uma Histórias de Loucura, Desejo e Cura: O Método Psicanalítico de Scheerazade*[9], Purificacion Barcia Gomes parte desta hipótese ousada – Scheerazade terapeuta, se não em seu objetivo explícito, ao menos na sequência das histórias que conta, e no uso que delas faz para minorar o sofrimento emocional do seu marido/paciente – e procura desentranhar, do próprio texto das *Mil e Uma Noites*, as características do que chama o "método" da jovem narradora. É claro que, consciente dos riscos de tomar demasiado a sério uma metáfora, explica logo de início até onde cabe a comparação: mas os meandros do seu argumento vão mostrando como este "até onde" nos conduz bem longe, para dentro das coordenadas que balizam um processo analítico.

Para enquadrar suas reflexões sobre a Psicanálise e a função terapêutica em geral, a autora nos brinda com preciosas informações acerca dos costumes e crenças da sociedade islâmica na época em que se compilaram as *Mil e Uma Noites*, sobre a história do próprio texto, e sobre outros assuntos pouco familiares ao leitor não-arabista.

Além disso, alicerçada num sólido conhecimento da literatura de ficção, das teorias literárias contemporâneas e dos escritos psicanalíticos, focaliza os vários tipos de narrativa – pois os dados clínicos também surgem para nós a partir de uma narrativa, a que o paciente faz de si e de sua vida. Ao final, depois de estudar as estratégias de sobrevivência da narradora-terapeuta – que corria risco de vida caso não conseguisse, jogando com as forças da transferência, acalmar seu irritado "paciente" – aborda a intrigante questão da escrita propriamente feminina.

Transitando entre as sensibilidades clínica e literária – mas serão elas assim tão diferentes? – este livro interessará ao leitor, psicanalista ou não, que quiser ouvir as histórias bem contadas

---

[9] São Paulo, Casa do Psicólogo, 2000.

de uma narradora talentosa, ousada em suas opiniões clínico-teóricas, e elegante na maneira de expor umas e outras.

Com o livro de Purificacion, abandonamos o território conhecido do consultório para nos aventurarmos em outras searas. O livro de Cláudio Mello Wagner, *A Transferência na Clínica Reichiana*[10], nos leva de volta a ele, mas para presenciar um tipo de atendimento um tanto diverso daquele a que estamos acostumados.

Cláudio nos toma pela mão e nos mostra a intimidade do trabalho que realiza, assim como as referências teóricas que o guiam. Armado de uma sólida familiaridade com a Psicanálise e com a obra de Wilhelm Reich, bem como de grande sensibilidade clínica, ele nos guia pelos labirintos da história, resgatando o lugar de Reich no desenvolvimento de toda a psicoterapia atual. Serenamente, vai-nos introduzindo nas distinções que permeiam o campo reichiano, distinguindo a sua forma de operar de outras, como a Bionergética, talvez mais conhecidas do público não especializado.

Como em qualquer trabalho psicoterápico, a transferência é a mola propulsora das mudanças desejadas. O autor a caracteriza com clareza, e destaca vários momentos na evolução do conceito, com o que pode, na parte final, apresentar-nos alguns exemplos do seu manejo na vegetoterapia carátero-analítica.

Um livro a ser lido, portanto, por todos os que buscam repensar as fontes da prática psicoterápica, quer se alinhem ou não com a perspectiva do autor.

---

[10] São Paulo, Casa do Psicólogo, 2003.

Nas obras que discutimos até aqui, independentemente do método e do local de trabalho, paciente e terapeuta formam uma dupla que se ancora apenas na vontade de ambos, sem a presença de intermediários. A que comentaremos agora aborda um fato que vem se tornando menos incomum no Brasil: o pagamento de uma terapia por seguros de saúde de vários tipos.

*Convênios Psicológicos e Psicoterapia Psicanalítica*, de Marisa Cintra Bortoletto[11], é o primeiro estudo a ser publicado em nosso país sobre o assunto. Sua abrangência o torna de imediato indispensável aos profissionais envolvidos neste trabalho, assim como aos psiquiatras e neurologistas que recomendam psicoterapia a seus pacientes, aos administradores da saúde suplementar, às autoridades fiscalizadoras, a quem procura atendimento reembolsável por seu plano, e aos familiares deles.

A discussão sobre o que é Psicanálise e o que é psicoterapia vem de longe. De modo geral, os analistas mais rígidos tendem a caracterizar a diferença entre elas situando a primeira do lado da neutralidade, da interpretação e do *insight* ("ouro puro", dizia Freud num texto famoso), e a segunda do lado da sugestão, do esclarecimento e do aconselhamento ("cobre", muitas vezes necessário, mas sem comparação com o metal precioso, completava o inventor da Psicanálise). Na verdade, o problema é muitíssimo mais complexo: não sem razão, Pierre Fédida definia a psicoterapia como uma "psicanálise complicada".

Complicada pelo quê? Pela diversidade das demandas, pelo pouco interesse do paciente por seus conflitos fundamentais, pela ânsia por soluções rápidas e de preferência indolores, pelo número reduzido de sessões cobertas pelo plano, pelo desconhecimento generalizado do que é um tratamento psíquico. Torna-se necessário, portanto, elaborar um modelo de atendimento "ao mesmo tempo flexível e firme", diz Marisa, capaz de

---

[11] São Paulo, Escuta, 2009.

FIGURAS DA TEORIA PSICANALÍTICA

conter e se possível neutralizar os elementos resistenciais próprios à situação triangular paciente/terapeuta/convênio.

A experiência da Clínica Verbo – três mil casos atendidos em vinte anos – é a este respeito preciosa, e dela a autora retira inúmeros exemplos para ilustrar o estudo. Sua análise cobre praticamente todas as dimensões do tema: o que é e como funciona a saúde suplementar no Brasil, as práticas administrativas e clínicas da Verbo, o manejo das demandas num *setting* diverso do tradicional, a questão do diagnóstico, a orientação aos familiares, e assim por diante.

Ao longo do livro, a diferença entre o tratamento clássico e a psicoterapia de orientação analítica vai se esclarecendo de maneira exemplar. Ela consiste, diz Marisa em síntese, no fato de que o terapeuta escuta e compreende com os conceitos e teorias da Psicanálise, mas na situação clínica se serve de uma gama mais ampla de recursos: entre eles, a escala diagnóstica elaborada por Riad Simon, analogias das quais espera um efeito terapêutico, etc.

A autora, e a equipe que dirige, vêm fazendo sua parte na ampliação do atendimento psicológico em nosso país. Resta-nos parabenizá-las pela sua ousadia, seriedade e dedicação, e esperar que outros profissionais se juntem a elas nessa tarefa tão importante.

O reembolso das sessões é uma das formas que assume a "realidade" no trabalho clínico. Em Psicanálise, essa noção tem um estatuto curioso: está presente em termos que se tornaram conhecidos para além das suas fronteiras, como "princípio de realidade", "dado de realidade", "prova de realidade", e outros. Significa então a cena na qual o sujeito age e sofre a ação dos outros, e na qual encontra tanto um limite para a onipotência dos seus desejos quanto os meios para, justamente, "realizá-los", isto é, torná-los reais. Freud se referia a esta cena como realidade "exterior", isto é, "material", ou às vezes "histórica".

A ela se opõe a realidade psíquica, o universo do inconsciente, dos desejos e das fantasias que o povoam, para o sujeito tão ou mais "reais" que o mundo à sua volta. A realidade psíquica é aquilo sobre o que se trabalha na situação analítica, que aliás é um dispositivo calculado para evidenciá-la exatamente através da exclusão sistemática da realidade "exterior".

Esta multiplicidade de sentidos é de certo modo desconcertante, até porque a realidade exterior não está tão excluída assim da sessão de análise: dela fala o paciente em muitas de suas comunicações; condições de tempo e de dinheiro – elementos muito "reais" – circunscrevem o processo terapêutico; a realidade exterior pode irromper no trabalho analítico das mais variadas maneiras, da falta do paciente ou do analista porque o trânsito os impede de chegar ao consultório até as consequências dramáticas da guerra, da revolução ou do terrorismo de Estado sobre a evolução de um tratamento.

O texto apresentado por Nelson Coelho Junior como tese de doutoramento na PUC/SP – *A Força da Realidade na Clínica Freudiana*[12] – defronta-se com esta e com outras questões espinhosas. O levantamento e a classificação dos diversos conceitos freudianos que têm conexão com a ideia de realidade – e são numerosos – ocupam o primeiro capítulo, fornecendo um inestimável instrumento de pesquisa para todos os estudiosos da obra de Freud. A seguir, o autor se detém no *Caso Dora* e no *Homem dos Ratos*, para estudar as diversas maneiras com que a realidade "exterior" intervém na prática freudiana. Por fim, duas situações tiradas de seu próprio trabalho clínico comprovam que o assunto nada tem de "acadêmico", e que, ao contrário, impõe-se com ... a força da realidade.

---

[12] São Paulo, Escuta, 1995.

# FIGURAS DA TEORIA PSICANALÍTICA

Psicólogos, psicanalistas e terapeutas em geral – além de pacientes – que se interessam por esta questão, central na teoria e em todas as vertentes da clínica, encontrarão aqui um texto ágil, que alia precisão de análise, clareza de pensamento e bom gosto literário: uma bem-vinda contribuição para os estudos psicanalíticos em nosso país.

Outra das formas pelas quais a realidade se faz presente na vida psíquica é a qualidade do ambiente no qual esta se forma. Em *A Criança Mal-Amada: Estudo sobre a Potencialidade Melancólica*[13], Maria Lucia Vieira Violante apresenta os frutos de uma pesquisa realizada com crianças na clínica do Instituto Sedes Sapientiae, e apresentada à PUC/SP para obter o grau de doutora em Psicologia.

Não é raro que, frente a uma situação de abandono precoce ou de insuficiência grave na qualidade do amor materno, a criança reaja de modo peculiar: sem desenvolver uma melancolia completa, estrutura-se na forma a que a autora denomina "potencialidade melancólica". A construção deste conceito – contribuição original à psicopatologia psicanalítica – é realizada passo a passo no decorrer do texto.

Apoiando-se no pensamento de Piera Aulagnier e no confronto com as ideias de Freud sobre o narcisismo, Maria Lucia associa rigor teórico à sensibilidade clínica e à preocupação com a realidade social e familiar que cerca seus pequenos pacientes. Pois é na cena da realidade que ocorrem certas condições excessivamente onerosas para o equilíbrio narcísico, cuja consequência é a "desqualificação do narcisismo infantil". Entre elas, a miséria e a violência ocupam lugar de destaque, sem que no

---

[13] Petrópolis, Vozes, 1994.

Caleidoscópio

entanto possam ser tidas por responsáveis diretas pela potencialidade melancólica, que não é um "sintoma social".

Bem fundamentado e bem escrito, este livro é certamente um valioso instrumento para a clínica de crianças e de adultos, além de conter uma substanciosa introdução às concepções de Piera Aulagnier, e uma oportuna revisão de conceitos psicanalíticos fundamentais.

Outra obra a abordar a clínica infantil é o mestrado que David Calderoni defendeu no Instituto de Psicologia da USP, *O Caso Hermes: A Dimensão Política de uma Intervenção Psicológica em Creche*[14]. "Generosidade", "imaginação", "sensibilidade" – eis os termos que me ocorrem a respeito desse livro.

Sensibilidade na condução das sessões e no trato com os adultos que circundam o pequeno Hermes; sensibilidade ainda na leitura arguta dos desenhos e dos testes desse garoto de cinco anos, cujo comportamento inadequado no local em que sua mãe precisava deixá-lo durante o dia motivou a intervenção do psicanalista.

Imaginação, no construir uma rede de referências para situar e compreender os nexos do material com o entorno institucional e social no qual ele ganha sentido. Generosidade, ao abrir aos leitores janelas para a filosofia, para a estética e para a política, eixos que balizam a discussão propriamente metapsicológica da experiência de e com Hermes.

A estes traços, é preciso juntar a formulação conceitual precisa, a clareza na exposição de conceitos pouco familiares aos psicólogos infantis, como os emprestados ao filósofo Espinosa ou ao cientista político Guilhon de Albuquerque, e uma invulgar

---

[14] São Paulo, Casa do Psicólogo, 2004.

facilidade no manejo das palavras, do seu ritmo e da sua combinação – que vem a David, com certeza, de sua experiência como poeta e compositor.

O relato, documentado com as imagens produzidas pelo menino, vai sendo trançado aos diversos níveis de reflexão: estudo do ambiente familiar e do seu potencial traumático, dimensão institucional do trabalho na creche, políticas públicas e política *tout court*, aspectos estéticos das imagens (úteis também no trabalho de interpretar), até chegar aos elementos filosóficos que estruturam e fundamentam o trabalho clínico.

Hermes era o deus grego das passagens, do comércio, das encruzilhadas: metáfora dos *vínculos* e da *circulação* – e é sobre isso que David, finalmente, tem tanto a nos ensinar.

Quem diz criança, diz educação, e a Psicanálise tem certamente algo a dizer sobre o assunto. Ou não?

Freud afirmou certa vez que existem três profissões "impossíveis": psicanalisar, governar e educar. Como toda frase de efeito, esta também se destinava a provocar surpresa e a fazer refletir: no caso, a "impossibilidade" alude ao fato de os seres humanos serem dotados de liberdade e de iniciativa, razão pela qual jamais se submeterão por completo à autoridade, e sempre se sairão com "alguma" que o detentor daquela autoridade não havia previsto.

Assim, a *boutade* advertia contra as pretensões abusivas do educador, do governante e do psicanalista que, tomando suas respectivas nuvens por Juno, viessem a se acreditar onipotentes e capazes de moldar o outro à sua imagem e semelhança. O que é impossível é psicanalisar alguém completamente (o inconsciente continuará a existir, com análise ou sem ela), educar alguém completamente (caso por isto se entendesse formar o discípulo para ser um ventríloquo do seu mestre) e governar de modo absoluto (sem oposição, mesmo que esta seja depreciada como "burra", ou silenciada na ponta do fuzil).

Freud foi sábio, ao não acrescentar à sua lista de impossibilidades a de que um epigrama fosse interpretado ao pé da letra e considerado como verdade indiscutível, porque formulada por um semideus. Pois o seu teve exatamente este destino, especialmente na parte referente ao educar. A Psicanálise nada teria a dizer aos educadores, dado que a atividade destes se estenderia entre o inútil e o nocivo: inútil, porque "é impossível educar" (Freud *dixit*), e nocivo, porque a educação seria intrinsecamente violência sobre as mentes infantis, e quanto mais aparentemente liberal, mais nefasta, porque mais mentirosa.

O livro de Marcia Neder Bacha, *Psicanálise e Educação: Laços Refeitos*[15], toma outra direção. Criticando tanto os analistas que abandonam demasiado rápido o problema pedagógico quanto as doutrinas psicológicas que desejam orientar o educador, mas esquecem que as crianças (e ele mesmo) são dotados de um inconsciente, a autora procura "refazer os laços" entre a Psicanálise e a Educação tomando como fio condutor o seguinte problema: o que, na relação entre o educador e o educando, veicula de fato a influência educativa?

Em outros termos, o que faz o primeiro, tal que o segundo efetivamente se modifique no sentido desejado (caso contrário, não há educação alguma), e, ao mesmo tempo, não se torne uma cópia borrada do mestre, preservando tanto sua individualidade quanto o desejo de aprender e de continuar sua educação? É numa exemplar (e polêmica) análise da sedução que a autora vai buscar os elementos para uma resposta.

Pensado com discernimento e escrito com paixão, esse livro mostra por que não se deve tomar ao pé da letra o que disseram

---

[15] São Paulo, Casa do Psicólogo, 1998.

FIGURAS DA TEORIA PSICANALÍTICA

os mestres (quaisquer que sejam), e como é bem melhor exercitar o pensamento independente e investir no trabalho – não de Sísifo, mas de Hércules – que consiste em educar respeitando antes de mais nada o educando.

———

Que as dificuldades na aprendizagem constituem sintomas de perturbações emocionais é uma descoberta antiga da Psicanálise. Mas, por vários motivos, o aproveitamento dela para minorar problemas em sala de aula ainda não se tornou frequente – e as razões disso são investigadas por Margarida Dupas em *Psicanálise e Educação: Construção do Vínculo e Desenvolvimento do Pensar*[16].

A formação da autora em Pedagogia e Psicanálise, somada a uma longa experiência como professora em vários níveis de ensino, como psicopedagoga e como analista de crianças, adolescentes e adultos, confere singular riqueza ao seu trabalho, defendido como mestrado na PUC/SP.

Por que o fracasso escolar se torna, em certas circunstâncias, preferível ao sucesso? O que a criança quer comunicar através dele, e a quem? E com que meios procede ao ataque à sua capacidade intelectual, assim como aos vínculos que a ligam a seus pais e professores? Para responder a essas perguntas, Margarida toma duas direções: primeiramente, apresenta de modo claro e minucioso as bases teóricas em que se apoia (Freud, Melanie Klein e Wilfred Bion); em seguida, entrevista professoras do ensino pré-escolar, e reflete sobre algumas experiências de pacientes (crianças e adultos) em conexão com o tema.

O material empírico assim colhido ilustra sua tese central: muitas dificuldades escolares correspondem a falhas precoces no processo de simbolização, por sua vez motivadas por tropeços na

---

[16] São Paulo, Editora Cultura Acadêmica (UNESP), 2007.

relação da criança com seus pais (particularmente com a mãe) e com o "impulso de ser curioso", como Bion designa o que Freud chamava de *Wisstrieb* (pulsão epistemofílica).

Uma das descobertas da autora – confirmada por outros estudos, como o de Marcia Neder Bacha – é que na relação com os alunos são mobilizadas fantasias e ansiedades infantis do próprio professor. Daí o interesse – para ele, para a escola e para a criança – de que sejam identificadas, e em certos casos neutralizadas. Abre-se assim uma via promissora para a colaboração entre analistas e educadores, pois é na formação continuada que o professor pode se dar conta de que sua atividade está inevitavelmente permeada por fatores inconscientes, cujo papel nos problemas com que se defronta em classe pode não ser nada desprezível.

São questões de inegável atualidade – e esse livro não oculta a complexidade delas. Mas, como dizia Freud, "ver claramente os pontos obscuros já é um grande avanço". E sem dúvida *Psicanálise e Educação* representa uma contribuição de primeira ordem para enxergarmos com mais nitidez os "pontos obscuros" numa área tão sensível quanto a educação de nossos filhos.

Depois da clínica com crianças, voltemo-nos para um livro que trata do extremo oposto da existência: a velhice. Sabemos que entre os sonhos mais antigos da humanidade contam-se os de viver para sempre e de possuir a eterna juventude, sem o que a realização do primeiro de nada valeria. Mas a verdade é que a morte nos espera a todos, e, para aqueles que conseguem toureá-la por mais tempo, os anos se encarregam de desmentir a ilusão de que o corpo poderia permanecer para sempre jovem.

"Tornar-se velho", porém, é mais que a perda progressiva das capacidades do corpo: é também um processo psicológico que afeta de muitas maneiras a percepção de si, e um processo social, posto que "velhice" significa coisas diferentes em cada época e em cada cultura.

O livro de Delia Catullo Godlfarb, *Corpo, Tempo e Envelhecimento*[17], parte da representação usual dos idosos, associada – inclusive por muitos deles – às ideias de decrepitude e inutilidade, porém mostra de maneira convincente que estes atributos negativos não estão escritos nas estrelas como um decreto dos deuses. Eles podem ser contestados, e muitas vezes o são, tanto pelos próprios velhos quanto por aqueles que trabalham com esta faixa etária – psicólogos, gerontologistas, assistentes sociais, enfermeiras, familiares.

A autora investiga questões como a imagem do corpo, o narcisismo, as tendências depressivas e autodestrutivas, a representação do tempo, a plasticidade psíquica; do seu texto emerge uma visão segundo a qual a consciência da finitude, do "pouco tempo que resta", não precisa necessariamente trazer consigo tristeza, paralisia e enclausuramento. Com exemplos e com ideias, mostra como a vivência da velhice depende também, e principalmente da maneira como a pessoa lida com as perdas, conserva ou amplia seus investimentos afetivos, participa ativamente no meio em que vive.

Sem dúvida, o trabalho de Delia constitui um marco na construção de um campo de pesquisa ainda incipiente no Brasil: os estudos sobre envelhecimento. A análise rigorosa a que procede, impregnada de respeito e de carinho pelo seu "objeto", certamente servirá como base para ampliar o debate entre os especialistas, e para propiciar novos progressos numa área de importância crucial para um número cada vez maior de pessoas.

---

[17] São Paulo, Casa do Psicólogo, 1998.

À medida que a expectativa de vida vai aumentando, graças a uma vida mais saudável e aos avanços da Medicina, que hoje consegue curar ou controlar doenças com as quais há poucas gerações não sabia lidar, os problemas cardiovasculares e o câncer se tornam as *causae mortis* mais frequentes e temidas. E não apenas entre os idosos: suas vítimas se encontram em todas as faixas etárias.

O anúncio de que uma mulher tem um tumor maligno na mama é dos mais traumáticos, por tudo o que esse órgão significa na vida mental e emocional. Não é só o medo de morrer que a avassala; são também temores ligados à perda dos atrativos femininos, entre os quais os seios ocupam lugar de destaque, e à fantasia de se ver privada da própria feminilidade. Este fato é, porém, frequentemente ignorado pelos médicos, que muitas vezes demonstram falta de sensibilidade ao comunicar à paciente o resultado desfavorável dos seus exames. Não bastasse o teor da própria notícia, o impacto dela se torna ainda maior devido à inabilidade com que é transmitida, como se remover um seio (no todo ou em parte, pouco importa) fosse o mesmo que extirpar uma verruga ou uma unha encravada.

A mulher pode reagir a este trauma de várias maneiras; uma delas é o silêncio, particularmente nefasto porque dificulta a elaboração da angústia que ele provoca.

> "Foi na forma de um estranhamento quanto às pacientes não falarem sobre o câncer, no momento do diagnóstico, que me permiti perguntar por que, e, consequentemente, me deixar contagiar pela experiência que viviam, não sem sofrimento e muita angústia. A resposta foi encontrada, em primeiro lugar, no meu desejo de estar com estas pacientes e encontrar alguma forma de ampará-las, e, em segundo lugar, através da Teoria dos Campos: recuperação do método psicanalítico, deixando surgir e tomar em consideração as formas de ser do desejo humano."

Assim Rubia Mara N. Zecchin resume o percurso que realiza em sua bela dissertação de mestrado, intitulada *Luto de Um Amor*[18]. Nela retoma atendimentos que prestou a pacientes mastectomizadas, antes e depois da cirurgia, e aborda questões das mais relevantes tanto para a Psicologia Médica quanto para a Psicanálise em geral: a significação inconsciente do seio, as representações ligadas à autoimagem, à feminilidade, à saúde e à morte. Comovente no relato, preciso no manejo dos conceitos, seu trajeto constitui uma verdadeira contribuição para todos os envolvidos no doloroso evento de um câncer de mama: a paciente, seus familiares, os médicos, o pessoal hospitalar – e, cada vez mais, o psicanalista, cuja atuação, como demonstra a autora, pode ser crucial neste terrível momento.

Um dos mais ilustres pacientes oncológicos foi, como sabemos, o Dr. Sigmund Freud: descoberto em 1923, seu câncer no maxilar o atormentou por dezesseis anos, e por fim o levou à tumba. São os últimos dias do fundador da Psicanálise que Lúcio Marzagão focaliza em *Freud: sua longa viagem morte adentro*[19]. Por sua mente passam lembranças, ideias, cenas dos oito decênios da sua vida. A dor é insuportável: como combinara anos antes com o Dr. Max Schur, uma injeção letal de morfina lhe é aplicada. Seu último pensamento, ao ver a Morte se aproximando: *"cara eu ganho, coroa você perde"*.

A Wilhelm Fliess, ele escrevera certa vez que no fundo não era médico, nem cientista: *"ich bin ein Conquistador"*, como Pizarro ou Cortés. Em sua originalíssima recriação dos últimos meses do grande homem, o autor capta admiravelmente esta

---

[18] São Paulo, Casa do Psicólogo, 2004.
[19] Belo Horizonte, Ophicina de Arte e Prosa, 2007.

faceta essencial do caráter de Freud. Se, à maneira acadêmica, o volume contivesse uma lista de referências, veríamos desfilar todas as biografias já escritas, depoimentos de pessoas que o conheceram de perto, as coleções de cartas enviadas por e para ele – enfim, *scholarship* da melhor qualidade. E toda essa erudição é utilizada com graça e leveza, fazendo honra à tradição de escrever bem dos filhos de Minas Gerais.

Para contar sua história, Marzagão emprega uma grande variedade de recursos: o monólogo interior alterna com cartas "escritas" a Martha ou à Princesa Marie Bonaparte; há "reminiscências" da empregada da família, Paula Fichtl, "entrevistas" concedidas a um jornalista inglês, diálogos com o Dr. Schur, com Anna Freud – carinhosamente chamada de Annerl – e assim por diante. Lucidez e humor – que Freud tinha em abundância – cintilam a cada página, assim como certo pessimismo, mesclado com resignação.

Mas em algo que teria dito à Princesa – que sua herança perduraria por no máximo trinta anos – ele se equivocou redondamente: sem dúvida, tal como hoje, pelas próximas décadas a Psicanálise continuará a interessar a muita gente. E essa "ficção biográfica" comprova que a imaginação, temperada com a escrupulosa atenção aos fatos psíquicos em que consiste o método da disciplina inventada na Berggasse 19, pode dar frutos bem saborosos. Biscoito fino, diria Oswald de Andrade – a ser degustado com doce de leite e pão de queijo.

Quando falamos de "caráter", não pensamos estar empregando um conceito psicanalítico, pois o termo é corriqueiro. Mas no início do século XX ele tinha uma acepção técnica, servindo para designar – como no texto de Freud "Caráter e Erotismo Anal", e em alguns outros – aquilo que nos faz ser

FIGURAS DA TEORIA PSICANALÍTICA

como somos. Numa disciplina essencialmente preocupada em *decompor* – pois é isso que significa analisar – era importante dispor de um conceito de abrangência mais ampla, capaz de apreender o conjunto dos traços específicos e de apontar para o seu modo de organização.

Embora a noção de caráter tenha se tornado rara no discurso analítico, aquilo que ela designa continua a ser um tópico importante tanto na clínica quanto na teoria. As diversas escolas o nomeiam com conceitos diferentes, mas a realidade a que se referem é a mesma. O estudo de Maria Cristina Ocariz, *O Sintoma e a Clínica Psicanalítica*[20] a aborda pelo viés lacaniano, no qual aquilo que define um indivíduo se chama "sintoma".

Agatha Christie costumava dizer que via grande vantagem em ser casada com um arqueólogo: quanto mais velha ficava, mais atraente se tornava para ele. Com os analistas se passa algo semelhante, não em termos de idade cronológica, mas em relação ao que se pode chamar *maturidade*: quanto mais anos de prática, quanto mais profundamente assimilados os autores fundamentais, quanto mais apurado um estilo próprio de compreender e interpretar – tanto mais denso se torna o seu pensamento, e mais atraente para o leitor.

É o que ocorre com este livro. A própria questão que o guia – por que aderimos tão tenazmente ao que nos faz sofrer – só pode ser formulada com segurança por uma analista capaz de distinguir nos seus eventuais fracassos terapêuticos o que pode ser atribuído a ela e o que independe da sua habilidade, sensibilidade ou inteligência para interpretar – ou seja, o que pertence à estrutura psíquica do paciente.

A autora nos conduz pelos meandros da metapsicologia, tendo como fio de Ariane a noção de *sintoma*, que apesar da homonímia não é a mesma em Freud e em Lacan. É graças a este

---

[20] São Paulo, Via Lettera, 2003.

trabalho minucioso e paciente que pode avançar na construção de um ponto de vista próprio: a parte do sintoma que constitui o arcabouço da nossa personalidade, nosso modo básico de ser no mundo, não pode nem precisa ser alterada pela análise, que, por outro lado, pode e deve modificar o que se baseia no recalque e nas defesas mais mutilantes.

A dissertação de mestrado de Maria Cristina Ocariz – que inclui um estudo comparado da sublimação em Freud e em Lacan – tem assim o *bouquet* de um bom vinho, só atingido após anos de fermentação no recipiente e no local adequados. Analista veterana e jovem autora, ou autora jovem – tanto faz – o importante é o que ela tem a nos dizer.

A busca pelo mais íntimo, pelo mais profundamente enterrado no inconsciente, é o tema de outro excelente mestrado que tive oportunidade de orientar na PUC/SP: o de Tatiana Inglez Mazzarella, *Fazer-se Herdeiro: A Transmissão Psíquica entre Gerações*[21]. Para falar dele, vem-me ao espírito a história de Peter Pan, na qual vemos o jacaré perseguir o Capitão Gancho, cuja mão achara particularmente saborosa. O animal quer o "resto" daquela iguaria – ou seja, os demais membros e órgãos do pirata – e, com paciência e perseverança, parte em busca do que tanto o atrai.

A mesma coisa se pode dizer de Tatiana: em seu caso, a "mão" foram certas situações clínicas. Com tenacidade semelhante à do famoso jacaré, ela segue as pistas que vai encontrando, atrás do "resto" – contexto, razões metapsicológicas e psicopatológicas, literatura pertinente – que lhe permita completar o que bem poderíamos chamar uma "refeição totêmica".

---

[21] São Paulo, Escuta, 2006.

O que constata em seus atendimentos a faz supor que os fatos da biografia individual não bastam para explicar certos comportamentos repetitivos, determinados sintomas enigmáticos, algumas atitudes e fantasias. É preciso, diz ela, fazer intervir a noção de resposta inconsciente a algo ocorrido em gerações anteriores, que de alguma forma se encontra registrado no tecido psíquico do indivíduo.

Como a Psicanálise não acredita em bruxas, tal hipótese só pode se sustentar admitindo algum modo de transmissão intergeneracional daqueles conteúdos, por assim dizer duplamente inconscientes – para quem a eles reage, e para os que *à leur insu* os legaram à sua prole.

A aparente estranheza dessa ideia não assusta Tatiana, que, após passar pela navalha de Occam o material com que trabalha, se vê levada a explorar o que parece absurdo para a mentalidade racionalista – e ser praticante da Psicanálise não vacina ninguém contra esta atitude. Assim, para que a pesquisa ganhe legitimidade, é necessário superar primeiro as resistências do próprio analista. E Tatiana está em boa companhia: de René Kaës a Radmila Zygouris, passando por Maria Torok e Nicholas Abraham, são vários os que se aventuraram por essas sendas misteriosas, a fim de esclarecer por quais meios pode se operar a transmissão psíquica entre gerações.

Aos que, em nome do bom-tom psicanalítico, se recusassem a considerar tal hipótese, caberia lembrar o princípio que guiava Sherlock Holmes em suas investigações: "elimine o impossível, e o que sobrar tem boas chances de ser verdadeiro". Os que aceitarem se embrenhar com Tatiana pelos caminhos a que foi conduzida terão oportunidade de ver em ação uma analista sensível, uma pesquisadora arguta, e uma escritora que se expressa com clareza e precisão. Não é mais que bastante para um livro de estreia?

*"Je est une autre"*: o famoso dito de Rimbaud poderia servir como mote para o trabalho de Ilcéa Borba Marquez, *Gêmeos, Subjetividade e Narcisismo*[22]. Quantas vezes, diante de gêmeos idênticos, não nos escapa a mesma exclamação – "mas como são parecidos!"

A noção de "semelhança" figura no título de livros, artigos e filmes sobre o tema, e na maneira pela qual eles mesmos frequentemente falam de si. A questão que guia a pesquisa da autora é: o que significa ao certo este termo? Flutuando entre a igualdade e a diferença, a semelhança é a um só tempo modo de associar percepções e ideias, categoria lógica, e molde para toda uma gama de experiências subjetivas que afetam tanto os gêmeos quanto os que com eles convivem.

Baseando-se no relato autobiográfico de duas mulheres, num caso clínico por ela atendido e no documentário *Carrego Comigo*, de Chico Teixeira, bem como em lendas da mitologia e na análise de alguns costumes e crenças vigentes em sociedades primitivas, Ilcéa nos conduz pelos meandros do narcisismo, da identificação, da angústia e do Édipo. Ao final do estudo, conclui que "a experiência do nascimento duplo revela-se como uma dificuldade particular que se apresenta aos gêmeos na aquisição da identidade, sem contudo a impedir".

Agora em forma de livro, este mestrado – que recebeu a nota máxima ao ser defendido na PUC/SP – certamente se mostrará útil para diversos públicos: professores e estudantes de Psicologia, educadores, terapeutas, atores a quem cabe interpretar o papel de gêmeos no cinema, no teatro ou na televisão, e outros mais.

---

[22] São Paulo, Escuta, 2010.

FIGURAS DA TEORIA PSICANALÍTICA

A dificuldade que – devido à identidade física e à constante proximidade do irmão – os gêmeos às vezes experimentam ao procurar manter um espaço estritamente privado poderia levá-los a subscrever a frase de Sartre em *Entre Quatro Paredes*: "o inferno são os outros". Mas será mesmo? O livro de Bernardo Tanis, *Circuitos da Solidão*[23], mostra que ele pode estar também na condição de isolamento, na busca desesperada pela presença e pelo amor dos demais seres humanos.

É um texto de Psicanálise, suscitado pela constância com que as experiências de solidão aparecem no trabalho clínico. No entanto, Bernardo sabe que nossos pacientes provêm de uma sociedade em que a atomização dos indivíduos está atingindo proporções alarmantes, e se detém no estudo dos motivos que subjazem a este fenômeno. O recurso à literatura abre uma perspectiva extremamente rica, pois nos contos de Edgar Allan Poe, Machado de Assis e outros autores estão descritas com precisão cirúrgica as vivências de isolamento tão típicas da modernidade.

Combinando sensibilidade clínica, sagacidade na análise dos fatores culturais e perícia no manejo dos conceitos psicanalíticos, o autor nos oferece um amplo panorama das veredas pelas quais se constituem diferentes tipos de solidão, da intimidade desejada até o homem sem vínculos, perdido em meio à multidão que se acotovela nas metrópoles contemporâneas. Algumas vinhetas clínicas ilustram como essa diversidade se espelha na clínica. Segundo Bernardo, a principal ferramenta do analista para se orientar nela é o conceito de narcisismo, tanto na vertente defensiva deste aspecto da psique (caso do obsessivo ou do esquizoide), quanto na busca de identificações capazes de fortalecer o sentimento de pertinência.

O analista, diz ele, precisa acolher as várias formas da solidão sem as invadir. Seu livro será utilíssimo para todos os que se

---

[23] São Paulo, Casa do Psicólogo, 2003.

interessam pela imbricação do psíquico, do social e do cultural, aqui examinada pelo prisma de um mal-estar cada vez mais frequente nos tempos que correm.

＊＊＊

Se há uma atividade psíquica que realizamos sozinhos, esta é com certeza o sonhar. Cem anos depois de publicada a *Interpretação dos Sonhos*, o que haveria ainda a dizer sobre o tema? Afinal, esta é uma dessas obras que, mal saídas da gráfica e ainda cheirando a tinta de impressão, já se tornam clássicas, tal a grandeza da visão que descortinam, tal a precisão com que percorrem o território que o autor decidiu investigar.

Pois bem: em *O Sonhar Restaurado*[24], Tales Ab'Saber nos prova que o sonho conserva ainda hoje todo o seu interesse. Retomado por Bion e Winnicott, que chegaram a trocar correspondência sobre o assunto, ele continua a ser, como dizia Freud, a "estrada real" – ou, diríamos hoje, a "pista expressa" – para o conhecimento do inconsciente. Desde a obra *princeps*, porém, surgiram novos contextos e novas questões, e das mais importantes. Tales nos conta um pouco desta história, e mostra igualmente como a interpretação de sonhos – ou da ausência deles, em certos casos – pode ajudar a compreender um transtorno psíquico.

Além disso, pelo modo como conduz sua argumentação, o autor intervém numa discussão atual e acirrada no meio psicanalítico: a relação entre Freud e seus herdeiros. Sua sólida frequentação dos clássicos da Psicanálise lhe permite comprovar que, se Bion e Winnicott inovaram profundamente o campo da nossa disciplina, eles o fizeram a partir de – e em consonância com – princípios fundamentais estabelecidos por Freud. Existe

---

[24] São Paulo, Editora 34, 2004.

portanto, segundo Tales, continuidade na história da Psicanálise, o que não impede que nela surjam novas abordagens e teorias.

Na vida emocional, como bem sabemos, o outro não é apenas um estorvo. Por que nos apaixonamos? E a paixão será o mesmo que o amor? Há pontos em comum entre estes dois sentimentos, mas na paixão experimentamos mais que uma simples intensificação do amor: a hipótese de Ana Maria Lino Rocha (*Escolha da Paixão: Uma Análise do Romance entre Camille Claudel e August Rodin à Luz da Psicanálise*[25]) é que isso se deve a uma reorganização das identificações do Eu, tanto no plano dos ideais quanto no das representações e avaliações de si (autoestima).

Para fundamentar esta ideia, ela recorre a um exemplo que funciona como fio condutor: a história do relacionamento entre Camille Claudel e Auguste Rodin. O fim tumultuado desta relação teve algum papel no enlouquecimento da artista, mas a natureza do vínculo que ela estabeleceu com seu professor – sustenta Ana Maria – já derivava de uma estrutura psíquica frágil, cujas características se originam nas vivências infantis da futura escultora, em particular com sua mãe.

A análise do narcisismo, dos mecanismos sublimatórios e das angústias avassaladoras de uma subjetividade "ancorada em terreno arenoso" junta-se aqui a um estudo biográfico e à discussão de algumas obras da artista, o todo resultando numa tese sobre a paixão: busca impetuosa da completude e da paz, ela traz em si a tendência de dominar o outro e a de se entregar a ele. É essa contradição, afirma Ana, que lhe confere sua feição própria – que contém sempre algo de inescrutável.

---

[25] São Paulo, Vetor, 2001.

Talvez pareça estranho o salto da paixão amorosa para o tema que Eliane Cherman Kogut aborda em *Perversão em Cena*[26], mas ele é menos amplo do que pensaríamos à primeira vista. É o que fica patente na bela análise feita pela autora do filme *Lua de Fel*, cujo personagem principal, Oscar, "denega a paixão (amor), na medida em que ela implica admitir a dependência e a submissão a um outro". Para Stephen – o político inglês cuja história é narrada em *Perdas e Danos* – "a paixão se encontra em primeiro plano", e é para a realizar que ele "transgride as fronteiras da lei". Já Nigel, outro personagem de *Lua de Fel*, se mantém no limite das "pequenas desonestidades", na área do que Eliane chama de "dimensões mais comezinhas da perversão".

O cinema e a Psicanálise apresentam afinidades curiosas: foram inventados na mesma época – a primeira projeção dos Irmãos Lumière e os *Estudos sobre a Histeria* são de 1895 –, o sonho e o filme são ambos narrativas por imagens, os procedimentos de corte e edição assemelham-se bastante aos mecanismos do processo primário... Além disso, a análise dos personagens e das situações que vemos no cinema pode ser útil para ilustrar certos aspectos do funcionamento psíquico do ser humano.

É o que faz Eliane em seu livro: combinando informações de cunho psicanalítico a uma perspicaz análise dos filmes que escolheu, ela nos introduz às sutilezas da perversão, que não se reduz nem às taras sexuais nem à maldade pura e simples. "Estas ações", diz ela, "são brechas pelas quais a avassaladora paixão transborda para além do círculo das leis éticas".

Sustentado pela referência constante às cenas analisadas, e que acompanham a obra num CD-ROM, seu estudo comprova a tese proposta na "Introdução": a saber, que embora

---

[26] São Paulo, Escuta, 2005.

todos abriguemos em nosso inconsciente fantasias sexuais e agressivas, o que faz com que não nos transformemos em "molestadores, criminosos de guerra e *serial killers*" é bem mais sutil do que poderia parecer à primeira vista.

---

Não era o que pensava Freud no início da sua carreira: que saudade do tempo em que ele podia afirmar que "a neurose é o negativo da perversão"! A implicação, clara, era que o perverso atua aquilo que o neurótico reprime – versão moderna da frase de Sócrates na *República*, quando Platão o faz dizer que o homem bom apenas sonha com aquilo que o mau realiza em seus atos.

Cem anos de investigação psicanalítica mostraram que as perversões – no plural – derivam de constelações bastante primordiais na história de uma pessoa. Ao vê-las como integrando as possíveis respostas sexuais a dificuldades de organização no plano da subjetividade, e portanto ao deslocar o lugar da sexualidade (em certos casos) da condição de *primum movens* da vida psíquica para a de instrumento de defesa contra angústias arcaicas, Melanie Klein já havia apontado o caminho no qual se inscreve a coletânea organizada por Cassandra Pereira França – *Perversão: Variações Clínicas em Torno de uma Nota Só*[27].

Pois as perversões nos introduzem em algo mais do que práticas eróticas que podem ir do *kitsch* inocente a requintes de crueldade, do simplesmente bizarro ao desfrute do corpo e da mente de outrem sem seu consentimento – ou, o que é pior, sem que este tenha noção do que lhe está sendo feito.

Os textos reunidos pela organizadora exploram aspectos menos evidentes dos fenômenos perversos – sua relação com o princípio de realidade, por exemplo, por meio da manipulação

---

[27] São Paulo, Casa do Psicólogo, 2005.

do tempo, é lembrada em vários momentos. Do imaginário adolescente à pedofilia, do masoquismo e voyeurismo implícitos na *body art* à natureza complexa do objeto-fetiche ou ao questionamento da própria noção de *traumático*, os trabalhos dos diversos autores oferecem uma excelente ocasião para que reflitamos sobre questões que nos tocam, a todos e sem exceção, muito mais de perto do que gostaríamos de admitir.

Ainda no campo da psicopatologia, Cassandra Pereira França nos brinda com um livro que se destaca no panorama da literatura psicanalítica não apenas por sua qualidade, mas ainda por se basear em dados quantitativos: *Ejaculação Precoce e Disfunção Erétil: uma-Abordagem Psicanalítica*[28].

Conciliar uma pesquisa conduzida nos moldes habituais da Medicina com uma escuta freudiana? Tratar por meio dela – e com boas chances de sucesso – uma síndrome das mais rebeldes entre as que afetam a masculinidade? Tarefas impossíveis, dirão os céticos, dos dois lados da trincheira. E tome argumentos para lá e para cá, semelhantes aos que Bertolt Brecht coloca na boca dos sábios diante da luneta de Galileu: as luas de Júpiter não existem, porque não podem existir...

O livro de Cassandra mostra não apenas que elas existem, mas ainda desvenda as dimensões e os ritmos das suas órbitas. Traduzindo: a partir de extensa casuística, obtida graças às condições em que lhe foram encaminhados os pacientes, ela seleciona para análise aprofundada oito casos que ilustram diferentes aspectos tanto da impotência quanto da ejaculação precoce.

Além do cuidado com que é conduzida, o que torna essa pesquisa exemplar é a honestidade com que a autora revela os

---

[28] São Paulo, Casa do Psicólogo, 2001.

FIGURAS DA TEORIA PSICANALÍTICA

bastidores do seu trabalho. Com efeito, o estudo da dinâmica destes casos, dos tipos específicos de resistência e da provável organização defensiva a conduz à reconsideração da proposta nosográfica com a qual vinha trabalhando, ela mesma construída com base numa sistematização utilíssima da literatura médica e psicanalítica já produzida sobre esses temas.

O narcisismo surge então como conceito norteador para uma nosografia mais sutil, e seus destinos se revelam essenciais tanto para compor o quadro psicopatológico quanto para permitir algum prognóstico.

Defendida como doutorado em Psicologia na PUC/SP, a investigação é enriquecida com uma série de quadros e tabelas que revelam a preocupação pedagógica da autora: além dos leitores especializados – médicos, psicólogos e psicanalistas – Cassandra quer se dirigir aos estudantes e ao público em geral, já que a incidência dos problemas aqui estudados é bem maior do que se costuma imaginar.

Construindo uma ponte muito necessária entre médicos e psicoterapeutas, seu livro é uma bem-vinda contribuição ao esclarecimento das disfunções eréteis, que – além de teoricamente intrincadas, e clinicamente difíceis de lidar – produzem naqueles que acometem muita angústia e muita dor.

Dos problemas masculinos para os enigmas da feminilidade, abordados por Danièle Brun em *Figurações do Feminino*[29], o salto não é grande – e certamente não consiste em que os primeiros sejam mais simples que os segundos, em que pese a opinião de Freud: sua famosa pergunta a Lou Andréas-Salomé – *was will das Weib*, o que quer uma mulher? – poderia

---

[29] São Paulo, Escuta, 1989.

igualmente ser transposta para o (curiosamente...) chamado "sexo forte".

Os artigos traduzidos por Martha Prada e Silva fazem parte de uma coletânea publicada na França sob o título *La maternité et le féminin* (Paris, Denoël, 1990). São momentos de uma interrogação que se desdobra em diferentes planos; interrogação fecunda, pelo que testemunha de inteligência e de originalidade, e pelo que tem de exemplar sem em momento algum se propor como modelo: convite a pensar, sem pressa mas sem concessões, aquilo que na experiência analítica se apresenta muitas vezes como impasse e como perplexidade.

Para o leitor brasileiro, esses trabalhos têm a virtude suplementar de oferecer acesso a um tipo de pensamento pouco frequente entre nós[30]. Danièle se expressa numa linguagem clara e elegante, a léguas da verborragia esotérica que tantas vezes oculta a ausência de conteúdo, e a quilômetros da aflitiva platitude que, querendo-se próxima da experiência, na verdade denuncia a incapacidade de se servir dela para construir um pensamento. Os fragmentos clínicos que relata, numerosos e por vezes comoventes, dão margem à construção de problemas para cuja resolução ela recorre à teoria, sem fetichizar nem os conceitos nem a "experiência" supostamente inefável. É esta qualidade, estofo de qualquer contribuição significativa à disciplina freudiana, que torna tão atraentes as suas reflexões; qualidade rara, é preciso dizê-lo, e da qual a literatura analítica anda tão necessitada.

Neste percurso, a autora dialoga constantemente com Freud. As ideias do mestre de Viena sobre a feminilidade talvez sejam, no corpo de sua obra, as que mais impropérios e menos *atenção*

---

[30] Esta afirmação, válida em 1989, teria de ser modificada hoje (2010): por uma série de razões que não vêm ao caso, o contato dos analistas brasileiros com a Psicanálise francesa se tornou muito mais intenso e frequente.

mereceram até hoje. Da defesa reativa de seus pontos de vista, concebidos como epifanias da verdade, às acusações de chauvinismo machista ou de intolerância vitoriana, a abundância de comentários sobre esse aspecto do seu pensamento deu margem a inúmeros absurdos e tolices, quando não a projeções raivosas ou a declarações enfáticas quanto à necessidade de o "superar".

Danièle não faz nada disso; interroga pacientemente sua experiência e suas leituras, tomando o fundador da Psicanálise não como oráculo, não como adversário, mas como *interlocutor*. Deste diálogo surgem as hipóteses que propõe, sempre precisa no emprego dos conceitos e cuidadosa na apreensão dos limites a que se sujeita toda proposição teórica. Pois, sem a consciência de que uma teoria só vale pelo seu valor de elucidação do campo a que se refere, o pensamento resvala para o argumento de autoridade, forma tão frequente do desejo de reduzir o outro ao silêncio.

O que vemos nestas páginas, ao contrário, é uma psicanalista que ouve com paciência o que lhe dizem as pessoas e os textos, que se detém na opacidade translúcida do discurso e na sua potência de revelar obliquamente as facetas mudas da experiência: são as eloquentes "vozes do silêncio", às quais Danièle empresta um ouvido generoso e atento. Silêncio que formiga de palavras, em cujos interstícios se desenha uma geometria de afetos e de representações: tentar desvendar o que nela se exprime é a tarefa da "escuta pensante" do analista. É disso que se fazem as psicanálises, e a Psicanálise.

Para isso, Danièle toma como ponto de referência as questões do feminino, ou como diz o título do livro, as "figurações do feminino". Estas podem ser discernidas na bissexualidade psíquica, na diferença dos sexos, nas fantasias de maternidade de homens e mulheres, nos trajetos teóricos que Freud percorreu, nos embaraços e aporias da transferência; mais até que figurações, são *fulgurações*, que às vezes se desdobram nas nervuras do discurso, e às vezes se contraem no ricto doloroso da sua própria negação.

220

Na apresentação que redigiu para o público brasileiro, a autora expõe os principais eixos de organização da coletânea. O leitor que a quiser acompanhar em seu trajeto encontrará uma palavra ao mesmo tempo firme e doce, serena e estimulante, ousada e acolhedora: sem sombra de dúvida, este livro merece que lhe permitamos fazer em nós o seu caminho.

Como chamar o que faz o analista quando se debruça sobre fenômenos exteriores ao tratamento *stricto sensu?* "Psicanálise *extra muros*" (Laplanche), "clínica em extensão" (Fabio Hermann), "clínica do social" (título de uma coletânea da Editora Escuta)... Freud falava, sem muitos pruridos, em *angewandte Psychoanalyse* (Psicanálise aplicada). Embora o termo tenha acabado por se tornar quase pejorativo, ele e seus primeiros discípulos atribuíam grande importância a esse tipo de escritos, tanto que para os divulgar criaram um periódico especial (*Imago – Zeitschrift für angewandte Psychoanalyse*, "revista de Psicanálise aplicada"), e o confiaram à direção de Otto Rank.

Quer seja designada por este ou por aquele nome, a análise de obras de ficção, de pinturas e esculturas, de rituais religiosos e de outras produções culturais tinha então (e continua a ter) um duplo objetivo: compreender os mecanismos da criação e seus vínculos com o inconsciente, e também demonstrar que os mesmos processos psíquicos atuam tanto nos "neuróticos" quanto nos indivíduos "normais", fossem de carne e osso ou fruto da imaginação artística.

É nesta venerável tradição que se inscreve o livro do Dr. Antonio Pacheco e Silva Filho, *Cinema e Literatura: Estrutura Emocional de Alguns Criadores e suas Obras*[31]. O interesse do autor

---

[31] São Paulo, Casa do Psicólogo, 2004.

# FIGURAS DA TEORIA PSICANALÍTICA

pelo cinema, pela literatura, pela ópera e pelo teatro o levou a se debruçar sobre muitos exemplos em cada um destes gêneros. Publicadas em jornais e revistas, suas reflexões acabam por formar uma excelente introdução à Psicanálise: são tão variados os personagens e as situações, que o estudante poderá se inteirar de muitos aspectos do funcionamento mental, assim como de diversos quadros psicopatológicos. De quebra, ainda ganhará uma apresentação didática dos principais conceitos com os quais opera o autor, colocada logo no início do livro à guisa de introdução.

Um belo passeio pelo que há de melhor na tradição ocidental, de Balzac a Fellini, de Machado de Assis a Polanski, de Sherlock Holmes a Romeu e Julieta: aperte o cinto de segurança, caro leitor, e deixe-se conduzir por essas pitorescas trilhas e paisagens.

Desde o tempo de Freud, os psicanalistas espiam a literatura com admiração e com ambição. Admiração pelo encantamento que o ficcionista é capaz de suscitar, pela engenhosidade com que constrói sua trama de palavras; ambição de desvendar os mecanismos pelos quais produz suas obras, de compreender por quais vias o "efeito literário" desperta emoções e identificações no leitor. Freud mesmo dizia que tinha aprendido mais sobre a alma humana com Shakespeare, Goethe e Cervantes que com os psiquiatras do seu tempo. Assim, como *modelo* ou como *objeto*, a literatura há muito brilha no horizonte da Psicanálise.

Por outro lado, métodos de abordagem que uma vez foram originais tornaram-se, com o correr dos anos, desgastados e repetitivos. Às vezes, o *furor interpretandi* levou a um esquematismo excessivo, ou à "descoberta" precisamente daquilo que a teoria projetava – é o caso de dizer – no texto. Criou-se assim um impasse: a literatura continua a atiçar o interesse analítico, mas este não pode mais se exercer com a ingenuidade dos tempos heroicos.

A originalidade de *À Escuta de Clarice Lispector*, de Dany Al-Behy Kanaan[32], está em escapar deste impasse através de uma "leitura clínica", de uma verdadeira *escuta* do processo de subjetivação da romancista e contista brasileira, tal como transparece nos movimentos de construção da sua escrita. O emprego da referência bíblica torna esta via ainda mais original, e o resultado é um livro sensível, erudito sem ser pedante, ousado sem ser temerário: uma ótima introdução ao universo clariceano, e além disso uma demonstração de que os instrumentos da Psicanálise, quando usados com critério, podem ser sutis e precisos. Quem o quiser acompanhar nessa viagem só terá a ganhar.

 

Sabe-se que, com Moisés, Freud travou um diálogo incessante. Muitos já se debruçaram sobre as questões nele implicadas, como a relação com seu pai, com o judaísmo e com o movimento psicanalítico, do qual ele próprio era o "profeta". E sem dúvida desperta interesse o fato de ter dedicado os últimos anos de seu trabalho à difícil redação de *O Homem Moisés e a Religião Monoteísta*.

Nesse debate, que já dura décadas, Daniel Delouya intervém com um livro destinado a suscitar polêmica: *Entre Moisés e Freud: Tratados de Origens e de Desilusão do Destino*[33]. Profundo conhecedor da tradição judaica e da literatura psicanalítica, investigador talentoso e firme na defesa de suas posições, ele nos oferece aqui o fruto de suas pesquisas sobre diversos temas interligados: a relação entre Psicanálise e judaísmo, a

---

[32] São Paulo, Limiar, 2003.
[33] São Paulo, Via Lettera/FAPESP, 2000.

identidade judaica, as diferenças entre as religiões hebraica e cristã, e outros mais.

Para Daniel, judaísmo e Psicanálise têm em comum a recusa da satisfação pulsional ilimitada, um "não" fundador que as estrutura e determina suas respectivas características. Esta tese, original, é defendida com vigor e com erudição invejáveis; a ela se acrescenta um detido exame da significação do *Moisés* para a teoria e para a prática psicanalíticas.

A clareza da exposição, a argumentação sutil e o amplo espectro das referências tornam este livro indispensável para todos os que se interessam pela Psicanálise, pela história das religiões e pelo sentido das práticas sociais e culturais. Que bela estreia!

O último livro que comentaremos aqui – *Desejo de Deus – Diálogo entre Psicanálise e Fé*[34], de Juan Carlos Droguett – toma outra direção. Apesar de ateu convicto, Freud se interessou muito pela religião, e dedicou a ela importantes ensaios – além do *Moisés*, também "Caráter e Erotismo Anal", *Totem e Tabu* e *O Futuro de Uma Ilusão*. Sua posição é bem conhecida: a religião não é um erro, mas uma *ilusão*, e sua fonte é em última análise o desamparo infantil, que conduz à ideia de um Deus capaz de nos confortar e proteger.

Com semelhante visão das coisas, argumenta Droguett, não é de admirar que jamais tenha havido um verdadeiro diálogo entre Psicanálise e religião. Anátema de um lado – a disciplina freudiana como instrumento de corrosão da moral e da fé – e desqualificação do outro – a religião como adversária da emancipação humana: eis os dois eixos em torno dos quais se articularam desconfiança e rejeição recíprocas.

---

[34] Petrópolis, Vozes, 2000.

A importância do livro deste psicanalista e ex-beneditino está em tentar superar tal fosso sem sacrificar nem a vitalidade da experiência religiosa nem o conhecimento da alma humana proporcionado pela Psicanálise. Esta, sustenta ele, está bem equipada para compreender o aspecto subjetivo da experiência do sagrado, que é essencialmente afetiva e emocional. Mas nada a autoriza a se pronunciar sobre o aspecto "objetivo" da religião, isto é, a afirmação da transcendência, e da possibilidade aberta ao ser humano de com ela se relacionar.

Assim, toma a sério o "desafio freudiano" em várias dimensões – que vão sendo explicitadas ao longo do texto – para dele extrair "caminhos para uma nova concepção da fé", que incorpore o que esta tem de inquietante, de desestabilizador, de exigente – e não só o aspecto associado à certeza ingênua, que se recusa a questionar e a aprofundar a vivência propriamente religiosa.

Dirigido a analistas e a todos os que se interessam pelo fenômeno da fé – ministros, leigos, crentes, estudiosos das disciplinas humanísticas – o livro de Juan Carlos Droguett vai fundo no exame da experiência religiosa, sem temer que o desvendamento das suas origens afetivas conspurque a profundidade do seu alcance. Pelo contrário, sua tese – provocativa, mas bem argumentada – é que deste exame ela sai mais forte e mais lúcida. O público julgará.

***

Proponho-lhe agora, caro leitor, uma espécie de jogo: tome as notas que acaba de ler como se fossem vidrinhos de um caleidoscópio. A sequência em que as apresentei forma um desenho, certo? Volte a elas, mas percorrendo-as ao sabor da fantasia do momento: verá se formarem novas figuras, que, espero, lhe sugerirão correspondências, afinidades, contrastes – em suma, ideias.

Talvez algum dos livros aqui comentados desperte a sua curiosidade, ou se encaixe em uma pesquisa que você esteja fazendo. A leitura dele o fará vibrar em consonância com o seu próprio universo de interesses; nesse movimento, certas "peças" serão deslocadas para caber num novo arranjo, assim como outras, que já faziam parte do seu repertório. O caleidoscópio analítico tem essa vantagem: é indefinidamente extensível!

# HOMENAGEM A CONRAD STEIN

Conheci Conrad Stein antes de o encontrar pessoalmente, na época já distante em que redigia minha tese de mestrado em Filosofia. O tema do trabalho – a obra de Freud – discrepava um tanto do habitual, já que os pós-graduandos costumavam escolher autores como Kant, Descartes ou Hobbes. Isso foi em 1976; desde então, o panorama se modificou consideravelmente, e muitos bons textos sobre Freud foram apresentados em diversas Universidades brasileiras, seja na área de Psicologia, seja na de Filosofia.

Tinha tropeçado em alguma dificuldade da qual já não me recordo; minha orientadora, Marilena Chauí, me emprestou então seu exemplar de *L'Enfant Imaginaire*. As margens estavam cobertas de notas – "é mesmo!", "como isso é verdadeiro!", "o senhor não sabe como tem razão!" Inúmeras passagens estavam sublinhadas, pontos de exclamação se alinhavam ao lado de outros parágrafos – era evidente que a leitora tinha deixado ali as marcas de um diálogo com o autor que ia muito mais longe que o simples assinalamento de um trecho ou página particularmente interessante.

Fiquei curioso: quem poderia ser este senhor, capaz de provocar tal emoção em quem o lia? É certo que, como na época ainda não tinha começado uma análise pessoal, não tinha como atinar com o sentido propriamente analítico do que Stein escrevera no seu livro. Por isso, ele não me provocou a mesma reação apaixonada que na professora, que, mais tarde, me contou que o lera (assim como o que eu lhe apresentava para corrigir) "do divã, e não da mesa de trabalho". Só muito depois é que vim a entender o que ela queria indicar: que essas leituras a tocavam de perto, porque por um motivo ou outro acabavam fazendo parte da sua análise pessoal.

Em todo caso, surgiu em mim o desejo de conhecer a pessoa que conseguia mobilizar a este ponto alguém que eu admirava muito, e que mesmo décadas depois continua a ser para mim um modelo de integridade pessoal e de brilho intelectual.

Pouco depois de defender meu mestrado, parti para Paris como bolsista do governo francês. Meu projeto de doutorado era ainda Freud, desta vez sob o ângulo de sua teoria da cultura. Foi lá que pude começar uma análise e me aprofundar no estudo da disciplina freudiana, então em plena efervescência às margens do Sena. Como apontei em outros textos deste volume, vinte anos de revolução lacaniana a tinham tornado parte integrante do panorama cultural francês, algo bem diferente do que, na época, era o caso em nosso país.

Um dia, tomei coragem e procurei na lista telefônica o número de Stein. Gentilmente, ele me disse para ir vê-lo, o que fiz com uma certa inquietação: a situação financeira de bolsista dificilmente me permitiria iniciar um trabalho com ele, pensava enquanto o metrô percorria as estações. Stein morava perto dos Champs Élysées, num bairro elegante (o *seizième arrondissement*); enquanto fazia a pé os dois quarteirões que separam a Étoile da Avenue Victor Hugo, meu coração desceu para o estômago – bastava olhar os prédios para ver que uma sessão com ele custaria muito mais do que eu poderia pagar...[1] Pensei em fazer

---

[1] Bem depois, vim a me dar conta de que minhas apreensões se deviam menos a questões econômicas que à sensação de estar penetrando onde não devia: algum laço unia, em minha imaginação, as figuras de Stein e de Marilena.

Homenagem a Conrad Stein

meia-volta, mas continuei, e logo depois de uma florista lá estava a "Villa d'Eylau", um conjunto de casas altas protegido por uma grade. Respirei fundo e toquei a campainha.

Foi um encontro memorável. A acolhida discretamente calorosa me pôs à vontade; falei de mim, de minhas inquietações, de um vago desejo de me tornar analista, do projeto de tese... Stein me indicou alguns nomes de analistas, convidou-me a frequentar seu seminário no Instituto da Rue Saint-Jacques, e me deu várias informações importantes para que me orientasse na paisagem freudiana de Paris. Assim começou uma relação que se consolidou ao longo dos anos: fui várias vezes à sua casa, de início em ocasiões mais formais ou sociais, depois para longas conversas, e, após meu retorno ao Brasil, duas ou três vezes como hóspede para estadias mais prolongadas.

Tornei-me colaborador da revista que ele editava – *Études Freudiennes* – e para ela escrevi diversas resenhas e artigos, atualmente disponíveis em português na coletânea *A Vingança da Esfinge*[2]. Em 1988, por minha iniciativa, o Departamento de Psicanálise do Intituto Sedes Sapientiae o convidou para um seminário temático de quinze dias, que teve ampla repercussão. Nessa ocasião, foi lançada pela Editora Escuta uma coletânea de seus trabalhos; posteriormente, encarreguei-me da revisão técnica da tradução de *As Erínias de uma Mãe*.

A finalidade de reproduzir aqui os prefácios que redigi para os dois livros é apresentar a uma nova geração de analistas brasileiros um pensamento que – trinta e tantos anos depois de o descobrir no livro que Marilena me emprestou – continua a me parecer dos mais instigantes. Se, assim como ocorreu com ela e comigo, o leitor se sentir mobilizado por ele, essa homenagem a um professor querido e por cuja generosidade

---

[2] Originalmente publicada pela Brasiliense em 1988; uma nova edição saiu em 2004, pela Casa do Psicólogo.

FIGURAS DA TEORIA PSICANALÍTICA

para comigo me sinto profundamente grato terá alcançado seu objetivo.

## Prefácio para *O Psicanalista e seu ofício*[3]

Apresentar ao público de língua portuguesa um autor como Conrad Stein, até hoje inédito em nosso idioma, é para mim um prazer e uma honra. Uma honra, porque se trata sem dúvida de um pensador original, cuja obra representa uma das mais importantes contribuições realizadas à Psicanálise desde a morte de Freud; um prazer, porque Stein sabe unir em seus escritos a profundidade do pensamento à limpidez do estilo, o que os torna uma bem-vinda exceção à aridez e à platitude da literatura psicanalítica habitual.

No prefácio à coletânea *La Mort d'Oedipe*, o próprio Stein retraça alguns dos principais momentos de sua evolução como psicanalista. Ele pertence à geração dos que se iniciaram na Psicanálise ao redor de 1950, momento dos mais fecundos na história do movimento freudiano, em particular na França. Era a época em que, após os desastres da guerra, procurava-se reorganizar o instituto de formação e consolidar a implantação da Psicanálise naquele país, então ainda recente (iniciara-se de verdade somente nos anos trinta).

Pouco depois, a cisão de 1953 daria origem à *Société Française de Psychanalyse*, na qual se destacariam os seminários de Lacan e de Lagache, e entre cujos alunos se contavam

---

[3] São Paulo, Escuta, 1988. Os textos de Stein mencionados no prefácio encontram-se na coletânea, exceto quando expressamente indicado em contrário. Ela será indicada a seguir pelas iniciais *PSO*.

230

naquele momento Laplanche, Pontalis, Granoff, Leclaire, Octave Mannoni, Didier Anzieu, e tantos outros. Stein não aderiu à nova sociedade, mas isto não o impediu de estar em contato com a renovação do pensamento psicanalítico, que aliás, sob o efeito da emulação, se processava igualmente no agrupamento mais antigo, a *Société Psychanalytique de Paris* (Diatkine, Lebovici, André Green, Michel Fain, Michel Neyraut...).

Sua formação transcorre, portanto, numa época de efervescência intelectual, que por outro lado se buscava conter por meio de cânones rígidos no âmbito institucional; assim, passou pela análise didática (duas vezes), pelas supervisões obrigatórias, pelos seminários ditos teóricos. Em 1959, quando dá sua primeira conferência como analista titular, obtém um "franco sucesso"; consideravam-no então um "bom rapaz", um jovem promissor.

Em 1960, Henry Ey convidou os analistas das duas sociedades para um colóquio em Bonneval, sobre o tema do inconsciente. As contribuições a este simpósio foram publicadas em 1964; Lacan apresentou ali seu texto sobre a "Posição do Inconsciente"[4], Leclaire e Laplanche o estudo sobre "O Inconsciente"[5], e o jovem Stein um trabalho intitulado "Linguagem e Inconsciente"[6], que demonstra uma frequentação ao mesmo tempo atenta e crítica do pensamento de Lacan.

No ano seguinte, dá início a um seminário de "antropologia psicanalítica", dedicado à leitura de *Totem e Tabu* e aberto a não analistas, o que era na época uma novidade considerável na SPP (Stein se refere a este seminário no artigo "Sobre o Ensino da Psicanálise", incluído na presente coletânea). Apesar da

---

[4] *Écrits*, Paris, Editions du Seuil, 1966.
[5] Republicado em *Problématiques IV*, Paris, PUF, 1981.
[6] Republicado em *La Mort d'Oedipe*, Paris, Donöel-Gonthier, 1977; não incluído em *PSO*.

FIGURAS DA TEORIA PSICANALÍTICA

tempestade provocada por sua segunda conferência – à qual alude no Prefácio de *La Mort d'Oedipe* – seu trabalho teórico parecia inscrever-se sem grande dificuldade no contexto da instituição a que pertencia, tanto mais que o estruturalismo era a tendência dominante nas ciências humanas francesas, embora não na Psicanálise.

Chegou mesmo a começar um livro, a partir das reflexões do seminário, mas o interrompeu em setembro de 1963, quando ocorre o que costuma chamar sua "crise": a percepção de que, apesar da formação estritamente regular a que se submetera, os mecanismos do trabalho que realizava como psicanalista permaneciam opacos para ele.

É então que seu interesse se volta para o *opus magnum* de Freud. A leitura e o comentário da *Interpretação dos Sonhos* ocuparão os anos seguintes do seminário, resultando numa série de "fragmentos" em parte publicados e em parte inéditos[7]. Paralelamente, a reflexão sobre o processo analítico, sobre seus determinantes e sobre os obstáculos que encontra vem a se cristalizar em *L'Enfant Imaginaire*, publicado em 1971 – uma obra profundamente original em sua maneira de conceber o processo psicanalítico, e que, espero, merecerá em breve uma tradução para o português. Durante esta mesma década de 1960, Stein escreve diversos outros artigos, em especial sobre a formação e sobre a participação fundamental da autoanálise do analista na condução de seu trabalho com os pacientes. Esses textos, que ele situa "à margem de *L'Enfant Imaginaire*", foram posteriormente reunidos em *La Mort d'Oedipe*, que veio à luz em 1977.

O traço mais marcante do modo de pensar de Stein, e que o singulariza no panorama psicanalítico francês, é a utilização sistemática e intensiva dos frutos de sua autoanálise – ou, como virá a dizer mais tarde, de sua "própria e interminável

---

[7] Ver, no final de *PSO*, uma lista dos trabalhos de Stein.

psicanálise" – para a elucidação das questões teóricas com que se defronta. Não despreza a reflexão nem a teoria, mas considera que o caráter propriamente psicanalítico de uma hipótese ou de um conceito está menos em seu teor manifesto que na maneira pela qual esse conhecimento é alcançado, a qual é idêntica ao trabalho de construção na análise pessoal.

Falar de si não resulta, assim, de um capricho ou de um modismo, mas da sua concepção do que é, em essência, a tarefa do psicanalista: uma imitação de Freud, porém imitação que redescobre, a cada passo e da maneira mais singular, aquilo que ele foi o primeiro a descobrir. Ora, segundo Stein o essencial daquilo que Freud nos legou foi atingido graças à autoanálise: é nesta óptica que vai ler *A Interpretação dos Sonhos*, e de modo geral a totalidade da obra freudiana.

Isto não significa, é claro, que se limite a repetir os dizeres do fundador; em muitos pontos, suas ideias se afastam do texto manifesto de Freud (ver, por exemplo, os estudos "Sobre a Escrita de Freud" e "Psicanálise Aplicada, Psicanálise Médica"). O leitor terá ocasião de verificar na coletânea o que envolve essa imitação original de um percurso original: aposta arriscada, que no entanto o autor considera a única via possível para uma Psicanálise autêntica. Esta deve, diz ele, evitar dois escolhos perigosos: o de se imaginar como aplicação técnica de um saber já constituído, e o de aderir a propósitos práticos, em particular os de querer curar o paciente e o de querer garantir a transmissão da essência da arte durante a chamada análise didática do futuro analista, ou durante as sessões de supervisão.

O teor aparentemente escandaloso destas ideias já seria suficiente para despertar a curiosidade; elas não implicam, porém, que Stein se desinteresse do que denomina o "progresso da análise" de seus pacientes, nem das questões atinentes à transmissão. Implicam, isto sim, uma crítica cerrada do óbvio e do já sedimentado na tradição freudiana, crítica que se mantém

# FIGURAS DA TEORIA PSICANALÍTICA

permanentemente atenta à insidiosa infiltração do senso comum no pensamento analítico.

Tal atitude conduz nosso autor a um estilo de escrita ao mesmo tempo sereno e levemente irônico, muitas vezes denso, sempre surpreendente: há certos temas que retornam ao longo de seus trabalhos, para ser novamente interrogados a partir de um ângulo novo e dos resultados da construção a que procede na sua própria análise. O principal deles é o da "criança sempre viva com seus impulsos", cuja descoberta (através de seus avatares) e cuja construção interminável formam,' segundo Stein, o essencial de um tratamento analítico.

A este tópico agrega-se o da transferência, em particular as do analista sobre seu paciente, sobre seu próprio analista (atual ou passado), sobre Freud enquanto fundador da arte, sobre o supervisor, sobre a instituição a que pertence formal ou informalmente, sobre a própria Psicanálise. É a essas problemáticas cardeais que responde o privilégio conferido por Stein ao "sonho da criança que arde", com o qual Freud abre o capítulo VII da *Interpretação dos Sonhos*. Estas poucas linhas o impressionaram profundamente, e ele retorna a elas em vários de seus escritos. Outras questões também funcionam servem de *Leitmotiv* ao seu pensamento, entre as quais as da sedução, da feminilidade, do poder e da culpabilidade do psicanalista, e sobretudo a da resistência à Psicanálise, entre cujos inúmeros disfarces se contam as ilusões da pseudocientificidade.

Frente a uma obra tão vasta e variada, sempre original e estimulante, a tarefa do editor é das mais árduas. Coube-me selecionar os artigos que compõem o presente volume; gostaria de expor brevemente os critérios que me guiaram nesta escolha.

Conrad Stein publicou, até o momento[8], três livros: *L'Enfant Imaginaire, La Mort d'Oedipe* e *Aussi, je vous aime bien*, este último uma coleção de cartas aos participantes do seminário escritas durante a década de 1970 e editada em 1978. A isto se somam cerca de quinze artigos, publicados nas revistas *L'Inconscient*, que dirigiu com Piera Aulagnier em 1967/1968, *Études Freudiennes*, que dirige desde 1969, na *Revue Française de Psychanalyse*, e em *Psychanalyse à l'Université*, cujo diretor é Jean Laplanche. Outros trabalhos permanecem inéditos, ou apenas esboçados, como o comentário à *Interpretação dos Sonhos*, uma série de conferências dadas ao grupo *Confrontation* e intitulada *As Erínias de uma mãe*[9].

Diante disso, optei por não extrair nada de *L'Enfant Imaginaire*, aguardando sua tradução integral para o português, e limitei-me aos artigos já publicados em revistas ou nas duas coletâneas mencionadas.

De *La Mort d'Oedipe*, conservei os textos que dizem respeito à formação do psicanalista e ao trabalho clínico propriamente dito, isto é, aqueles que melhor me parecerem ilustrar as concepções de Stein sobre a natureza da Psicanálise. Estas, é claro, evoluíram no decorrer dos anos; daí a apresentação dos artigos em ordem cronológica, visando a facilitar o acompanhamento das modificações, por vezes importantes, a que o autor submeteu suas ideias. O Prefácio dessa coletânea, texto autobiográfico e de autocrítica, e que além disso introduz uma nova elaboração da figura materna, tampouco poderia ser deixado de lado.

De *Aussi, je vous aime bien*, escolhi três textos que deixam patente o trabalho de "sua própria análise"; as referências que contêm acerca do trajeto percorrido são facilmente compreensíveis pelo contexto.

---

[8] 1988.

[9] Estas foram publicadas em 1987 (Quimper, Ed. Calligrammes), e traduzidas para o português no mesmo ano.

FIGURAS DA TEORIA PSICANALÍTICA

Da produção mais recente de Stein, incluí três trabalhos que dizem respeito às suas preocupações atuais, em especial quanto às transferências do analista. Também julguei oportuno oferecer ao leitor brasileiro um fragmento do comentário à *Interpretação dos Sonhos*, já que o método de leitura que aí encontramos é digno da maior atenção; de mais a mais, os resultados obtidos por esta interpretação crítica do livro de Freud foram decisivos para a constituição das posições do próprio Stein.

O leitor tem em mãos, assim, uma amostra do que me parece ser uma das reflexões mais importantes e rigorosas da Psicanálise contemporânea. A leitura deste livro, gostaria de acrescentar, não o deixará indiferente; Conrad Stein é destes autores que, com engenho e arte, sabem seduzir quem com ele se aventura no caminho do pensamento. Bastaria dizer que, contrariamente à maioria dos psicanalistas franceses, tem a coragem de falar de seu trabalho com clareza e com gosto; o que nos oferece é uma autêntica lição de Psicanálise, perspicaz, criativa e por vezes comovente.

Stein poderia reivindicar para si aquilo que uma paciente lhe disse certo dia: *"Je ne veux pas que vous restiez intact de moi"*, não quero que você passe ileso por mim. No que me concerne, eu não passei; ao incumbir-me da edição deste livro, quis partilhar com outros o encanto e a emoção que a leitura destes ensaios não deixou de me suscitar. Que o leitor também possa servir-se deles para alimentar sua própria reflexão, para questionar sua prática psicanalítica, ou simplesmente para ter o prazer de descobrir algo novo.

## Prefácio para *As Erínias de uma mãe*

*As Erínias de uma Mãe: Ensaios sobre o Ódio*[10] é o segundo livro de Conrad Stein a ser editado em português, dando sequência ao

---

[10] São Paulo, Escuta, 1988.

movimento iniciado com *O Psicanalista e seu Ofício*. Nele o leitor encontrará – ou, quem sabe, reencontrará – as mesmas qualidades que conferem ao primeiro um interesse considerável: a ausência de pretensão e de arrogância, a densidade do pensamento, a clareza levemente irônica do estilo e a admirável capacidade de jamais tomar por "óbvio" o que se passa numa análise.

Pois, ao longo deste século de existência da Psicanálise, sedimentou-se algo a que bem podemos denominar "bom senso analítico"; bom senso do qual, como dizia Descartes do outro, cada um se estima provido em quantidade suficiente, e não deseja em absoluto ter mais do que já possui. Ele nos conduz a não mais nos espantar frente àquilo que, para todos nós, constitui o instrumento privilegiado de trabalho: a situação analítica e os processos que nela se desencadeiam. "Transferência", "resistência", "projeção", "interpretação", "livre associação", vêm assim a constituir insidiosamente o esperado, o já conhecido, aquilo sobre o que cada analista dispõe de uma teoria relativamente consolidada, e isto quer tal teoria lhe seja própria ou lhe venha de uma escola à qual adere, quer seja para ele explicitamente formulada ou permaneça num estado, digamos, pré-consciente.

Quando as coisas chegam a este ponto, não é exagerado dizer que o analista se coloca numa situação próxima à da resistência contra a Psicanálise. A meu ver, o interesse dos trabalhos de Conrad Stein reside em sua aparente ingenuidade, na posição de constante reinterrogação dos processos que se estabelecem no decorrer de um tratamento clássico. De onde provém uma sensação que, acredito, muitos leitores não deixarão de experimentar: a curiosa impressão de que as ideias dele exprimem algo sobejamente conhecido e ao mesmo tempo bastante inédito. Pois se aquilo de que nos fala se passa todos os dias em nossos consultórios, o ângulo de abordagem destes fenômenos é em seus textos frequentemente inusitado, como se um amigo cujo rosto conhecemos bem nos aparecesse um dia de óculos, sem barba e queimado de sol.

Nas conferências aqui reunidas, essas qualidades se encontram a cada página. Stein aborda um problema espinhoso: o ódio profundo que cada indivíduo humano dedica a si mesmo, e que constitui um dos fatores que mais solidamente sustentam a resistência contra a análise. Esse ódio não se confunde com a agressividade, com a hostilidade ou com a violência: é encarnado pelas Erínias, as figuras mitológicas do remorso, e funda o vínculo indestrutível que une um filho à sua mãe (e, é claro, uma filha também).

Partindo do estudo de uma "fantasia interpretativa" – uma produção do seu imaginário na qual Freud é identificado à Esfinge – Stein desenvolve uma argumentação que o conduz a examinar as origens conflitivas da teorização psicanalítica, a gênese e o sentido do conceito de *superego*, os problemas da contratransferência, e uma série de outras questões de importância crucial para o trabalho analítico.

O último capítulo – "O Bebê Sábio segundo Ferenczi" – retoma o exame, que Stein foi na França um dos primeiros a propor, de algumas ideias deste discípulo de Freud, o *enfant terrible* da Psicanálise. Ferenczi está hoje em moda, depois de um ostracismo de quase cinquenta anos. Neste interesse renovado por sua obra, há paixão e reticência, curiosidade e respeito, animosidade e rancor. Ferenczi se colocou questões que ainda hoje permanecem no centro dos nossos debates, concernentes à especificidade da situação analítica, por um lado, e por outro à metapsicologia do funcionamento psíquico do analista. Uma de suas criações alegorico-teóricas foi a figura sombria do "Bebê Sábio", da qual Stein se serve para reabrir um tema fundamental: a paixão pedagógica do psicanalista, sinônimo de sua paixão terapêutica, que constitui ao mesmo tempo um impasse e uma exigência velada do trabalho analítico.

Homenagem a Conrad Stein

Não há interesse em resumir aqui o caminho do autor, cujos traços estão visíveis nas conferências que se vão ler. Mas há interesse, e muito, em seguir atentamente este caminho, em descobrir em sua companhia algumas das perspectivas mais intrigantes e menos evidentes da situação analítica. O rigor do pensamento não é inimigo da sensibilidade clínica, como querem alguns, nem da exposição clara e elegante do seu andamento, como pretendem outros; eis algo de que, no contexto atual da Psicanálise brasileira, a oportuna publicação deste pequeno livro vem nos relembrar.

Que sua leitura seja fonte de momentos de prazer, bem como de questionamentos fecundos, para todos aqueles que a ela quiserem se dedicar.

# NARCISO E SEUS ESPELHOS

Alguns dos livros que tive ocasião de prefaciar nos últimos anos – como se verá abaixo, tratando de assuntos na aparência bastante variados – têm uma característica comum: no decorrer da argumentação, os autores acabam se deparando com uma ou outra das inúmeras manifestações do narcisismo. Sem entrar na discussão de um conceito tão central para a nossa disciplina – para o que este não é o momento adequado – quis aqui agrupar cinco textos sobre obras nas quais ele desempenha papel de relevo. O título é tomado do que escrevi para o livro de Lucia Barbero Fuks, que por isso abre a série.

Apresentar os trabalhos de Lucia Barbero Fuks, agora reunidos na coletânea *Narcisismo e vínculos*[1], é para mim uma incumbência particularmente grata: há vinte e seis anos convivemos no Instituto Sedes Sapientiae, e – por uma dessas coincidências da vida – foi para a substituir que no segundo semestre de 1981 comecei a lecionar no Curso de Psicanálise. Lembro-me bem dela, já no final de uma gestação, sentada na

---

[1] São Paulo, Casa do Psicólogo, 2008.

primeira fila e acompanhando com um misto de curiosidade e apreensão o que aquele jovem professor chegado há pouco da França ia dizendo aos "seus" alunos. Devo ter passado no teste, pois na semana seguinte ela não veio mais: com a elegância discreta que a caracteriza, a carteira vazia indicava que eu passara a gozar da sua confiança.

O percurso que a trouxe até o Sedes não foi isento de turbulências. Nascida numa família tradicional da Argentina, estudou medicina em Rosario, mas foi no serviço de psiquiatria do Hospital Policlínico de Lanús – então dirigido por J. Goldenberg – que veio a entrar em contato com a Psicanálise. Lucia trabalhou no setor de adolescentes daquele hospital, vindo a tornar-se chefe do serviço. Pela mesma época – final da década de sessenta – iniciou sua análise pessoal com Isabel Siquier de Faillá, em cujo divã passaria sete anos, e conheceu Mario Pablo Fuks, com quem viria a se casar.

Eram tempos conturbados: a política permeava todos os setores da vida argentina, e particularmente o campo dito da *salud mental*. O clima foi se radicalizando, até desaguar no golpe de 1976; pouco depois de instalada a ditadura, o novo diretor do hospital, Valentín Barenblitt, foi sequestrado por um grupo armado de direita, e coube a Lucia sucedê-lo. Também fez parte da diretoria do Centro de Docência e Investigação da Coordenadoria de Trabalhadores em Saúde Mental, na qual se reuniam psicólogos, psiquiatras e psicanalistas sensibilizados para as dimensões sociais do trabalho clínico.

Embora pessoalmente não fosse uma militante, o ambiente no qual circulava ia ficando dia a dia mais irrespirável. Colegas raptados e desaparecidos, seu marido demitido da Faculdade de Medicina, perseguição implacável a todos os suspeitos de "esquerdismo" – os fatos mostravam claramente que era necessário sair da Argentina. Lucia tinha um irmão em São Paulo – o cardiologista Miguel Barbero, que havia vindo estudar com o doutor Euryclides Zerbini – e isso determinou a escolha do refúgio para a família. Julgavam que a estadia seria breve; ela se prolongou, porém, e o casal aceitou o convite de Regina Chnaiderman para lecionar no Curso de Psicanálise, fundado no ano anterior (1976). O Sedes tornou-se sua segunda casa, e desde então – com um pequeno interregno em Buenos Aires, entre 1988 e 1990 – Lucia vem dedicando grande parte de suas energias à instituição fundada por Madre Cristina.

Como professora, contribuiu para formar sucessivas gerações de alunos, que depois se tornaram colegas; participou da fundação do Departamento de Psicanálise, no qual ocupou diversos cargos de responsabilidade; foi eleita duas vezes para a Diretoria do Sedes. Estas funções se somam ao trabalho quotidiano no consultório e a uma importante atividade como supervisora, tanto durante a vigência do convênio entre o Sedes e a Secretaria da Saúde do Estado de São Paulo quanto no Centro de Estudos e Atendimentos Relativos ao Abuso Sexual (CEARAS) da Faculdade de Medicina da USP.

## Horizontes da clínica: Freud, o social

Uma prática com tal variedade e alcance não pode deixar de suscitar questões, e o leitor as encontrará em abundância nos textos aqui reunidos. A maioria deles foi apresentada nos ciclos de conferências promovidos pelo Departamento de Psicanálise do Sedes; há falas em colóquios organizados por outras instituições, e também artigos escritos para a revista *Percurso*. Percorrendo-os, é impossível não perceber as marcas que a origem intelectual de Lucia imprimiu aos seus interesses e preocupações. Destaco duas delas: a tomada em consideração do social como horizonte da prática clínica, e a permanente interlocução com a obra de Freud.

A primeira provém sem dúvida da peculiar combinação de circunstâncias que evoquei acima, na qual era possível a um José Bleger ser ao mesmo tempo analista didata na IPA (*International Psychoanalytic Association*) e dirigente do Partido Comunista: ali se firmou a convicção de que os problemas de quem vem consultar um psicoterapeuta não brotam num mundo interno desencarnado, mas estão relacionados com as exigências impostas pela sociedade na qual vivem ele e seus pacientes.

O diálogo com os escritos freudianos, por sua vez, tem sua origem distante no ensino de Lacan, que os recolocou na base da formação do psicanalista e mostrou que sua importância vai muito além da que lhes é conferida nos países de língua inglesa. Ali Freud é respeitado como fundador da Psicanálise, mas os conceitos operacionais e a concepção geral do trabalho clínico provêm de seus sucessores – Melanie Klein, Winnicott, Kohut etc. A revolução lacaniana – que chegou à América Latina na época em que Lucia estava se iniciando no *métier* – produziu efeitos mesmo entre os que não se tornaram seguidores do mestre francês: além de legitimar a contestação ao autoritarismo vigente nas instituições analíticas, mostrou que Freud ainda tinha, sim, muito a dizer – desde que se endereçassem ao seu legado as perguntas adequadas.

Estas duas posições – sensibilidade para a codeterminação do psíquico pelo social, e a convicção de que Freud é muito mais do que uma relíquia superada pelos avanços dos que o sucederam – eram compartilhadas por alguns analistas brasileiros com os quais Lucia se encontrou em São Paulo, em especial por Regina Chnaiderman. E foi esta consonância que deu o tom ao Curso de Psicanálise do Sedes, o qual se propunha como "espaço alternativo de formação" – ou talvez devesse dizer, "espaço de formação alternativa". Alternativa política – horizontalidade, gestão democrática, crítica aos privilégios detidos pelos didatas nas sociedades pertencentes à IPA – e alternativa científica

Narciso e seus espelhos

– Freud como base para a formação do analista, sem prejuízo do estudo das escolas e autores pós-freudianos.

É por esse motivo que os trabalhos aqui coligidos incluem sistematicamente uma discussão do que ele tem a dizer sobre o tema abordado: quer se trate do trauma, da pulsão sexual, da agressividade ou da vida psíquica da criança, é em Freud que Lucia encontra os pontos de apoio para elaborar suas reflexões. Esse exame minucioso proporciona os instrumentos com os quais trabalha as questões suscitadas pela vida contemporânea – em especial, o custo psíquico de habitar um mundo competitivo, impiedoso, que descarta com velocidade estonteante aquilo que produz, e no qual ideais e valores parecem se esfarelar. O impacto devastador dessas condições sobre a subjetividade origina problemas específicos, tratados nos diversos textos que compõem o presente volume.

Alguns deles retornam com insistência: o empobrecimento das relações intersubjetivas, a perplexidade de homens e mulheres frente às mudanças nos papéis de gênero, as consequências da violência – particularmente do abuso sexual –, a aspiração à satisfação imediata dos desejos, vividos como necessidades imperiosas cuja frustração desencadeia atuações variadas, etc. Nesse esforço para desvendar as formas peculiares que hoje assumem as contradições inerentes ao humano, Lucia recorre a estudiosos da sociedade contemporânea, como Gilles Lipovetsky, Alain Bourdieu, Emiliano Galende, Paul Varhaeghe e outros.

## O eixo do narcisismo

Mas quem lê esses estudos é uma psicanalista. O que lhe chama a atenção são os efeitos traumáticos que tais condições produzem na estruturação da subjetividade: uma das áreas em

FIGURAS DA TEORIA PSICANALÍTICA

que se pode notar sua incidência é a autoimagem do sujeito – de onde o interesse por aquilo de que ela depende, a saber, o narcisismo. Note-se que o título do livro não é "Narcisismo *ou* Vínculos", e sim "Narcisismo *e* Vínculos": a conjunção aditiva indica que, para Lucia, os laços intersubjetivos infiltram a esfera narcísica, ou, o que dá na mesma, esta é conformada por aqueles.

Dito de outro modo: longe de se cantonar no setor "objetal" da psique, as relações interpessoais são para ela permeadas por elementos narcísicos. E não apenas na "escolha narcísica de objeto": ela se debruça igualmente sobre as angústias a que tais relações dão lugar, nas demandas que endereçamos aos nossos parceiros, na vontade de os controlar de modo onipotente, na fúria agressiva desencadeada pelas frustrações e feridas narcísicas, e assim por diante. Lucia toma a sério a descoberta freudiana de que o narcisismo é um sistema de reflexos e espelhos – eu me amo *porque* – e *como* – fui (ou não) amado, e amo (ou odeio) os outros segundo as determinações do campo assim estruturado. Autoimagem, anseios, temores, relações intrapsíquicas entre ego, superego e instâncias ideais vão se entrelaçando de diferentes maneiras, cujo desenho oferece um esquema de inteligibilidade para as dificuldades do viver atual.

A temática do narcisismo fornece assim o eixo em torno do qual se ordena todo um grupo de textos; correlativamente, a variedade de suas manifestações clínicas retém a atenção da autora, convicta como está de que somente uma metapsicologia sólida permite compreender as forças que estruturam as várias modalidades da psicopatologia. O retraimento para si mesmo, o paradoxo de que o módulo básico formado pela dupla mãe-bebê seja simultaneamente a matriz de todas as relações *e* uma mônada compacta, a fixação num outro ao mesmo tempo temido/odiado e indispensável à sobrevivência psíquica, a delicada relojoaria das identificações, as defesas antepostas à ameaça do colapso narcísico, vão constituindo a trama conceitual na qual

Narciso e seus espelhos

serão apreendidos fenômenos como as consequências do abuso sexual, a precariedade das relações amorosas, as insuportáveis tensões impostas a egos fragilizados pelas exigências de uma realidade em constante transformação, e outros do mesmo tipo.

A vasta experiência clínica de Lucia transparece não só na mão segura com que trabalha essas questões, mas igualmente em observações feitas quase de passagem, com a discrição tranquila que caracteriza seu estilo. Não espere o leitor arroubos retóricos ou frases barrocas: nossa autora conhece o valor das palavras, e as suas são contidas, objetivas, enxutas. Daí o valor dessas pequenas notações, sem dúvida preciosas para o analista iniciante.

Alguns exemplos: na anorexia, os transtornos alimentares recobrem outros, de índole narcísica, como não ser amado ou reconhecido; a importância da atenção imediata em casos de abuso sexual não deve obscurecer a da atenção "pós-imediata", que permitirá a colocação em palavras do vivido e abrirá vias para a sua elaboração; a necessidade de avaliar, nas entrevistas iniciais, a distância entre os desejos expressos pela pessoa e o que se pode adivinhar dos seus ideais; a distinção entre queixa e sintoma; e outros mais, que o leitor descobrirá ao longo do volume.

## Sobriedade

Os últimos textos focalizam questões relativas à formação do psicanalista – não esqueçamos que é num espaço dedicado a ela que Lucia ensina há trinta anos: as modalidades da supervisão, o que pode significar o fim de uma análise, os "ideais do analista", etc. O modo como aborda esses assuntos espinhosos reflete a posição que, a meu ver, norteia tanto sua prática quanto o que extrai dela; com característica concisão, uma das observações "marginais" a que me referi a expressa da seguinte forma: *a Psicanálise é uma prática com escolhos, permanentemente*. A simplicidade da formulação deixa transparecer uma visão do trabalho clínico na qual a aguda consciência das dificuldades não impede – antes estimula – o empenho em compreendê-las e agir no sentido de as minorar.

Essa sobriedade talvez seja a maior lição a retirar dos trabalhos de Lucia. Evocando certos movimentos que marcaram o século XX, como o expressionismo e o surrealismo, ela afirma no último parágrafo do seu livro:

> (Esses movimentos) alertam sobre modos totalizantes de representação da realidade e da história [...] a partir de uma ou de várias categorias colocadas fora desta totalidade, previamente recortada, que ilumina[m] e centraliza[m] toda compreensão. Trata-se de uma redução causal que tenta explicar as crises e os "sem sentidos" evidenciados por determinados acontecimentos, como se tivesse sustentar à risca uma ideia de coerência previamente estabelecida.

Semelhante ilusão provém do nosso desejo de dominar o desconhecido, que precisamente por sua ubiquidade no mundo atual constitui uma perigosa armadilha para o trabalho clínico. Contra ela, os escritos de Lucia constituem um bem-vindo antídoto, como se nos lembrasse os versos da canção: *"Caminante, no hay camino: se hace el camino al andar"*.

Não é preciso tomar essa ideia como significando que sempre se começa do nada – a história e os processos de historização da psique ocupam lugar de destaque entre os referenciais da nossa autora. Algo é aprendido com os caminhos que trilhamos anteriormente, com os conhecimentos acumulados em um século de Psicanálise, com as descrições da sociedade contemporânea que encontramos nos textos dos filósofos e dos sociólogos:

eis o que nos dizem em síntese os textos aqui reunidos. Mas *ojo* – não os devemos tomar como dogmas, e sim como lanternas para iluminar os desafios à nossa frente. Não é muito, mas é tudo o que temos.

Por que alguém aceita trabalhar sob circunstâncias que provocam dor física extrema? Mais: por que, quando isso acontece, algumas pessoas negam o que sentem, até o ponto em que o estrago produzido no seu corpo já não pode ser revertido? Essas são as questões das quais parte Soraya Rodrigues Martins em *Clínica do Trabalho*[2], originalmente uma tese de doutorado que tive o privilégio de orientar no Programa de Estudos Pós-Graduados em Psicologia Clínica da PUC/SP – e sua resposta nos confronta a um dos aspectos mais intrigantes do narcisismo: a identificação com um papel social levada a um extremo quase masoquista – no caso, o de fazer parte dos funcionários de uma empresa.

A psicanalista catarinense tem duas qualidades essenciais para quem deseja se tornar pesquisador: paciência beneditina, e uma saudável propensão a pensar com sua própria cabeça. A paciência lhe serviu para se embrenhar na literatura psicanalítica, sociológica e filosófica sobre o trabalho; a independência intelectual, para filtrar o que leu em função do que ia descobrindo na escuta clínica. Este teve como fontes o atendimento em grupo de mulheres portadoras de DORTs (doenças ligadas ao trabalho) em estado avançado, e também o acompanhamento de algumas delas num *setting* psicanalítico.

A tendência dos psicanalistas tem sido interpretar os sintomas desse tipo de patologia quer como conversão histérica,

---

[2] São Paulo, Casa do Psicólogo, 2009.

FIGURAS DA TEORIA PSICANALÍTICA

quer como um fenômeno de tipo psicossomático. Mas, objeta Soraya, isso deixa de lado o fato de que eles se originam na situação muito particular da vida profissional, e portanto são incompreensíveis sem levar em conta este contexto específico, suas normas por vezes desumanas, e suas metas de desempenho, que facilmente se convertem em ideais compartilhados pelo trabalhador.

Essa convicção, que lembra a frase de Charcot que tanto impressionou Freud – *la theórie, c'est bon, mais ça n'empêche pas d'exister*[3] – levou Soraya a buscar autores que lhe permitissem desvendar as funções sociais e narcísicas do trabalho, bem como as espessas camadas de ideologia que envolvem este último na sociedade em que vivemos. Hannah Arendt, Norbert Elias e Marshall Berman foram seus guias neste percurso; para o aspecto mais propriamente psíquico, os estudos de Christophe Dejours sobre a psicodinâmica do trabalho lhe forneceram uma sólida base sobre a qual assentar tanto sua compreensão do fenômeno quanto suas estratégias de intervenção terapêutica.

Somos assim apresentados a Marlene, Mônica, Carol, Charlote, Carolina e outras participantes do grupo que frequentava o PMAST[4]. Por meio de "cenas", cujo relato vai de algumas linhas a duas páginas, tomamos conhecimento de suas histórias, e de como a denegação que faziam da dor física encontrou eco e respaldo na atitude de "banalização do sofrimento" tão comum nas grandes organizações. Dois casos – o de Elizabeth e o de Maria – são discutidos mais extensamente, possibilitando ao leitor acompanhar o processo de tomada de consciência delas quanto a diversos aspectos da sua vida psíquica, inclusive (mas não só) dos relacionados à DORT.

---

[3] A teoria é boa, mas não impede (algo) de existir.
[4] Programa de Pesquisa e Intervenção Multiprofissional de Atenção à Saúde do Trabalhador do Hospital Universitário da Universidade Federal de Santa Catarina.

Narciso e seus espelhos

De permeio, Soraya nos brinda com uma excelente apresentação do pensamento de Christophe Dejours, e com suculentos resumos dos textos que lhe servem de referência. A ampla bibliografia ao final do volume é outra contribuição da autora aos que se interessam por este campo de estudos: do *Mal-Estar na Cultura* até artigos publicados há um ou dois anos, ela atesta a seriedade da pesquisa realizada. Nestes tempos em que – a pretexto de não "cansar" o leitor – a superficialidade campeia, não é mérito pequeno: alguns poderão discordar da posição que ela assume quanto ao seu tema, mas jamais afirmar que ignora o *state of the art*.

Peça por peça, assim, a pesquisadora vai assentando o mosaico teórico contra o qual se destaca a sua concepção. Esta situa as DORT no cruzamento de vários eixos: o funcionamento global da sociedade, as políticas empresariais que favorecem o adoecimento, o "laço social perverso" no qual se deixam capturar certos trabalhadores, e as maneiras singulares – em função da história pessoal e das características da vida psíquica dessas pessoas – pelas quais isso acontece. Questões epistemológicas como a validade do método clínico, ou as diferenças entre corpo fisiológico e corpo libidinal, também são afloradas ao longo da obra.

O resultado é um livro de qualidade excepcional, que faz bela figura na coleção "Clínica Psicanalítica", e com certeza se tornará um instrumento útil não só para psicólogos e psicanalistas, mas também para os médicos, assistentes sociais e outros profissionais que lidam com as DORTs. Quem o ler com atenção terá boas chances de compreender o que deixava tão perplexa uma das pacientes atendidas por Soraya: "O que eu fiz [comigo]? Se soubesse antes [...] mas ninguém vê a correnteza do mar".

O que chama a atenção no livro de Soraya é a impressionante capacidade das mulheres com as quais trabalhou de se desconectar de sua realidade psíquica, o que as leva a construir uma espécie de falso *self*. As pacientes cuja análise Cristiane Abud discute em *Dores e Odores: Distúrbios e Destinos do Olfato*[5] tampouco querem saber do que se passa com elas mesmas, mas suas estratégias de autodesconhecimento são um tanto diferentes das encontradas pela analista catarinense.

"A vida é um *bouquet* composto por infinitas combinações de notas aromáticas", diz Cristiane ao final da sua introdução. O percurso que propõe nos conduz do Egito antigo às plantações de flores da Provença, do caso Lucy nos *Estudos sobre a Histeria* a pacientes atendidos no setor de somatizadores do Hospital São Paulo, das especulações de Wilhelm Fliess sobre as relações entre o nariz e os órgãos genitais à mais recente literatura psicanalítica. História dos costumes ligados ao asseio (ou à impressionante ausência dele durante tantos séculos), análise de dois casos nos quais a queixa dizia respeito a sensações olfativas intoleráveis, leitura arguta de um romance, informações sobre a bioquímica dos cheiros, resgate do que os psicanalistas escreveram acerca do olfato e dos sintomas a ele ligados – eis alguns dos fios que a autora vai trançando, e que a levam a aventar a hipótese de uma "pulsão olfativa".

Tudo começa com o atendimento de D. Bernarda, que sofre de um persistente odor de borracha queimada, e de Leila, cujo sintoma se refere ao cheiro penetrante do Lysoform. Ambas estão convencidas de que seu padecimento é exclusivamente de ordem física: querem mais exames, "fazer chapa", e em busca de alívio vagueiam de setor em setor do hospital. Pacientemente, a terapeuta vai mostrando o vínculo dos sintomas com a biografia delas, e com a maneira pela qual reagiram a traumas de grande

---

[5] São Paulo, Via Lettera, 2009.

Narciso e seus espelhos

impacto em suas vidas. A análise dos casos conduz Cristiane a discutir questões cruciais para a Psicanálise: o diagnóstico diferencial somatização/conversão, a relação entre fatos reais e sua elaboração pela fantasia, a distinção entre representação e, simbolização, aspectos contratransferenciais no tratamento de pacientes que apresentam resistências maciças, e outros mais.

Pois quem escreve é uma analista sensível, cuja invulgar capacidade para formular com tato interpretações que se referem a questões dolorosas chama de imediato a atenção do leitor. Também é uma pesquisadora de primeira ordem, que vai fundo no tema escolhido, e sabe organizar os resultados da investigação num quadro convincente. A parte histórica não figura neste livro apenas como complemento pitoresco: oferece uma base sólida para a construção de um argumento que se desdobra em vários planos.

Seu ponto de partida pode ser assim resumido: além da função biológica originalmente ligada à sobrevivência da espécie humana, o olfato é fonte de estímulos carregados de grande densidade afetiva, que se convertem em lembranças igualmente intensas. Por sua ligação com a esfera sexual – particularmente na seleção do objeto – os cheiros desempenham importante papel na vida psíquica, e portanto interessam diretamente à Psicanálise.

Freud já sabia que as sensações olfativas fazem parte da sexualidade infantil, em especial (mas não somente) durante a fase anal. O recalcamento de que são alvo em virtude da instalação do superego e das sensações de nojo associadas à educação para a limpeza as tornam aptas a ser capturadas pelos processos inconscientes, e a entrar nas combinações de fantasias e angústias que caracterizam diversas estruturas psicopatológicas. Assim, uma parte do estudo é dedicada a rastrear na literatura psicanalítica as referências ao olfato e às suas diferentes expressões, tanto nas práticas sexuais corriqueiras quanto como suporte de manifestações neuróticas.

FIGURAS DA TEORIA PSICANALÍTICA

Tendo estabelecido nos dois primeiros capítulos o contexto histórico e os fundamentos clínicos do argumento, Cristiane procede no terceiro a uma leitura do romance *O Perfume*, de Patrick Susskind. A vida atribulada de Jean Grenouille lhe oferece ocasião para tratar de temas que vão bem além do foco da tese, e que, a exemplo dos excursos históricos, acrescentam força probatória à sua tese. Grenouille é um caso evidente de psicopatia, a qual se ancora em duas peculiaridades suas: a ausência de odores corporais, e uma sensibilidade extraordinária para a diferenciação dos aromas. Inveja, agressividade, angústias variadas, uma ferida narcísica que não cicatriza, o anseio jamais concretizado por uma relação amorosa que pudesse preencher o vazio deixado por uma mãe ausente – tudo isso vai sendo relacionado com os atos do personagem, primeiro apenas estranhos, depois mais e mais cruéis.

Se Grenouille exemplifica o caráter psicopático, D. Bernarda é um caso de "histeria arcaica", e Leila de uma histeria mais clássica, com traços fóbicos e intensos sentimentos de castração. As observações pessoais de Cristiane se somam às colhidas no exame de artigos de Karl Abraham, Wilhelm Reich, Kate Friedlander, Didier Anzieu, Joyce McDougall, Christian Dejours e outros autores para formar um mosaico em cujo centro vem se encaixar a hipótese metapsicológica avançada ao final do trajeto. Apoiada na função vital da respiração, e tendo como fonte ou zona erógena a mucosa nasal, a pulsão olfativa teria como representantes psíquicos certos traços mnêmicos em torno dos quais se cristalizam representações carregadas de afeto.

Isso pode acontecer, sugere a autora, em virtude de vivências traumáticas (perda de entes queridos, transbordamentos de angústia de várias ordens, etc.), ou por associação com prazeres intensos de natureza erótica, aí compreendidos os da sexualidade infantil.

Além do que deduz do estudo dos casos, Cristiane se apoia num precedente ilustre: o "instinto osfresiológico" mencionado por Karl Abraham em seu artigo sobre o fetichismo do pé e do corsete[6]. Sem chegar a distinguir uma pulsão específica, os relatos de outros analistas apontam na mesma direção. Aqui se demonstra – caso isso fosse necessário – a importância de se conhecer a história da Psicanálise: se é verdade que a linguagem dos textos antigos já não é a nossa, os sintomas dos pacientes do passado, e a análise que deles fazem os seus terapeutas, mostram claras semelhanças com os que às vezes podem ser encontrados nos dispensários e consultórios de hoje em dia.

Relacionando os modos de expressão da pulsão olfativa com a primeira teoria freudiana das pulsões, e depois com a segunda, Cristiane vai reunindo elementos que fazem o leitor dar crédito à sua audaciosa proposta. Esta foi, ao menos, a opinião da banca diante da qual a defendeu, e que conferiu ao trabalho a nota máxima – pois originalmente ele foi uma dissertação de mestrado apresentada ao Programa de Estudos Pós-Graduados em Psicologia Clínica da PUC/SP.

Entre os muitos bons livros produzidos por alunos do Programa, este se destaca pelo assunto original, pelo rigor e clareza com que é tratado, pelas instrutivas vinhetas clínicas, e pela riqueza dos comentários sobre os temas paralelos. Estou seguro de que será bem acolhido pela comunidade "psi".

Cada qual à sua maneira, Leila e D. Bernarda tentam lidar com problemas de ordem familiar. A família é tanto o meio que pode levar a criança a adquirir um equilíbrio psíquico satisfatório quanto o palco de renhidas disputas pela supremacia sobre o cônjuge, os filhos ou os irmãos; de onde o interesse em

---

[6] "Psychanalyse d'un cas de fétichisme du pied et du corset" (1912), in *Oeuvres Complètes*, Paris, Payot, 1965, vol I (*Rêve et Mythe*).

FIGURAS DA TEORIA PSICANALÍTICA

acompanhar o percurso de algumas terapias voltadas para os mecanismos para enlouquecer o outro (expressão que empresto de Harold Searles[7]).

No início de *Famílias Monoparentais: Um Olhar da Teoria das Configurações Vinculares*[8], Lisette Weissmann conta que foi o desapontamento com a impossibilidade de concluir certos tratamentos que a conduziu à teoria das configurações vinculares: formada na prática clássica kleiniana, então predominante em seu Uruguai natal, ela se ressentia de não poder oferecer aos pais das crianças e adolescentes que atendia um espaço para poderem depositar as emoções e angústias suscitadas pela convivência com seus filhos. Com outros colegas que partilhavam a mesma inquietação, passou a participar de um grupo binacional – uruguaios e argentinos – cujo objetivo era estudar as "configurações vinculares" de um ponto de vista psicanalítico.

Ao instalar-se em São Paulo, onde passou a trabalhar no serviço psicológico oferecido aos funcionários da UNIFESP, Lisette defrontou-se com a grande quantidade de famílias lideradas por uma mãe sem marido que procuravam auxílio. Da sua prática ali, alicerçada por vinte anos de trabalho e de estudo em Montevidéu, surgiu o desejo de investigar mais a fundo as dificuldades características desse tipo de família, o que levou a cabo na dissertação de mestrado ora publicada em forma de livro.

O leitor que folhear suas páginas logo perceberá por que, ao ser defendida no Programa de Estudos Pós-Graduados em Psicologia Clínica da PUC/SP, ela recebeu a nota máxima. A pesquisa toma a forma de uma elipse, cujos dois focos são representados pela teoria e pela clínica. O espaço entre esses pontos é percorrido com paciência e sensibilidade, levando-nos da história da família enquanto instituição à maneira pela qual ela é

---

[7] Cf. *L'effort pour rendre l'autre fou*, Paris, Gallimard, 1979.
[8] São Paulo, Casa do Psicólogo, 2009.

Narciso e seus espelhos

estudada no direito e na antropologia; quanto à Psicanálise, o estudo começa no levantamento das passagens em que Freud trata da família, e nos leva às contribuições de autores como Enrique Pichon-Rivière, Didier Anzieu, René Kaës, Elisabeth Roudinesco e Isidoro Berenstein, este um mestre querido e uma referência fundamental no pensamento da autora.

Explorando a fundo o material de quatro casos, a autora vai traçando com mão segura o elenco das dificuldades encontradas pelas "famílias monoparentais patológicas". Patológicas, sim, porque a avaliação inicialmente desfavorável que os estudiosos fizeram delas (em comparação com as biparentais) mostrou-se equivocada: nem todas as unidades familiares nas quais o pai se encontra ausente se estruturam de modo a causar sofrimento intenso em seus membros.

O que torna alguns vínculos sólidos e duradouros, e outros não? Esta é a questão a que procura responder a teoria das configurações vinculares. Ela se apoia na herança de Freud, mas ampliando-a para incluir conceitos próprios, como o de estrutura familiar inconsciente e o de Complexo de Édipo com quatro termos, no caso o avúnculo ou a família materna de origem. Um dos méritos do presente livro é expor, em linguagem clara e precisa os lineamentos de uma teoria pouco conhecida no Brasil, mostrando o uso que dela se pode fazer na clínica com famílias, e, de forma mais indireta, também no trabalho com casais e grupos estáveis (por exemplo em empresas, ou em instituições de vários tipos).

Para a Teoria das Configurações Vinculares, o sujeito é constituído por uma trança de relacionamentos, alguns dos quais se localizam no "espaço intersubjetivo", e outros no "espaço transubjetivo". As representações destas relações interagem com as contidas no "espaço intrassubjetivo" classicamente focalizado pela Psicanálise. Na atividade clínica, o "paciente" é o relacionamento estabelecido por e entre os membros do grupo, no caso as famílias monoparentais.

Algumas delas parecem ser estruturadas por uma "fantasia fundamental", a de que todos os que as compõem funcionam em uníssono, cimentados por um único e mesmo desejo. Esta crença inconsciente é posta em xeque pelo crescimento dos filhos do sexo masculino, e vem a explodir quando estes entram na adolescência: o comportamento e as atitudes deles visam a livrar-se da fonte da qual procede a fantasia de base, a saber a tentativa por parte da mãe de abolir a "alteridade do outro" (ou seja, uma variedade particularmente maligna do narcisismo), na qual pressente uma ameaça insuportável para sua própria fragilidade emocional.

Os meandros desta configuração são estudados por Lisette com o respeito devido à complexidade que exibem, e alguns deles vão aparecer nas sessões relatadas, nas quais ela evidencia todo o tato e a sensibilidade que adquiriu em muitos anos de prática. Vemos como Celina, Angélica, Ana e os demais personagens exteriorizam suas angústias, às vezes de modo tão agressivo que a terapeuta precisa se interpor como "escudo protetor" (*sic*) entre mãe e filhos. As motivações para isso são encontradas na maneira pela qual a mãe frequentemente assume o lugar "dos dois pais ao mesmo tempo", como diz Ana na sua primeira sessão. Tal anulação da função paterna – pois é disso que se trata – encontra respaldo na estrutura social em que evoluem essas famílias, em geral de baixa renda, e nas quais o genitor se demite do seu papel de *pater*.

Atenta às peculiaridades do meio em que trabalha, Lisette cita dados recentes do IBGE (2006) que mostram o crescimento da liderança da mãe mesmo em famílias nas quais o pai está presente. Tendo verificado a predominância de clientes negros nas que procuravam o serviço da UNIFESP, interessou-se pelo que se chamou de "matriarcado negro", objeto do famoso Relatório Moynihan sobre a deterioração das relações familiares entre os americanos pobres de origem africana. Assim como Christopher Lasch e outros autores que discutem esse texto, ela atribui às condições sociais em que vivem tais famílias um peso considerável nas dificuldades específicas que vêm a enfrentar, mas, na qualidade de psicanalista, busca compreender os elementos inconscientes que conferem matizes característicos às vivências dos seus membros. O capítulo final, que os elenca e comenta, constitui um dos pontos altos do trabalho.

Por fim, não poderia deixar de mencionar um traço da escrita de Lisette do qual gosto particularmente: a referência ao imaginário e à cultura. O poema de Eduardo Galeano que abre o volume, o filme *Cidade dos Homens*, a linda canção de Jorge Drexler, o conto de Guimarães Rosa, não figuram aqui para demonstrar erudição ornamental: ao contrário, fazem avançar o argumento, iluminando o objeto do estudo e acrescentando aspectos que somente a menção às sessões não poderia evidenciar.

O leitor tem em mãos, assim, um trabalho exemplar, que com certeza se revelará útil para os que labutam no que Fabio Herrmann chamava de "clínica em extensão", e que cada vez mais atrai o interesse de psicanalistas jovens e não tão jovens.

O trabalho com pacientes num *setting* diferente daquele a que estamos habituados na terapia individual clássica não começou ontem: as primeiras experiências desse tipo datam de 1916-1917, quando os discípulos de Freud foram convocados para tratar das "neuroses de guerra". Ao adaptar a técnica freudiana ao trabalho com crianças, Melanie Klein deu mais um passo rumo à diversificação da prática; o atendimento em grupo numa perspectiva analítica foi praticado por Wilfred Bion durante a Segunda Grande Guerra; poderíamos evocar as experiências de Ferenczi com os "pacientes difíceis", e outras mais.

Muitas dessas modificações dos parâmetros (o termo é de Kurt Eissler) do enquadramento permaneceram no interior da

Psicanálise; outras acabaram por engendrar novas concepções do trabalho clínico. Entre estas, destaca-se a de Wilhelm Reich, que começou sua carreira como analista freudiano, e por uma série de razões tornou-se um dos críticos mais contundentes de certos aspectos da maneira psicanalítica de operar.

O livro de Cláudio Mello Wagner, *Freud e Reich: Continuidade ou Ruptura?*[9], inscreve-se no movimento de resgate da história da Psicanálise que há alguns anos teve início em diversos países. Assim, ao lado de obras de grande envergadura – como a *Batalha dos Cem Anos: História da Psicanálise na França*, de Elisabeth Roudinesco ou *Freud and the Americans*, seguido por *The Rise and Crisis of Psychoanalysis in the United States*, ambos de Nathan Hale – surgiram estudos mais específicos, como novas biografias de Freud (entre outras, a de Peter Gay e de Emílio Rodrigué), estudos sobre pioneiros do movimento analítico (por exemplo, Ernest Jones, Helen Deutsch, Karen Horney, Melanie Klein, Anna Freud...), ou detalhadas análises de episódios marcantes na história das instituições e das ideias psicanalíticas – como a série de artigos de Ricardo Steiner sobre as "Controversial Discussions" que tiveram lugar em 1943 na Sociedade Britânica.

Esse esforço para tentar "contar o caso como o caso foi" se recorta contra um pano de fundo constituído por uma singular mistura de paixões, cujas consequências nefastas já foram suficientemente denunciadas. A principal delas foi impedir que se visse, na história da disciplina freudiana, mais do que "som e fúria, significando nada" (tese dos adversários da Psicanálise), ou mais do que a marcha triunfal da verdade contra um sem-número de resistências e obstáculos (tese dos partidários de Freud). O que

---

[9] São Paulo, Summus, 1996. Há uma tradução espanhola: *Freud y Reich: Continuidad o Ruptura?*, Valencia, Publicaciones Orgón, 2007 (inclusive das presentes notas, que, sob título "Além do Silêncio e do Ressentimento", serviram de prefácio para a edição brasileira).

Narciso e seus espelhos

assim se passava por alto era, simplesmente, a reconstituição dos *fatos*, para além ou aquém da interpretação que deles se quisesse dar.

O impulso para essa história passional foi dado pelo próprio Freud, que em 1914, ao redigir sua refutação das ideias de Adler e de Jung, intitulou-a "Para a História do Movimento Psicanalítico": juntamente com dados importantes sobre o começo do seu trabalho, ali encontramos uma veemente defesa do seu sistema de pensamento, ao lado de uma vigorosa polêmica contra os "dissidentes".

Este estilo de contar o passado da Psicanálise, utilizando a história para reforçar um determinado ponto de vista, na verdade é uma amostra do que o próprio Freud chamava de "narcisismo das pequenas diferenças". Ele fez escola entre os analistas: o exemplo mais marcante é sem dúvida a biografia escrita nos anos cinquenta por Ernest Jones, ao mesmo tempo repositório de dados essenciais e panegírico do discípulo à memória do mestre.

Da mesma forma, as edições da correspondência de Freud – com a notável exceção da trocada com Jung – foram até 1980 caracterizadas pelo expurgo de inúmeras passagens, *soi-disant* para proteger a privacidade de pacientes ou de outras pessoas nelas mencionadas (argumento válido até certo ponto), mas também, e sem dúvida, para que pudessem ser utilizadas sem medo por uma tribo de fiéis. Somente a partir do escândalo Masson – que resultou na publicação integral das cartas a Fliess – é que esta política foi alterada, como o comprova a edição atualmente em curso da correspondência Freud-Ferenczi.

É nesse contexto que, a meu ver, deve ser incluído o livro de Cláudio: seu objetivo é reconstituir os fatos ligados à carreira psicanalítica de Reich, inclusive as circunstâncias de sua expulsão da Associação Internacional de Psicanálise, em 1934. Reich foi um importante psicanalista nos anos vinte, encarregado entre

261

FIGURAS DA TEORIA PSICANALÍTICA

outras tarefas de supervisionar os alunos do Instituto de Viena, no famoso "seminário de técnica" pelo qual passaram quase todos os analistas da terceira geração.

Escritor prolífico e clínico astuto, desenvolveu suas ideias sobre as defesas e a interpretação *dentro* do movimento analítico, e as teve debatidas por diversos colegas que as respeitavam, embora nem sempre com elas concordassem – Otto Fenichel e Franz Alexander são dois deles, para não citar outros. Posteriormente, ao ser afastado da IPA, Reich tornou-se mais um dos tabus cultivados pela ortodoxia freudiana, para o que certamente contribuiu, além da pressão institucional, uma série de características do seu próprio pensamento, provocativo e por vezes expresso em tons bombásticos, como nota Wagner no início do capítulo "Questões Teóricas".

Mas o fato é que ele foi dos primeiros a procurar um caminho próprio para resolver certas dificuldades terapêuticas que não era o único a enfrentar, e, ao fazer isso, realizou importantes contribuições para a Psicanálise, mesmo que elas tenham sido obscurecidas pelo clima de hostilidade que cercava seu autor. Entre outras, podemos citar sua preocupação com a análise das resistências, que é uma das origens da psicologia do ego americana, e com a interface psique-sociedade – uma das raízes do freudo-marxismo, hoje um pouco fora de moda, mas que teve grande repercussão, desde a *Psicologia de Massas do Fascismo* até *Eros e Civilização*, de Herbert Marcuse.

Claro, sereno e bem escrito, o trabalho de Cláudio Mello Wagner retoma o percurso de Reich e expõe os pontos de convergência e de divergência entre ele e Freud, até o momento em que deixa de se considerar um analista *stricto sensu*. Recuperando as origens da trajetória reichiana, levanta a questão da continuidade e da ruptura, mostrando que há um pouco desta e um pouco daquela nas concepções que singularizam Reich já desde os anos vinte.

Como dissertação de mestrado apresentada à PUC de São Paulo, este texto reúne algumas qualidades invulgares, a começar pelo rigor na pesquisa histórica e pela trama de argumentos bem urdida, e continuando pela recusa em se deixar ofuscar pelo ruído da polêmica. Provavelmente, desagradará aos dogmáticos de ambos os lados, mas a meu ver é esta uma qualidade das mais valiosas, e de modo algum um defeito.

Cláudio oferece ao leitor os elementos necessários para que este forme sua própria opinião, e, quando apresenta o seu ponto de vista, o faz de modo equilibrado e convincente. É quanto basta para saudar a publicação de seu livro como uma importante contribuição ao debate entre terapeutas das duas linhas, e ao esclarecimento de um momento da história especialmente turvado pelo silêncio de uns e pelo ressentimento de outros.

# SETE SUGESTÕES PARA QUEM ESCREVE

Os analistas somos uma tribo letrada: desde Freud, contam-se aos milhares os títulos que tratam dos mais variados aspectos da nossa disciplina. De pequenas notas clínicas à moda de Sándor Ferenczi a amplos tratados como *A Interpretação dos Sonhos*, de artigos sobre temas específicos a relatos de análises que duraram vários anos, são muitos os tipos de texto que encontramos nessa vasta literatura.

Podemos abordá-los de vários ângulos: a especificidade do escrito psicanalítico, as formas de argumentação cabíveis (serão as mesmas, ou não, que em outras disciplinas?), a influência dos fatores inconscientes na forma e no conteúdo de um escrito, a motivação para redigir (necessidade de elaborar algo que ficou inacabado num trabalho terapêutico, vontade de comunicar uma experiência inusitada, desejo de refletir sobre uma questão teórica que nos ocupa) – a lista é bastante grande.

Neste artigo, gostaria de apresentar algumas reflexões de caráter mais geral. Outros colaboradores deste número da *Trieb* certamente se debruçarão sobre os tópicos que mencionei acima, ou sobre outros, correlatos; mas, partindo da ideia de que um texto psicanalítico é antes de tudo um *texto*, talvez não seja descabido nos determos sobre questões pertinentes para todos os que escrevem. Pois, quer se trate de um artigo, da participação numa mesa-redonda, de um relatório de supervisão, um capítulo para uma coletânea ou uma tese de doutorado, problemas muito parecidos nos aguardam uma vez tomada a decisão de escrever[1].

Vamos iniciar abordando os *gêneros de escrita*, já que cada qual tem suas convenções. Nós, analistas, trabalhamos primordialmente com dois deles: o *narrativo*, ao relatar um caso ou uma vinheta clínica, e o *argumentativo* ou *ensaístico*, no qual discutimos questões teóricas, apresentamos hipóteses, tentamos esclarecer algum ponto que nos interessa. Este tipo de escrita visa a persuadir o leitor de que a nossa hipótese é verdadeira, ou pelo menos plausível. São duas coisas diferentes, e que se fazem de modos diferentes.

## Narração e argumentação no *Homem dos Ratos*

No prefácio do *Caso Dora*, encontramos um exame detalhado de certas dificuldades que se colocam tanto na narração quanto na argumentação.

O primeiro problema a enfrentar no aspecto narração é o volume de material: Freud diz que só pode contar o caso da moça porque o atendimento constou de um número reduzido de sessões. Em primeiro lugar, seria impossível apresentar tudo o que a paciente disse – não conseguimos registrar a totalidade do que é dito. Além disso, e mais importante, ainda que o

---

[1] Tomo a liberdade de remeter o leitor a dois textos nos quais examino com mais vagar algumas características da escrita psicanalítica: "Entre as dobras das palavras"(in Renato Mezan, *Tempo de Muda*, São Paulo, Companhia das Letras, 1998), e *Escrever a Clínica* (São Paulo, Casa do Psicólogo, 1998). O material para o presente artigo foi retirado de duas aulas ministradas no segundo semestre de 2005, no Programa de Pós-Graduação em Psicologia Clínica da PUC/SP. Conservei o tom coloquial do original, o que, espero, tornará mais agradável a leitura.

Sete sugestões para quem escreve

conseguíssemos, tal façanha não teria qualquer interesse, porque o material nos chega de forma muito confusa e frouxa. É preciso fazer um concentrado do que foi o processo analítico, e, diz Freud, isso só lhe foi possível porque o material não era demasiado extenso.

Em outro dos seus casos, o do Homem dos Ratos, ele afirma que o tratamento durou um pouco menos de um ano. Em *Freud e o Homem dos Ratos*[2], o professor canadense Patrick Mahony chega à conclusão de que a análise não durou um ano, mas muito menos. No texto publicado, Freud diz que parou de tomar notas regulares mais ou menos três meses depois do início, quando conseguiu "solucionar a ideia dos ratos". Ou seja, aqui também o material bruto para a escrita do caso não era demasiado extenso, o que tornou possível a sua redação.

Mesmo com essa circunstância favorável, porém, o volume de dados é considerável. Freud utiliza uma metáfora já empregada por Marx, a da ganga mineral que envolve o metal precioso. A tarefa do analista consiste em extrair do mineral das associações o ouro das fantasias inconscientes, visando a compreender os sintomas e a estrutura da neurose. Para isso, é necessário *interpretar*, selecionando desse material o que interessa.

Em *Escrever a Clínica*, há um capítulo que apresenta uma leitura minuciosa das primeiras páginas do manuscrito original do caso, incluído por James Strachey na *Standard Edition*[3]. Também comparamos as notas que Freud tomava logo após cada sessão, ou pelo menos na mesma noite, com o texto publicado[4]. É claramente perceptível que no início ele escreveu sem

---

[2] São Paulo, Escuta, 1990.
[3] "Original Record", no volume VIII. O texto alemão, junto com uma excelente tradução anotada, foi publicado por Elza e Pierre Hawelka: *Journal d'une analyse*, Paris, PUF, 1975.
[4] "Bemerkungen über einen Fall von Zwangsneurose", *Studienausgabe*, vol. VIII, Frankfurt, Fischer Verlag, 1975; trad. López-Ballesteros, Madri, Biblioteca Nueva, 1977, tomo II. Estas edições serão aqui citadas com as siglas SA e BN.

pensar em publicação, apenas para não se perder – a história é tão estranha que ele anotou tudo o que lembrava, como faríamos para uma supervisão.

Temos assim uma oportunidade raríssima: a de observar a elaboração à qual Freud submeteu o seu próprio material bruto. Ele anotou de memória, depois tomou esse material – exatamente como todos nós fazemos em algum momento – e o apresentou de maneira mais coerente, mais sequenciada, eliminando dados que não interessavam, ressaltando ou sublinhando outros. É possível ver como quase tudo o que está no rascunho passou para o texto definitivo, porém de maneira mais enxuta, menos associativa, embora esse aspecto também exista na escrita de Freud.

Assim ficamos sabendo que o senhor Ernst Lanzer, de 31 anos, queixa-se de obsessões e de ideias absurdas, como matar o pai, que já morrera. No caso publicado, depois de cinco ou seis páginas que apresentam o essencial das duas primeiras sessões, Freud faz uma pausa e se pergunta: o que temos aqui? Nesse momento, descola-se do relato puro e simples (o suplício dos ratos, o capitão cruel, etc.) e convida o leitor a raciocinar com ele.

Na verdade, o trecho dá continuidade a uma observação feita já no Prefácio:

> Devo confessar que ainda não consegui ter êxito em penetrar completamente a complicada textura de um caso severo de neurose obsessiva. E ainda que conseguisse fazer isso, reproduzindo a análise *ipsis litteris*, seria impossível para mim tornar visível a outros a estrutura, tal como com a ajuda da análise nós a conhecemos ou a suspeitamos, através da massa de trabalho terapêutico superposta sobre ela[5].

---

[5] Prefácio do *Homem dos Ratos*, SA VIII, p. 36; BN II, p. 1442. Estes dois trechos são comentados com mais detalhes nas páginas 150 e seguintes de *Escrever a Clínica*.

Sublinhemos aqui que a *massa de trabalho* terapêutico oculta uma *estrutura*; é esta que é preciso tornar "visível". Na passagem logo após o resumo das sessões iniciais, lemos o seguinte:

> Encontramos portanto um instinto erótico e uma revolta contra ele; um desejo que ainda não se tornou compulsivo, e, lutando contra este desejo, um medo que já é compulsivo; um afeto doloroso e um impulso para a realização de atos defensivos. O inventário da neurose já está completo. Na verdade, algo mais está presente, a saber uma espécie de formação delirante, com o estranho conteúdo de que seus pais conheciam seus pensamentos porque ele os dizia em voz alta, mas sem os ouvir[6].

O que se pode inferir disso? Vejamos:

> pois a situação é clara: a neurose elementar da infância já envolvia um problema e um absurdo aparente, como qualquer neurose complicada da maturidade. Qual pode ter sido o sentido da ideia da criança de que, se tivesse esse desejo lascivo, seu pai morreria? Seria um puro absurdo, ou há meios de compreender estas palavras, e vê-las como uma consequência necessária de acontecimentos e premissas anteriores?
> Se aplicarmos conhecimentos obtidos em outra parte a esse caso de neurose infantil, não poderemos evitar a suspeita de que, nesse caso como em outros, antes que a criança alcançasse seu sexto ano tinham ocorrido conflitos e repressões, eles mesmos superados pela amnésia, mas deixando atrás de si, como resíduo, o conteúdo particular desse medo obsessivo[7].

Reparem como o tom mudou. Antes, Freud estava nos contando o que o paciente lhe tinha relatado: sua posição era

---

[6] *Homem dos Ratos*, cap. 1, SA, p. 42; BN II p. 1445.
[7] *Idem.*

análoga à de um locutor irradiando uma partida de futebol. O locutor está vendo o jogo; de tudo o que acontece no gramado, seleciona o que lhe parece relevante – em geral, para onde a bola está indo – mas enquanto isso o goleiro coçou o nariz, o bandeirinha andou, o juiz olhou o relógio. Nada disso precisa ser transmitido para o ouvinte do rádio. O locutor diz somente que Fulano avança pela lateral esquerda, invade a área do adversário, dribla o zagueiro: o que narra visa a descrever o que está acontecendo, mas também a criar um certo suspense.

Tanto é assim que quem assiste a uma partida de futebol muitas vezes desliga o som da televisão para ouvir a irradiação. Não deixa de ser curioso: estamos *vendo* a partida, mas é preciso que um outro traduza para nós o que estamos vendo.

A linguagem do locutor de futebol, aliás, é muito interessante: houve um momento em que ela era quase barroca, porque tinha que transformar o que se narrava em pura emoção. O leitor talvez se lembre de Sílvio Luiz, Fiori Gigliotti e outros grandes locutores, que jamais se referiam ao Pacaembu por esse nome: era o *Próprio da Municipalidade*, ou *Arena Municipal*. A partida nunca era uma partida: era um *prélio* ou uma *contenda*, quando não um *match*. Era considerado de mau gosto chamar as coisas pelo seu nome: a bola era *a redonda, a gorduchinha, a pelota, a desejada* – toda uma *imagerie* erótica. O juiz nunca era apenas juiz: era *Sua Excelência*, ou, quando o locutor discordava de alguma atitude dele, o *soprador de apito*. Esta forma de falar engendrava frases que pareciam tiradas dos sermões do Padre Vieira, cheias de floreios, que não tinham muito a ver com a objetividade que hoje se imagina adequada a um locutor.

Voltando ao texto de Freud: com o "encontramos portanto" mudamos de patamar. Agora ele não é mais o locutor: é antes o comentarista. Está discutindo o que aconteceu, e vai fazer uma lista dos processos psíquicos a que aludem as palavras que o paciente lhe dirigiu: *"encontramos um instinto erótico, o de ver"* (o menino queria

Sete sugestões para quem escreve

ver as pernas das governantas), *"e uma revolta contra esse instinto"*, porque ele sentia vergonha e medo diante do seu desejo.

Ou seja, Freud vai falar das pulsões e das defesas. A forma como apresenta o relato do paciente é guiada por uma bússola: descobrir quais são os *agentes do conflito,* pois sua teoria afirma que a neurose resulta de um embate entre impulsos eróticos e defesas que se antepõem a eles. Seja qual for o conteúdo da neurose – a histeria de Dora, a obsessão do Homem dos Ratos, os medos do pequeno Hans – haverá sempre um conflito; compete ao analista descobrir qual é, como está organizado, de que maneira as forças em combate se inibem ou se potencializam mutuamente.

Continuando: encontramos também *"um desejo que ainda não se tornou compulsivo"* – o menino quer ver as coxas das empregadas, mas isso não o leva a praticar esse ato compulsivamente – *"e, lutando contra ele, um medo já é compulsivo"*. Freud está atento às nuances dos diferentes elementos em jogo nessa neurose. O medo já é compulsivo, porque se apresenta sistematicamente a cada vez que o menino tem o desejo; mas ele não tem este desejo sempre. Percebem a diferença? O garoto tem o desejo voyeurista, mas este não o ocupa o tempo todo, e não é de qualquer mulher que quer ver as pernas; mas, *a cada vez que tem esse desejo,* o medo se segue imediatamente – por isso é compulsivo, e o desejo não.

Há também um *afeto doloroso,* porque o pequeno Ernst se sente muito mal com isso tudo, e um *impulso para a realização de atos defensivos,* porque quer se proteger magicamente contra aquilo que o amedronta. Então pronuncia certas palavras, como se fosse uma reza, e sente mais medo ainda, pois quando está falando com a divindade tem impulsos de a insultar, o que o deixa ainda mais assustado.

Freud conclui: "a situação é clara; a neurose elementar da infância já envolvia um problema e um absurdo aparente, como qualquer neurose complicada da maturidade". O absurdo é, claro, a relação entre a vontade de ver as coxas da governanta e a suposta morte do pai. Não há nenhuma razão para que meu pai morra só porque eu tenho um desejo erótico. Se o pensamento fosse: "eu quero muito ver as coxas da empregada, mas se ela souber disso vai contar para minha mãe", não haveria absurdo; seria uma consequência natural – o desejo inconveniente seria punido por uma autoridade castradora. Mas o menino não tem medo que a governanta conte para seus pais que ele a andou espiando; pensa que o simples fato de *desejar* ver alguma coisa que satisfaz o seu impulso erótico acarretaria a morte do pai. Estamos na onipotência dos pensamentos: é este o "absurdo aparente".

"Qual seria o sentido da ideia da criança de que, se ela tivesse esse desejo lascivo, seu pai morreria?" Freud aposta que mesmo o absurdo tem sentido. Isso é um axioma da Psicanálise, que no início pareceu muito estranho, porque era comum a ideia de que certos pensamentos não tinham sentido.

Na *Interpretação dos Sonhos*, vemos criticada a teoria corrente na época: os sonhos seriam produto da atividade química do cérebro durante o sonho. Freud atribuía o caráter absurdo dos sonhos à ação da censura; da mesma maneira, se na análise encontramos uma ideia absurda, é porque houve censura. Temos que restaurar os *elos intermediários* que levam, num processo de causa e efeito, do início até o fim. O fim nós sabemos qual é: a ideia delirante ou absurda. O resto, temos que hipotetizar a partir dos elementos que nos foram contados.

Vejamos como Freud faz isso:

> Qual pode ter sido o sentido da ideia de que se tivesse esse desejo lascivo seu pai morreria? Seria puro absurdo? Ou há meios de compreender essas palavras e vê-las como uma consequência necessária de acontecimentos e premissas anteriores?

Ora, graças à Psicanálise, esses meios existem:

Se aplicarmos conhecimentos (etc., etc.), não poderemos evitar a suspeita de que [agora vem a hipótese] antes que a criança alcançasse seu sexto ano tinham ocorrido conflitos e repressões, eles mesmos superados pela amnésia, porém deixando atrás de si como resíduo o conteúdo particular deste medo obsessivo.

Estou enfatizando de propósito a dimensão específica *deste* medo. Mais adiante vamos comentar isso, porque a explicação proposta tem que se apoiar nos "conhecimentos obtidos em outra parte": para isso serve a teoria. Mas Freud tem igualmente um compromisso com a especificidade *deste* caso.

## Singularidade e generalidade

Vale a pena nos determos um instante sobre este ponto. Seja Freud ou qualquer um de nós, quando estamos tratando de um caso clínico nos encontramos diante de dois níveis de fatos: um é o da singularidade, o outro é o da generalidade. Quem tem medo de ter um rato enfiado no ânus é o Sr. Lanzer, quem lhe contou sobre este suplício foi o capitão cruel. Isso não é comum: Freud já tinha cuidado de outros pacientes obsessivos, e nenhum deles tinha *este* terror. O que precisa ser explicado é *este* medo, especificamente, e há um plano no qual o enigma é: por que *este* homem pensa e sente assim, por que *estes* sintomas se organizam *desta* maneira? Esta dimensão faz parte tanto da escuta na sessão quanto do relato e da teorização a que ele dá lugar.

Ao mesmo tempo, trata-se de uma neurose obsessiva: "se aplicarmos conhecimentos obtidos em outros casos, veremos que já antes do sexto ano" etc. Estamos diante de uma singularidade, mas também de um *membro de uma classe*, a das neuroses obsessivas, e o conhecimento que se tem sobre ela pode nos orientar quanto ao que devemos buscar neste caso singular.

Aqui vemos o procedimento lógico da implicação: trata-se de *subsumir* o caso singular sob uma categoria geral. Com isso ganha-se tempo, e, mais importante, ganha-se inteligibilidade ou compreensão sobre aquela determinada situação. Isso é útil para o analista, porque, ao vermos no material sinais de uma neurose, isso nos alertará para a existência de um conflito. Se pensarmos que se trata de uma neurose *obsessiva*, esperaremos encontrar uma forte dose de agressividade, complicações no plano da analidade, e um certo número de defesas características: isolamento e evitação do contato, visando a proteger o indivíduo contra fantasias de ser invadido, de perder o controle, ou, mais para trás, fantasias paranoides de ser perseguido, dominado, etc.

Estes elementos teóricos não substituem a atenção à singularidade, mas a complementam, assim como, quando vai a um concerto de *jazz*, o ouvinte tem uma ideia do que pode esperar: não se vai tocar pagode. Não sabemos exatamente qual improvisação o baterista vai fazer, ou que interpretação o saxofonista vai propor para um clássico de John Coltrane ou Miles Davis, mas isso não impede que tenhamos uma certa noção do que nos será dado ouvir.

Assim, passamos quase insensivelmente do plano narrativo para o plano teórico. Veremos mais adiante que, apesar de diferentes, eles estão vinculados por uma dialética própria. A narrativa é uma história, enquanto o escrito teórico visa a explicar em termos de conceitos e hipóteses: "não poderemos evitar a suspeita de que, antes do sexto ano, tinha havido conflitos, agressões", etc. etc. Também visa a algo que não podemos deixar de mencionar: ele quer *persuadir*, e aqui entramos no domínio da Retórica.

## Persuasão e público imaginário

O leitor vai ser convencido por diversos meios: alguns "substantivos" – a clareza ou plausibilidade da explicação – outros "adjetivos" – os recursos do estilo. É necessário utilizar os conceitos e hipóteses pertinentes, de maneira a poder dar conta daquilo que foi colocado no plano narrativo. Mas há uma coisa mais sutil: queremos que os leitores *aceitem* na nossa explicação, queremos *convencer*. O ideal seria que, pelos próprios méritos da explicação, ela bastasse para tal propósito. Mas na verdade isso não acontece, porque de maneira geral o leitor não se persuade apenas com uma demonstração seca: aqui está a repressão, ali está o conflito, e assim por diante. É preciso revestir nosso argumento com uma roupagem atraente, como faziam os antigos locutores com sua linguagem gongórica.

Ela cabia muito bem no Brasil de 1940, o país do "Ouviram do Ipiranga as margens plácidas" – o hino nacional está escrito inteiramente em anacolutos. Prestem atenção: "Ouviram do Ipiranga, as margens plácidas / de um povo heroico o brado retumbante". Onde está o sujeito? Quem fez o que para quem? Vamos colocar isso na ordem direta: *as margens do Ipiranga ouviram o brado retumbante de um povo heroico*. Mas, se dissermos assim, não cabe na música. Além da ordem inversa, muitos termos da letra são de tal forma eruditos, que escapam à compreensão de quase todos os brasileiros: "lábaro estrelado", "terra mais garrida", "penhor da igualdade"...

Estou lembrando isso porque o que funciona como gerador de convicção para um determinado público pode não ter efeito algum para outro. Hoje em dia, dificilmente alguém se disporia a escutar uma irradiação de futebol contendo frases como "próprio da municipalidade", "Sua Excelência vai iniciar o prélio", "os dois contendores adentram a arena verde e branca", que soariam ridículas nestes tempos de prosa mais enxuta. Quarenta anos atrás, essa mesma prosa enxuta soaria como ignorância e incapacidade de manejar o idioma.

O que aprendemos com isso é que o autor deve sempre se perguntar: *para quem estou escrevendo?* O leitor imaginário tem contornos relativamente definidos: são os colegas de profissão em um caso, estudantes em outro, o leitor leigo mas interessado na área num terceiro – isso para não falar das imagos internas de cada um de nós, a quem desejamos impressionar ou de quem desejamos o perdão.

Vamos supor que alguém está escrevendo sobre adoção. Quem seria o público-alvo? Não só psicanalistas: um juiz pode ler o trabalho, uma assistente social, pediatras, casais que desejam adotar uma criança. Assim, é necessário decidir quanto do bê-á-bá da Psicanálise vai ser colocado no texto. Isso é mais fácil quando o público é homogêneo. Quando alguém nos convida para dar uma palestra, é útil perguntar para qual público devemos falar. Se são estudantes de graduação, o que vamos dizer vai ser calibrado num certo tom.

Ao longo dos anos, dei-me conta de que falar de maneira simples não significa desprezo pelo público – ao contrário, significa *respeito* por ele, porque o conferencista está fazendo o possível para lhe tornar acessível o que quer transmitir. Já numa reunião de colegas não é preciso explicar o que é repressão ou transferência.

Isso nos leva a um problema muito importante: até onde ir, regressivamente, na exposição daquilo que é necessário para o trabalho.

## Até onde é necessário fundamentar nosso argumento?

Vamos supor que estamos tratando um assunto que envolve a noção de narcisismo. Precisamos falar um pouco sobre

Sete sugestões para quem escreve

isso para explicar por que o fenômeno, segundo pensamos, pode ser esclarecido com o auxílio daquela categoria. *Quanto sobre narcisismo é necessário expor?* Até onde temos que ir para justificar o recurso àquela noção? Podemos escrever um parágrafo, uma página, vinte páginas, um capítulo inteiro. Vai depender do quê?

Resposta: das *necessidades da argumentação.* Aqui não existe receita, mas um conselho geral, que podemos formular na versão erudita e na versão infantil. A versão erudita é a de Aristóteles, na *Retórica*, quando diz que é necessário explicar as coisas *prós tên ikanôs*, que quer dizer *suficientemente quanto ao uso*, na medida necessária para que o ouvinte entenda. E a versão infantil é: "para quem é bacalhau basta". Por exemplo, até onde explicar sobre algo que uma criança pergunta? Resposta: até ela parar de perguntar.

O modelo para isso é a curiosidade sexual da criança: como eu nasci? Se dizemos: você saiu da barriga da mamãe, e a criança parar de perguntar, isto é *prós tên ikanôs*, suficientemente quanto ao uso. Se a criança para de perguntar, é sinal que ela está satisfeita. Um ano depois, a mesma criança pode perguntar *como* foi parar na barriga da mamãe: é hora de falar da sementinha do papai.

No caso do narcisismo, dependendo de ao que o autor está se referindo, pode ser necessária uma incursão detalhada no conceito para mostrar que aquilo faz parte desse campo; ou, ao contrário, pode bastar uma alusão relativamente rápida a um determinado aspecto do narcisismo, uma nota de rodapé.

Essa decisão requer o que Kant chamava de *faculdade de julgar*, ou discernimento, e com a prática vai ficando mais fácil. Muitas vezes, relendo nosso trabalho, nos damos conta de que não explicamos suficientemente algo, ou que estamos nos repetindo: é a prática que nos dá sensibilidade para perceber o excesso numa ou noutra direção.

Certa vez, participei da banca de qualificação de um mestrado cujo tema era a experiência de ser capturado pela visão de uma obra de arte. A obra que especificamente interessava à autora é uma escultura de Camille Claudel, *Perseu e a Medusa:* que foi exposta alguns anos atrás na Pinacoteca de São Paulo. Por uma série de razões – estéticas, pessoais, afetivas –, ao ver a escultura a colega sentiu-se completamente arrebatada por ela. A partir disso, surgiu o desejo de escrever sobre essa experiência e entender um pouco melhor do que se trata.

Vocês talvez se lembrem de um texto de Freud que se chama "A Cabeça de Medusa". Ali ele escreve que a Medusa representa ela mesma a castração, porque petrifica os homens, os quais, ao se tornarem estátuas, passam a representar o pênis ereto. Ao mesmo tempo, estamos diante da impotência total, porque eles estão paralisados e não podem fazer nada. A castração está de início do lado da mulher e do olhar: a Medusa é ativa e os outros são passivos, há um agente da castração e um objeto da castração. Aqui o agente é feminino, e o objeto, evidentemente, masculino. Quando Perseu mata a Górgona, a situação se inverte: ela está morta, paralisada, e ele segura triunfantemente a cabeça dela. Quem operou o corte, com todo o seu significado metafórico, foi agora o homem, e sobre uma figura feminina.

Pois bem: até onde a autora desse texto precisa falar sobre castração? Isso depende de se, ao estudar o *seu* tema – a captura e a emoção estética – a experiência de ser "aprisionado" for, ou não, referida a uma situação de domínio de A sobre B cujo modelo seja a castração. Neste caso, será necessário entrar em mais detalhes, por exemplo explicando qual a relação entre domínio, sadismo, agressividade e castração. Se escolher outra rota, a autora poderá aludir mais rapidamente ao tema, mas terá de falar mais extensamente do conceito ou conceitos que vier a relacionar com a experiência da captura[8].

---

[8] A solução que ela deu a esta dificuldade pode ser conferida no livro publicado: Ada Morgenstern, *Perseu, Medusa & Camille Claudel,* São Paulo, Ateliê Editorial, 2009.

Outro exemplo: preparando a reedição do livro *A Sombra de Don Juan*[9], eu o revisei, e me dei conta de que em 1987, quando fiz uma palestra sobre a questão da sedução – é o primeiro artigo do livro – era preciso apresentar Jean Laplanche ao público brasileiro. Ainda não havia sido traduzido nenhum dos volumes das *Problématiques*; a *Teoria da Sedução Generalizada* tinha acabado de sair na França. Então, toda uma parte do texto explica o pensamento de Laplanche a respeito do significante enigmático, a ideia da sedução originária efetuada pela mãe sobre a criança, que a erotiza ao mesmo tempo em que inicia o processo da sua subjetivação – questões com certeza desconhecidas pelo público a quem estava me dirigindo. Isso mostra como o "estado do campo" mudou: criou-se no Brasil, nos últimos vinte ou vinte e cinco anos, uma cultura psicanalítica muito mais densa do que existia em 1987, e isso não é indiferente para quem escreve.

## Dialética do narrativo e do teórico

Um outro aspecto, correlativo a estes de que estamos falando, diz respeito ao vínculo entre o narrativo e o teórico; o exemplo da Medusa pode nos servir para o ilustrar. Quando falo numa certa dialética em que o elemento da castração está primeiro no elemento feminino e depois migra para o masculino, a consequência disso é que a análise precisará desvendar e fazer germinar alguma coisa que já estava ali, mas em estado latente. Isso vale para a análise em sentido clínico, mas também no sentido de compreensão da estátua ou do mito.

---

[9] 3ª edição, Casa do Psicólogo, 2005. As ideias de Laplanche sobre a sedução originária são mais amplamente discutidas no capítulo "Três Concepções do Originário", neste volume.

# FIGURAS DA TEORIA PSICANALÍTICA

Um dos autores que Ada menciona em sua dissertação é André Green, que escreveu um lindo livro sobre o "Cartão de Londres", um dos estudos preparatórios feitos por Leonardo da Vinci para a tela *A Virgem dos Rochedos: Revelações do Inacabado*[10]. Green vai à National Gallery e vê este estudo – é um desenho sobre papel-cartão, daí o nome de "Cartão de Londres". Green tem uma experiência de deslumbramento que o leva a tentar *elaborar* isso que lhe aconteceu; decide escrever sobre a experiência artística – do espectador e do criador – e sobre os processos sublimatórios envolvidos na arte.

O psicanalista francês se pergunta: será que primeiro veio a experiência do arrebatamento, e só depois, num segundo momento – não mais imediato, porém reflexivo – a tentativa de *compreender* aquela experiência? E responde: não. É claro que, num primeiro momento a experiência prevalece sobre a discursividade e a reflexão. Mas, diz André Green com toda razão, nessa experiência inicial *já existem germes de racionalidade*. Não é uma experiência caótica; já está estruturada de alguma maneira, mesmo que o efeito dela para quem a vivencia seja de ofuscamento e perda de controle.

O fato de o sujeito experimentar uma desorganização momentânea não significa que a própria experiência seja desorganizada. *Eu* me sinto estupefato, mas a experiência em si mesma tem uma lógica própria. No momento da imediatez, portanto, já existe um germe de inteligibilidade. Por outro lado, diz Green, agora que estou escrevendo, neste momento, diante do computador, alguma coisa daquela experiência ainda permanece viva, e me anima a pensar e refletir.

Em resumo: no momento da experiência, já existe uma racionalidade e um germe de reflexão; no momento reflexivo, também está presente um elemento de paixão ou de

---

[10] Rio de Janeiro, Imago, 1994.

angústia, um eco daquela experiência. Os dois aspectos estão presentes em *ambas* as fases, porém cada um prevalece em momentos diversos.

Pois bem: o vínculo entre narração e teoria é bem semelhante a isso de que nos fala André Green. Podemos afirmar que nem a narração é puramente factual, nem a teorização é puramente conceitual. Já na maneira como organizamos o nosso relato, existe uma teoria latente, e é ela que vai guiar a seleção do que consideramos relevante para colocar na narrativa. Como Freud pensa que o relevante é o *conflito*, ele vai ouvir o discurso dos seus pacientes tentando discernir onde está o impulso erótico, onde está a defesa – os elementos que vimos ao citar há pouco o *Homem dos Ratos*. Ou seja: a narração é predominantemente narrativa, como diria o conselheiro Acácio, mas já inclui uma certa ossatura teórica, embutida na seleção e organização dos elementos que a compõem.

O mesmo vale para o plano teórico. Quando Freud usa conceitos e constrói hipóteses, nesse "teórico" estão embutidos os "conhecimentos obtidos em outra parte". Que outra parte é essa? A experiência com outros neuróticos obsessivos, portanto a experiência clínica. A mesma dialética que vigora entre a experiência e a sua elaboração vigora entre a narração e a sua elaboração: o narrativo já está organizado segundo aquilo que a teoria diz que é importante observar, e esta pode ser empregada naquele caso porque foi construída a partir de situações semelhantes à que está sendo estudada.

Por que chamar a esta relação de "dialética"? Porque cada um dos termos envolvidos contém em si outra dimensão (latente, mas que está lá), que é o *oposto* daquilo que aparece na superfície. No caso da experiência estética relatada por Green, os opostos são de um lado a imediatez/intensidade, e do outro uma certa organização, que pareceria ir contra este aspecto intangível.

Digo isso porque não é nada raro ouvirmos discursos sobre o "inefável da experiência", a impossibilidade da sua comunicação, a frieza da teoria, a saturação dos conceitos, e por aí vai. Como se o fato de *vivenciar* alguma coisa fosse superior a *pensar* aquela coisa – como se pensar não fosse também uma experiência, que aliás pode ser muito arrebatadora. Lembrem de Arquimedes, que ao descobrir a solução do problema que lhe tinha sido confiado pelo rei de Siracusa saiu nu pelas ruas gritando: *eureka, eureka!* (*achei, achei*)! Não há necessidade de opor, como faziam os românticos, a intensidade da experiência à suposta frieza do pensamento. Goethe disse certa vez uma frase com a qual não posso concordar: "cinzenta, meu amigo, é toda a teoria, e verdes são os frutos da dourada árvore da vida". Penso que aqui o grande poeta se equivocou: a teoria não precisa ser cinzenta, e nem sempre os frutos da vida são verdes ou dourados: podem ser bem amargos, ou até estar podres.

## Os círculos concêntricos

Chegado a este ponto, talvez seja interessante abrir um pouco a porta da cozinha e examinar a fatura de um trabalho de Psicanálise, que o leitor vai degustar pronto, como num jantar entre amigos. Mas sabemos que a preparação da iguaria passa por várias fases, que, por não estar à vista dos comensais, parecem simplesmente não ter existido. Ao ler um texto, às vezes temos a impressão de que ele caiu do céu por obra do Espírito Santo, ou nasceu adulto, como Palas Atena da cabeça de Zeus – o que não é verdade: mesmo um escrevinhador experiente só pode deixar seu texto "redondo" à custa de muita lixa.

Para ilustrar alguns problemas que todos enfrentamos, gostaria de contar-lhes um pouco do processo de elaboração de um artigo meu: "A Ilha dos Tesouros – relendo *A Piada e sua*

## Sete sugestões para quem escreve

*Relação com o Inconsciente*[11]. A ocasião para redigi-lo foi o centenário do livro sobre a piada que Freud publicou em 1905, *Der Witz und seine Beziehung zum Unbewussten*.

A história do artigo começa com uma observação de Abrão Slavutzky a respeito de como nós psicanalistas somos sérios e sem graça: a sisudez do protocolo, todo mundo muito engomado, muito cauteloso. O colega gaúcho chamava a atenção para a importância de uma atmosfera mais *relaxed*, lembrando a contundência do humor como instrumento de interpretação (e os limites dele). Perguntava-se: por que os analistas ficaram tão sérios, por que a imagem da profissão é tão severa, qual é o custo psíquico de manter essa máscara de impassibilidade? Convidou então algumas pessoas para escrever a respeito dessa questão, e o resultado é a coletânea na qual figura meu trabalho.

Pensei bastante sobre como poderia contribuir para o livro, e resolvi que iria retomar *Der Witz*, que fazia tempo que não lia. O tema do humor, na sua analogia com os processos de criação, já tinha aparecido em alguns cursos que dei na PUC; neles também havia tratado da questão do prazer, e de outros temas que Freud aborda em seu livro. Mas fazia pelo menos trinta anos que eu não o lia inteiro, e resolvi que minha contribuição à coletânea ia ser esta leitura.

Há uma cena de *O Saci* na qual Monteiro Lobato explica o que é "modorrar": ficar deitado ao sol, com uma graminha na boca, devaneando. Ao fazer isso, temos a impressão de ver tudo estremecido, por causa da refração da luz; é um estado meio sonolento – muito propício, evidentemente, à livre associação, semelhante ao que se chama de "regressão". Todo psicanalista deveria usar um *button*: "eu acredito em livre associação". E não só ao escutarmos nossos pacientes: a construção de qualquer

---

[11] In Abrão Slavutzky e Daniel Kuperman (orgs.), *Seria trágico... se não fosse cômico*, Rio de Janeiro, Record, 2005.

FIGURAS DA TEORIA PSICANALÍTICA

texto, seja psicanalítico ou de outra natureza, começa com uma etapa associativa. Vamos deixando as ideias surgir, sem muita preocupação quanto a onde nos vão levar, anotando-as de qualquer jeito. Essa fase é muito importante: enquanto perdura, de alguma maneira, a atenção pré-consciente está concentrada na tarefa que devemos realizar.

Em seu livro *The Act of Creation*[12], Arthur Koestler descreve algo muito semelhante, chamando-o *estado de expectativa* – não expectativa de que alguma coisa aconteça, mas um estado de "alerta relaxado", que torna a nossa sensibilidade mais aguçada para discriminar, entre os estímulos que nos chegam, aquilo que tem a ver com o trabalho em preparo. Determinados aspectos de um filme, de uma conversa, de um incidente familiar ou de qualquer outra situação são captados nessa rede, porque quem fareja sente o cheiro mais do que quem não está farejando.

Ainda nesta primeira etapa, outra tarefa é documentar-nos acerca do que vamos tratar. Após reler e fichar o livro do *Witz*, fui atrás de outras referências que poderiam ser úteis: as biografias de Jones e de Peter Gay, nas partes que contam o que Freud estava fazendo e pensando naquela época.

Em Jones encontrei a informação de que ele escrevia a obra junto com os *Três Ensaios*: comprou duas mesas, e, conforme a inspiração escrevia um trecho de um ou do outro. Não é preciso ser Sherlock Holmes para perceber que deve haver relações bastante íntimas entre ambos! Então, fui aos índices da *Standard Edition*, buscando referências a cada um dos livros no outro – e encontrei várias.

Nos *Três Ensaios*, num certo momento, Freud diz que está examinando a questão do prazer preliminar, e que recentemente "pôde demonstrar um mecanismo análogo numa outra esfera da vida psíquica que não a sexualidade *stricto sensu*". É claro que está

---

[12] Nova York, Dell Books, 1970.

se referindo ao livro da piada, no qual mostra que existe um prazer ligado à *forma* – a engenhosidade do envoltório humorístico – e um outro prazer, muito mais intenso, ligado ao *conteúdo* – fazer troça de alguém frente a quem nos sentimos superiores: aquele é ridículo, e nós não somos. Este prazer é muito intenso, e, diz Freud, por isso a piada hostil desperta um prazer muito maior que a inocente.

Paralelamente, em *Der Witz* ele se refere várias vezes ao trabalho a respeito da sexualidade, por exemplo no capítulo sobre as piadas com conteúdo sexual.

Resumindo meu trajeto: leitura do livro e anotações correspondentes, informações sobre o contexto pelas biografias, utilização de obras correlatas do mesmo autor, ou que tratam de problemas semelhantes. Por exemplo, seguindo a pista das indicações, fui parar no "Problema Econômico do Masoquismo", no qual Freud discute mais uma vez a natureza do prazer – no caso, aquele associado à dor ou ao sofrimento. E depois, ampliando um pouco o círculo, voltei a ler um texto que gosto muito – um livro já antigo de Monique Schneider, que ainda me parece atualíssimo, *Freud et le Plaisir*[13]. E por que isso? Porque a encomenda para escrever este trabalho só encontrou *eco* por ter de alguma maneira se cruzado com interesses e preocupações que são minhas há muito tempo.

A questão do prazer foi objeto de um curso aqui na PUC em 1994, e que terminou em uma espécie de impasse, porque na época não consegui resolver o problema que levantei, por sua vez suscitado pela leitura do artigo de Gérard Lebrun no livro da Funarte sobre o desejo[14].

Lebrun lembra que os gregos distinguiam entre prazeres *superiores* e *inferiores*, mais nobres e menos nobres, enquanto nós

---

[13] Paris, Aubier-Montaigne, 1980.
[14] Gérard Lebrun, "A neutralização do prazer", in Adauto Novaes (org.) *O Desejo*, São Paulo, Companhia das Letras, 1990.

FIGURAS DA TEORIA PSICANALÍTICA

colocamos o problema do prazer em termos quantitativos (mais intenso ou menos). E menciona algo que me chamou a atenção, porque recobria um problema que eu via também na visão freudiana do prazer. Sabemos que Freud o assimila a um movimento de descarga, usando o modelo do arco reflexo. Neste processo, o prazer coincide com a eliminação da tensão, que traz o repouso. O momento da excitação não é considerado prazeroso, porque produz mais tensão. Então, temos uma teoria *quantitativa* de prazer: mais tensão → mais desprazer, menos tensão → menos desprazer, ou mais prazer.

Em seu diálogo *Filebo*, Platão diz uma coisa muito semelhante, só que invertida. Em vez de considerar que o prazer vem do esvaziamento, o filósofo afirma que ele provém da repleção ou do preenchimento, como no caso da fome. O estômago vazio nos faz sentir desprazer; ao preencher esse vazio, nos sentimos satisfeitos, e temos uma experiência de prazer. Exatamente como em Freud, só que visto do outro lado: num caso, tenho uma passagem do mais para o menos, e é isso que engendra prazer, no outro, a passagem do menos para o mais, e é isso que engendra prazer.

Comentando esse texto de Platão, Aristóteles diz que tal teoria do prazer explica muito bem o que as vacas sentem ao pastar no prado, mas que certamente não dá conta dos prazeres propriamente humanos: a contemplação, a amizade, ver um belo espetáculo natural, entender alguma coisa, vencer uma dificuldade etc. Onde está o aumento do que quer que seja, quando escuto uma bela melodia na flauta e isso me traz prazer? Tolice!

Então, existem prazeres animais (que são inferiores, dentro da visão hierárquica a que se refere Lebrun), mas não são estes que interessam. O que interessa explicar é o processo mais sutil do prazer *estético*, ligado à sensibilidade nas suas mais variadas formas. Aristóteles propõe uma definição que Lebrun cita e comenta: "o prazer é a sensação que acompanha o exercício desimpedido de uma faculdade ou capacidade". Cada

Sete sugestões para quem escreve

palavra é importante aqui: *é a sensação que acompanha* – portanto é um subproduto, algo concomitante a um fazer – o *exercício de uma capacidade ou faculdade*, exercício este *desimpedido* – *anempodístos*, ou seja, que não se choca com resistências, inibições e neuroses, falando agora do nosso ponto de vista.

Ora, essa oposição entre uma visão mais quantitativa e o que chamei de uma visão *qualitativa* do prazer me parecia recobrir uma dificuldade análoga nos *Três ensaios*, e que Monique Schneider chama, em seu livro, *o paradoxo do prazer sexual*. Qual é este paradoxo? Qualquer adolescente sabe: as carícias e atividades preliminares são extremamente prazerosas, muitas vezes até mais que o próprio "finalmente". Isso não tem explicação numa teoria que diz que o prazer é *descarga*, porque, obviamente, só aumenta a excitação.

O próprio Freud reconhece isso numa passagem dos *Três ensaios*, ao descrever a sensação de uma mulher quando seu seio é tocado[15]. Ele diz que a excitação da zona erógena na pele do seio produz tensão; mas, ao contrário do que seria de se esperar, *essa tensão exige mais tensão*. Se essa mulher se excita com a carícia, ela quer ser mais tocada, e não menos. Eis aí, diz Freud, uma dificuldade muito séria para a nossa teoria; ele faz alguns malabarismos teóricos para tentar resolver o problema, mas em minha opinião sem sucesso.

Quando me ocupei com isso no curso de 1994, me perguntei se haveria uma teoria psicanalítica do prazer que desse conta dos deleites mais refinados da vida – ou estamos condenados a não os compreender? Como se poderia traduzir em termos psicanalíticos a visão aristotélica do prazer como exercício de uma capacidade? Pois bem: terminou o semestre, e não cheguei a nada que me satisfizesse. Este é um exemplo de como nem sempre temos sucesso numa pesquisa. Chega-se a um beco sem

---

[15] *Três ensaios*, SA V, p. 114; BN II, p. 1217.

287

FIGURAS DA TEORIA PSICANALÍTICA

saída, porque o problema é difícil, porque não se tem elementos ou não se está maduro para o pensar, ou por qualquer outro motivo.

Minha hesitação em começar a escrever o artigo para a coletânea, tomando notas abundantes, fazendo tantos fichamentos, tinha a ver com isso: tendo já abordado a questão do prazer uma vez, e não conseguindo resolvê-la, estava simplesmente com medo de fracassar de novo. Uma clássica exigência superegoica! A solução do impasse, e com ela a vontade de começar a redigir o texto, surgiu quando encontrei no livro de Monique Schneider uma observação que já havia lido várias vezes, mas cujo alcance só agora podia perceber – e isso porque a situava num novo contexto. Sobre isso vou dizer algo logo mais.

Antes, quero sublinhar que estava abrindo *círculos concêntricos* a partir do tema que devia tratar: o primeiro é formado por outros textos de Freud (os *Três ensaios, O problema do masoquismo*). Num outro círculo, um pouco mais largo, temos o contexto da obra no momento em que escreveu o *Witz*. E um outro círculo ainda mais amplo era a questão do prazer, para o qual os livros de Monique Schneider e de Arthur Koestler me seriam úteis. Com isso, já dispunha de material suficiente para um artigo.

De novo a questão de até onde ir, agora em relação à amplitude da pesquisa: no instante que me dei conta de que era por pura insegurança que estava querendo me documentar mais e mais, "caiu a ficha", a insegurança diminuiu, e pude começar a trabalhar.

Esta ideia dos "círculos concêntricos" me parece importante. O primeiro é o próprio livro, o segundo os textos correlatos, o terceiro o pensamento do autor nesta época – mas poderia ser também o contexto histórico, se fosse um assunto diferente. Em 1905, estava havendo uma guerra entre a Rússia e o Japão, mas não vejo qual seria a relevância disso para a gênese do *Witz*: no caso, o contexto era teórico, não factual. Depois, a escolha de uma questão – o problema do prazer – que, pelo que acabei de contar, tinha para mim ressonâncias tanto intelectuais quanto afetivas. Por último, alguns estudos sobre esta questão, a saber os de Lebrun, Monique Schneider e Arthur Koestler.

O que isso produziu? Em primeiro lugar, uma série de fichamentos, com citações, trechos copiados etc. Em seguida, usando a receita que eu mesmo gosto de recomendar, fiz um diagrama em colunas.

Em *Escrever a Clínica* – a partir de outro artigo, "Tempo de Muda" – mostrei detalhadamente no que consiste este diagrama. O problema do fichamento é que é longo demais, quer seja feito em fichas, em folhas de papel, em arquivos de computador, em tabuinhas de cera, ou no que quer que seja que se use como suporte: depois de um certo tempo, as notas ficam muito volumosas. O diagrama em colunas serve para criar um concentrado da informação armazenada nos fichamentos. Como estabelecer essas colunas? Para decidir isso, é preciso resolver quais são os tópicos principais. Neste caso, era conveniente ter uma sobre o prazer, uma sobre o contexto biográfico, etc.

O diagrama é elaborado de modo muito simples: vou lendo minhas anotações e separando-as nas colunas, num estilo telegráfico, de forma que todas as informações sobre um mesmo tópico apareçam uma embaixo da outra, enquanto no fichamento elas estão obviamente esparsas.

Quando o trabalho exige apresentar um número grande de informações, ou um argumento complexo, acho cômodo usar esse sistema, e recomendo que quem vai escrever invente algo semelhante, isto é, um jeito que permita um acesso visual rápido ao que se conseguiu coletar.

## A direção do texto

Bom. Tendo feito isso, me perguntei: por onde começo? Um texto não é só um tecido (*textum* é o particípio passado do verbo latino para *tecer*); é algo como um processo, um filme, ou uma peça musical – não um quadro, que se pode abarcar num único golpe de vista. Lemos um texto virando as páginas, ou rolando a barra do computador.

Pois bem: por ser algo que exige tempo para ser absorvido pelo leitor, um texto tem que ir *de algum lugar para algum lugar* – evidentemente, do ponto de partida para o ponto de chegada. Em geral, sabemos qual é este ponto de chegada – o que queremos mostrar – e também sabemos qual é o ponto de partida, a saber o material já organizado preliminarmente nas colunas. Para caminhar com coerência de um até o outro, é preciso pensar um pouco na arquitetura do texto. É ela que vai garantir *sequência* e *coerência* entre as partes.

Um bom texto tem uma sequência lógica, o que quer dizer que o que vem depois dá um passo adiante em relação ao que veio antes. Se chamarmos ao ponto de partida "Um", o que se segue a ele – "Dois", "Três", etc. – deve ir um pouco mais longe na direção escolhida, até atingir "N", que é nosso ponto de chegada.

Há basicamente duas formas de fazer isso: a linear e a em zigue-zague. No movimento linear, vamos sempre na mesma direção: do passado para o presente, do mais simples ao mais complexo, do mais imediato e concreto para o mais abstrato, ou o contrário dessas três possibilidades. Um teorema de geometria é um bom exemplo de direção linear: o que vem antes na demonstração é a base para o que vem depois; um livro de História que começa com o descobrimento do Brasil e vem até os dias de hoje é outro, assim como uma biografia que se inicia com o nascimento da pessoa e conta sua vida etapa por etapa.

A direção linear é mais simples; já o movimento em zigue-zague é mais difícil de manejar, porém mais interessante para o leitor. Um romance policial é um bom exemplo: começa no meio do processo que se vai narrar, com o crime já acontecido, ou prestes a acontecer. Este crime tem razões que lógica e

Sete sugestões para quem escreve

cronologicamente o precedem – Fulano vai ser assassinado, ou o foi, por Sicrano, por tais e tais motivos – mas elas só vão aparecer mais para a frente. A investigação parte das pistas e vai remontando o rio, tentando reconstruir o que aconteceu. Já quando Poirot resolve o mistério na sua cabeça e convoca todos os envolvidos para a cena final, isto se situa obviamente *depois* do crime. É à oscilação entre um ponto intermediário, o que veio antes, o que veio depois, o retorno a algo que se situa entre o primeiro e o de agora etc. – que chamo de *zigue-zague*. Se o crime é, digamos, "Quatro", a ordem da narrativa poderia ser algo assim: 4/5/1/2/6/3/7/8.

Este é um zigue-zague *cronológico*, mas poderia ser entre o narrativo e o teórico. No *Homem dos Ratos*, Freud começa com as primeiras sessões; ao raciocinar sobre elas, reconstrói hipoteticamente um fragmento da neurose infantil – "antes dos seis anos", etc. etc. Depois, retorna ao presente do tratamento, acrescenta outros dados, tira uma conclusão, faz um comentário teórico, e assim por diante, navegando livremente entre os dois planos.

Vejamos mais uma amostra de como isso pode ser feito, aproveitando para insistir num ponto que considero importante: a *abertura do texto*. Sempre que possível, ela deve despertar o interesse do leitor e fazê-lo sentir curiosidade pelo que vem depois. Um bom modo de conseguir isso é colocá-lo logo de saída numa situação de perplexidade ou de espanto, por exemplo apresentando um forte contraste entre duas coisas e deixando em aberto a solução.

É o que ocorre na abertura de *Freud, pensador da cultura*. Ali cito duas frases de Freud sobre sua relação com Viena: numa, ele fala do ódio que sente pela cidade, enquanto na outra – escrevendo do exílio em Londres – diz que amava muito a prisão da qual pudera se libertar. As duas frases são apresentadas a seco, apenas com aspas, uma depois da outra. E pergunto: "afinal, *qual era* a relação de Freud com Viena? Para responder a esta questão, precisamos investigar o que era a cidade com a qual Freud mantinha relações emocionalmente tão intensas". E o capítulo

291

vai então explorar diversos aspectos da cultura vienense da *Belle Époque*, na qual surgiu a Psicanálise.

Freud diz no *Homem dos Ratos* que as primeiras frases frequentemente são importantes; vale a pena prestar atenção nelas – é a abertura do jogo de xadrez. Igualmente merece atenção o final do texto; sempre que possível, é bom terminar com o que se chama no teatro inglês de *punch line*, a linha de soco, a frase de efeito, que sirva como fecho adequado. Em suma: *o início e o fim merecem atenção especial*.

Voltamos à arquitetura: pode ser interessante começar de algum ponto no meio e fazer um retorno, como no primeiro capítulo de *Freud, Pensador da Cultura*, e depois voltar de alguma forma a esse início, porém já trazendo os elementos do percurso que permitiu chegar até lá. Em relação ao tema "Freud e Viena", o capítulo mostra que ele tinha uma atitude ambivalente quanto à cidade. Mas isso não pode ser dito na segunda linha! Se eu tivesse escrito: "de fato, essas citações expressam uma grande ambivalência de Freud em relação a Viena", não teria uma história para contar.

O argumento do capítulo é que a Psicanálise faz parte desse mesmo *Zeitgeist*, na medida em que desconstrói as formas usuais da percepção e do pensamento. Este é o ponto comum entre as diversas manifestações culturais da Viena daquela época. Na pintura, o fim da figuração realista, com o expressionismo; na filosofia, o interesse pelos processos de raciocínio e a desconstrução dos argumentos; na música, a abolição da tonalidade. Os códigos expressivos herdados da tradição europeia – perspectiva, tonalidade, discursividade linear – são superados, e a Psicanálise entra nesse movimento através do método da livre associação – ou seja, suspendendo a crítica lógica ao que pensamos e a crítica moral ao que sentimos – a regra fundamental[16].

---

[16] Sobre este assunto, ver igualmente Renato Mezan, "Viena e as origens da Psicanálise", in *Tempo de Muda*, São Paulo, Companhia das Letras, 1998.

Ora, há um ar de família entre essas várias manifestações culturais e a Psicanálise; porém não se pode dizer que esta *resulte* de um estudo atento, por Freud, dessas mesmas manifestações. Ele é mais um entre os autores que caminham nessa direção. Não é porque leu os autores e artistas da época, ou porque era amigo deles, que ele cria seu método: as coisas são concomitantes, mas independentes. Então surge um novo problema: *de onde* vem a Psicanálise? E este é o assunto do segundo capítulo.

O que estou chamando de *arquitetura* vale tanto para as grandes estruturas, os capítulos de um texto ou tese, quanto para as seções menores, até o nível dos parágrafos. Nas grandes divisões, temos que pensar na relação com o capítulo seguinte; no interior de um capítulo, na relação entre as suas várias partes, e no que virá depois dele – o capítulo vai começar aqui, passar por tais pontos e terminar ali, porque com isso vou chegar ao patamar tal, no qual se inicia o capítulo seguinte etc.

O efeito "liso" se obtém, como se pode ver, à custa de muita lixa, limando as arestas até o texto fique fluente. Como se faz isso? Eliminando repetições, pensando na eufonia do que está sendo dito, evitando frases muito longas ou pesadas, usando as técnicas discutidas detalhadamente em *Escrever a Clínica*. Não é nenhum bicho-de-sete-cabeças: apenas, exige paciência.

Vamos concluir voltando ao artigo sobre *Der Witz* e examinando rapidamente a sua estrutura. Resolvi não seguir a direção linear, que daria algo assim: "este livro divide-se em sete capítulos, assim como a *Interpretação dos Sonhos*; o primeiro fala disso, o segundo daquilo", e assim por diante.

Lembrem-se, por favor, dos quatro círculos concêntricos: o livro propriamente dito, as obras de Freud correlatas, o contexto teórico do qual fazem parte um e outras, a questão do prazer do ponto de vista psicanalítico. O primeiro item do artigo chama-se "Um pouco de história", e situa o *Witz* no momento epistemológico e clínico da Psicanálise em 1905. Ou seja,

FIGURAS DA TEORIA PSICANALÍTICA

comecei pelo terceiro círculo, o contexto teórico – mostrando numa primeira pincelada os laços entre os *Três Ensaios*, o *Caso Dora* e o livro da piada, e como tudo isso decorre de uma série de questões deixadas em suspenso pela *Interpretação dos Sonhos*.

Em seguida, apresento o resumo da obra, já comentando as questões que me parece importante focalizar. Como o livro tem uma estrutura muito sólida, valia a pena destacá-la: o segundo item estuda o que torna o *Witz* humorístico – é sobretudo a sua forma – e depois, num terceiro item, abordo o problema do conteúdo, e a novidade a que Freud chama "o ponto de vista econômico". Trata-se de uma relação quantitativa entre as forças psíquicas, da qual dependem o riso e o prazer.

Tendo apresentado o percurso de Freud e destacado alguns pontos dele, abordo em seguida a questão do "enigma do prazer", e sustento que o livro sobre o *Witz* faz avançar essa questão do prazer de uma forma tão inédita, que nem o próprio Freud se deu conta do que tinha descoberto.

É uma afirmação ousada! Mas nas entrelinhas, e até mesmo nas linhas – graças à leitura que faz Monique Schneider – fica muito claro que Freud fez uma descoberta genial sobre a questão do prazer. Pela primeira vez, ele dispunha de uma maneira de resolver o enigma da quantidade na carícia prazerosa, e não a utilizou. Qual é esta maneira? É retirar o prazer do âmbito estritamente solipsista, masturbatório. Toda a perspectiva do sobe, desce, aumenta, diminui, considera o prazer do ponto de vista do indivíduo isolado em uma ilha deserta. Acontece que as experiências de prazer mais intensas, inclusive as que ele mesmo descreve no livro do *Witz*, são experiências *intersubjetivas* (a piada exige um ouvinte). O prazer de quem conta a piada só se completa quando o outro ri, e aquele que ri só ri porque o outro lhe contou uma história engraçada.

É esta, finalmente, a tese que apresento no artigo: por ter permanecido relativamente isolado dentro da obra freudiana, o *Witz* é como uma ilha, mas que encerra tesouros insuspeitados. Daí o título: "A 'ilha dos tesouros': Relendo *A Piada e suas Relações com o Inconsciente*".

## Da capo

Para concluir, talvez seja útil elencar essas sete sugestões que procurei ilustrar no decorrer do que precede:

1. ter um foco, o que permite selecionar do material de que dispomos aquilo que realmente interessa;
2. prestar atenção à singularidade do que desejamos discutir, mas incluindo-o na classe ou classes pertinentes, o que permite utilizar o que sabemos sobre ela(s) para formular hipóteses acerca do nosso tema;
3. ter em mente o público ao qual estamos nos dirigindo;
4. *"prós tên ikanôs"*, saber onde se deter na regressão temática ou no acúmulo de documentos;
5. amarrar tanto quanto possível os planos narrativo e teórico, lembrando que estão numa relação dialética;
6. determinar quais são os "círculos concêntricos" pertinentes para nosso trabalho, evitando digressões inúteis;
7. escolher uma direção para o texto, de modo que o final traga realmente mais informações que o início.

E, sobretudo, revisar o que escrevemos, limando as arestas, retirando repetições... mas aqui, já corro o risco de me repetir!

# NOTA SOBRE A ORIGEM DOS TEXTOS

**As filhas dos filisteus: sobre um lapso de Freud** – Comunicação no II Encontro da *Association Internationale d'Histoire de la Psychanalyse*, Viena, julho de 1988. Publicado originalmente na revista *Percurso* n° 1, São Paulo, Instituto Sedes Sapientiae, 1988, p. 29-47. Republicado em *Percurso* n° 35, 1995, p. 67-80.

**As Filhas, dezessete anos depois** – publicado originalmente em *Percurso* n° 35, 2005, p. 81-84.

**Metapsicologia/Fantasia** – conferência no ciclo comemorativo dos cinquenta anos da morte de Freud promovido pela Sociedade Brasileira de Psicanálise de São Paulo (maio de 1988). Publicado originalmente na *Revista Brasileira de Psicanálise* n° 23:4, São Paulo, 1989, p. 57-77, e em Joel Birman (org.) *Freud, Cinquenta Anos Depois*, Rio de Janeiro, Relume-Dumará, 1989, p. 115-132. Revisto e anotado, o texto foi republicado no *Jornal de Psicanálise* n° 68, São Paulo, Sociedade Brasileira de Psicanálise, 2004, p. 97-121.

**Três Concepções do originário** – publicado originalmente em *Études Freudiennes* n° 32, 1991, p. 159-202. Tradução de Monica Seincman.

**Sobre a Psicanálise e o psicanalista** – com exceção do terceiro (sobre o relatório de G. Chrzanowski), apresentado no

VIII Fórum Internacional de Psicanálise, Rio de Janeiro, outubro de 1989, os textos incluídos neste capítulo foram publicados (alguns com títulos atribuídos pelos jornalistas) em cadernos culturais da imprensa:

1. "Várias maneiras de olhar a obra de Freud", *Jornal da Tarde*, 8.07.1989.
2. "Freud abalou tradição filosófica", Caderno Mais!, *Folha de S. Paulo*, 23.02.1992.
4. "Freud tropicalizado", Caderno Ideias, *Jornal do Brasil*, 17.06.1991.
5. "Caçador da própria palavra", Caderno Ideias, *Jornal do Brasil*, 20.01.1989.
6. "Ensaio de Le Guen empreende volta a Freud", Caderno Letras, *Folha de S. Paulo*, 21.09.1991.
7. "A palavra trocada", Revista Leia n° 108, outubro de 1987.
8. "Melanie Klein retorna à cena", Caderno Ideias, *Jornal do Brasil*, 12.11. 1988.

**Caleidoscópio** – inédito na forma atual, o artigo incorpora trinta e uma breves apresentações para livros de colegas e de orientandos.

**Homenagem a Conrad Stein** – inédito na forma atual, reproduz os prefácios dos dois livros do autor publicados pela Editora Escuta, precedidos por uma tradução parcial de "Traces durables d'une rencontre", *Cliniques Méditerranéenes* n° 43-44, Marselha, 1994, p. 67-79.

**Narciso e seus espelhos** – inédito na forma atual, o capítulo articula cinco prefácios para obras que abordam diversos aspectos desta problemática.

**Sete Sugestões Para Quem Escreve** – versão revista de um texto publicado originalmente na *Revista Trieb*, vol. V, n° 1, Rio de Janeiro, Sociedade Brasileira de Psicanálise do Rio de Janeiro, 2006, p. 41-63.

# ÍNDICE DE
# OBRAS CITADAS

## I. Freud

### Cartas

29 a Martha (16.12.1883) ................................................................23
69 a Fliess (21.09.1897)..................................21, 32, 35, 42, 46, 64
70 a Fliess (03.10.1897)...........................................31, 37, 62
Manuscrito 8 enviado a Fliess, 1892 ....................................68

### Livros e artigos

*A Interpretação dos* Sonhos ............37, 46, 54, 88, 232, 233, 234, 236, 272, 293, 294
cap. IV ................................................................37
cap. VI, seção G.............................................37
cap. VII, seção D.......................................27, 53
"A cabeça da Medusa"....................................278
*A piada e sua relação com o inconsciente* ....................................295
"Análise terminável e interminável" ....................55, 62, 63, 64, 65, 72, 73, 76, 79
*Caso Dora* ....................................................266
"História do movimento psicanalítico".....................261
*Novas Conferências de introdução à Psicanálise*, n° 32....................................53
Inibição, Sintonia e Angústica.........................103

O Homem dos Ratos ........................................................266, 268, 269, 291

O homem Moisés e a religião monoteísta.....................................26, 34

O mal-estar na cultura ..................................................................... 37

"O problema econômico do masoquismo" ........................................288

O tema dos três cofrezinhos.............................................................37

"Projeto de uma psicologia para neurólogos" ............68, 76, 80, 102, 118

Psicopatologia da vida cotidiana......................................................62

"Pulsões e destinos de pulsão" .........................................65, 71, 75, 77

Totem e Tabu .................................................................................. 88

Três ensaios para uma teoria sexual ...............36, 75, 102, 116, 119, 287

"Uma lembrança infantil de Leonardo da Vinci" .........................37, 119

Os dois princípios do funcionamento psíquico..................................124

# II. Outros autores

Abud, Cristiane: *Dores e Odores* ........................................................ 252

Abraham, K. "Psychanalyse d'un cas de fétichisme du pied et du corset"...........255

Abraham, N. "Psychoanalysis lithographica".....................................113

Ab'Saber, T. *O sonhar restaurado* ...................................................... 213

Alighieri, D. *A Divina Comédia*............................................................ 58

Andler, C. *Nietzsche, sa vie et sa pensée* ............................................ 22

Anzieu, D. *L'autoanalyse de Freud*..................................................... 43

Aristóteles: *Retórica* ...................................................................... 277

Bakan, D. *Freud et la tradition mystique juive* ................................... 44

Barbero Fuks, L. *Narcisismo e vínculos*.............................................. 241

Barcia Gomes, P. *Mil e uma histórias de loucura, desejo e cura* ................. 193

Berlinck, M. *Psicanálise da clínica cotidiana* ...................................... 164

Bernardi, R. "The role of paradigmatic determinants in psychoanalytical
understanding".............................................................156, 157

Bíblia: I Samuel, 20 ......................................................................39

I Samuel, 18..............................................................................24

II Samuel, 11 e 12........................................................................26

## Índice de obras citadas

II Samuel, 3 .................................................................27, 29, 39

II Samuel, 17 ..............................................................30

II Samuel, 7 ................................................................39

I Reis, 4 .......................................................................30

Juizes, 20 ....................................................................30

Miquéias, 1 .................................................................29

Birman, J. "Finitude e interminabilidade do processo analítico"............80

Borba Marquez, I. *Gêmeos* ........................................211

Borges Pereira, E. *A figura na teoria psicanalítica* ...................185

Brun, D. *Figurações do feminino*....................................218-221

_____."Les sources infantiles de la théorie chez Freud" ...................37

Calderoni, D. *O caso Hermes*..........................................199

Carone, M. "Freud em português: ideologia de uma tradução".............139, 141

Catullo Goldfarb, D. *Corpo, tempo e envelhecimento* ..................204

Chauí, M. "Janela da alma, espelho do mundo"..........................58

Chrzanowski, G. "One Psycho-analysis or many"........................150

Cintra Bortoletto, M. *Convênios psicológicos e psicoterapia psicanalítica*........195

_____. *Elaboração psíquica*...........................................190

_____. *Ninguém escapa de si mesmo*................................190

Coelho Jr, N. *A força da realidade na clínica freudiana*.................197

Delouya, D. *Entre Moisés e Freud* ...............................44, 223

Droguett, J. C. *Desejo de Deus* ....................................224

Dupas, M. *Psicanálise e educação* ..................................202

Figueira, S. *Nos bastidores da Psicanálise* .......................159 ss.

Figueiredo, L.C/ Ulhôa Cintra, E. *Melanie Klein, estilo e pensamento* ......179

Fuks, B. *Freud e a judeidade* ......................................44

Gabbi Jr., O. F. "Memória e desejo".................................146

_____. "Sobre a concepção da afasia e da histeria"...................146

Gay, P. *Um judeu sem Deus* .......................................44

_____. "Um alemão e seus dissabores" ..............................44

FIGURAS DA TEORIA PSICANALÍTICA

Goethe, J. W. *Fausto* ............................................................ 60, 81

Granoff, W. *Filiations* ................................................................ 28

Green, A. *Revelações do inacabado* .............................................. 280

Grinstein, A. *Los sueños de Sigmund Freud* ..................................... 45

————. Traum und Vision ............................................................ 34

Hale, N. *Freud and the Americans* ............................................... 260

————. *The rise and crisis of Psychoanalysis in the United States* ......... 260

Hanns, L. A. *Dicionário comentado do alemão de Freud* .................... 66

————. *A teoria pulsional na clínica de Freud* ............................... 67

Hawelka, E. / Hawelka, P. *Journal d'une analyse* ............................ 267

Jones, E. *A vida e a obra de Sigmund Freud* ................................... 284

Kanaan, D. A. *À escuta de Clarice Lispector* .................................. 223

Koestler, A. *"The act of creation"* ............................................... 284

Kogut, E. Perversão em cena ....................................................... 215

Kon Rosenfeld, H. *Palavra pescando não-palavra* ........................... 188

Kristeva, J. *No princípio era o amor* ............................................ 173

Kupermann, D/Slavutzky, A. Seria trágico .................................75, 256

Lacan, J. "Posição do inconsciente" .............................................. 231

Lacoste, P. *La sorcière et le transfert* ............................................ 80

Laplanche, J. "A pulsão e seu objeto-fonte" .................................... 119

————. "Três acepções da palavra *inconsciente* na teoria da sedução generalizada"..... 62

————. *Novos fundamentos para a Psicanálise* .................... 86, 113, 114, 115, 120, 121, 122

————. *Teoria da sedução generalizada* ................................... 28, 120

————. *Vida e morte em Psicanálise* ............................................ 75

————. / Leclaire, S. "O inconsciente" ......................................... 131

Laplanche, J. / Pontalis, J.-B. *Vocabulaire de la Psychanalyse* ............. 51

Le Guen, C. *L'Oedipe originaire* ............................................ 103, 117

————. *Pratique de la méthode analytique*................ 99, 102, 103, 105, 168ss

————. *Théorie de la méthode analytique* ................ 103, 104, 105, 106, 109

Lebrun, G. "A neutralização do prazer" ......................................... 284

## Índice de obras citadas

Lino Rocha, A. M. *Escolha da paixão: Camille Claudel* ............................................. 214

Loureiro, I. *O carvalho e o pinheiro* ........................................................................ 60

Mahony, P. "On defining Freud's discourse" ......................................................... 54

_____. *Freud e o Homem dos Ratos* ...................................................................... 267

Martins, S. R. *Clínica do trabalho* ........................................................................ 249

Marzagão, L. *Freud: sua longa viagem morte adentro* ........................................ 206

Maugüé, J. "Sigmund Freud" ........................................................................ 141-142

Mazzarella, T. *Fazer-se herdeiro* ........................................................................ 209

Meiches, M. *A travessia do trágico em Psicanálise* .............................................. 191

Menezes, L. C. *Fundamentos de uma clínica freudiana* ...................................... 188

Mezan, R. "A ilha dos tesouros: relendo *a piada* e sua relação com
o inconsciente" .................................................................................... 75, 295

_____. "A Medusa e o telescópio" ........................................................................ 75

_____. *A vingança da esfinge* .................................................................... 48, 155

_____. *A sombra de Don Juan* .............................................. 48, 69, 156, 229, 279

_____. "De Freud a Freud e vice-versa" .......................................................... 156

_____. "Entre as dobras das palavras" ............................................................ 266

_____. *Escrever a clínica* ....................................................... 266, 267, 268, 289

_____. "Existem paradigmas na Psicanálise?" .................................................. 156

_____. *Freud, pensador da cultura* ........................................... 22, 42 ,43 ,62, 291

_____. "Figura e fundo: notas sobre o campo psicanalítico no Brasil" ............... 161

_____. *Interfaces da Psicanálise* ............................................... 48, 60, 75, 161

_____. "Metapsicologia: por que e para quê" .................................................... 78

_____. "Para além dos monólogos cruzados" .................................................. 155

_____. "Problemas de uma história de Psicanálise" ........................................ 155

_____. *Psicanálise, judaísmo: ressonâncias* .................................................... 45

_____. "Tempo de Muda" ..................................................... 48, 69, 266, 289, 292

_____. "Tres concepções do originário" ........................................... 144, 168, 279

Monteiro Lobato, J. *O Saci* .............................................................................. 283

Monzani, L. R. "A fantasia freudiana" ........................................................... 144-145

_____. "Discurso filosófico e discurso psicanalítico: balanço e perspectivas" ...... 143

Morgenstern, A. *Perseu, Medusa e Camille Claudel* .......................................... 278

FIGURAS DA TEORIA PSICANALÍTICA

Nascimento dos Santos, R. M. *Luto de um amor* ..................................................... 206

Neder Bacha, M. *Psicanálise e educação: laços refeitos* ............................................. 201

Novaes, A. (org.) O olhar ............................................................................... 58

\_\_\_\_\_. (org.) Os sentidos da paixão ..................................................... 76

Ocariz, M. C. *O sintoma e a clínica psicanalítica* ...................................... 208

Pacheco e Silva, A. *Cinema e literatura* ..................................................... 221

Pereira França, C. *Ejaculação precoce e disfunções eréteis* ......................................... 217

\_\_\_\_\_. *Perversão* ......................................................................................... 216

Pfrimmer, T. *Freud, leitor da Bíblia* .......................................................... 44

Platão: *Filebo* ............................................................................................ 286

Politzer, G. *Crítica dos fundamentos da Psicologia* ...................................... 143

Prado Jr., B. "Entre o alvo e o objeto do desejo: Marcuse, crítico de Freud" ....... 148

\_\_\_\_\_. "Lacan: biologia e narcisismo" ..................................................... 147

Rieff, P. "O surgimento do homem psicológico" ................................................. 138

Robert, M. *D'Oedipe à Moïse* ..................................................................... 43

Rosenfeld, E. "Traum und Vision" ................................................................. 34

Rosenfeld, H. *Impasse e interpretação* ....................................................... 177

Roudinesco, E. *História da Psicanálise na França* ........................................ 260

Sartre, J. P. *Entre quatro paredes* ............................................................. 212

Searles, H. *L'effort pour rendre l'autre fou* ................................................ 256

Schneider, M. *Afeto e linguagem nos primeiros escritos de Freud* ................... 60

\_\_\_\_\_. *Freud et le plaisir* .............................................. 60, 67, 70, 77, 285

Sobral, R. *A face noturna do pensamento freudiano* ....................................... 60

\_\_\_\_\_. "Uma visita à casa de Freud" ....................................................... 141

\_\_\_\_\_. "As Vidas de Freud" .................................................................. 141

Stein, C. *As Erínias de uma mãe* ....................................................... 229, 235, 236

\_\_\_\_\_. *Aussi, je vous aime bien* ........................................................... 235

\_\_\_\_\_. *L'enfant imaginaire* ..........86, 89, 94, 95, 96, 97, 110, 111, 112, 128, 134, 227, 232, 235

304

_____. *La mort d'Oedipe* .................................................................230, 231, 232, 235

_____. "Linguagem e inconsciente" ................................................................ 231

_____. *O psicanalista e seu ofício* ............................................................ 44, 230, 237

_____. "Réponse à J. Laplanche" ........................................................................120

Sulloway, F. *Freud, biologist of the mind* ................................................. 143

Susskind, P. *O perfume*.....................................................................................254

Tamburrino, G. *Escutando com imagens* ................................................. 186

Tanis, B. *Circuitos da solidão* ............................................................... 212

Ulhoa Cintra, E. / Figueiredo, L. C. *Melanie Klein, estilo e pensamento* ......................... 179

Violante, M. L. V. *A criança mal-amada* ................................................. 198

Wagner, C. M. *A transferência na clínica reichiana* ................................. 194

_____. *Freud: continuidade ou ruptura?* ...................................................260

Weissmann, L. *Famílias monoparentais* ................................................ 256

Wollheim, R. "O gabinete do Dr. Lacan".....................................................139-140

Yerushalmi, H. *O Moisés de Freud* ....................................................... 12, 44

# ÍNDICE REMISSIVO

## A

Ab'Saber, Tales, 213

Abigail, 26

Abner, 25, 27, 29, 32-34, 45

Abraham, Karl, 254-255

Abraham, Nicholas, 113, 210

Absalão, 26, 32, 34

Abud, Cristiane, 252-255

abuso sexual, 246-247

Alexander, Franz, 262

Amalequitas, 24-25

Ambiente, como elemento na constituição do sujeito, 198-199

Amnon, 26, 32, 34

amor, 174-175, 198, 214

Andrade, Oswald de, 207

Andreas-Salomé, Lou, 218

Andler, Charles, 22

Andersen, Hans C., 129

angústia: de Camille Claudel, 214; do professor, 203; frente ao estranho,103, 107; na cena primitiva, 106; narcísica, 214, 246; no Homem dos Ratos, 271-273; pela mastectomia, 205; pela semelhança, entre gêmeos, 211

Aníbal, 31, 46

anorexia, 247

Anzieu, Didier, 231, 254, 257

aparelho psíquico: análogo a um instrumento óptico, 53; controlando as excitações, 52

apoio (*Anlehnung*): e *a posteriori*, segundo C. Le Guen, 101-103, 170-173; e as necessidades de autoconservação, 170

Arantes, Paulo, 141

Arendt, Hannah, 250

Aristóteles: argumentação em, 277; substância e acidente em, 190; teoria do prazer em, 287; teoria do trágico em, 191; virtualidade e atualização em, 107

Arquimedes, 282

Arquivo Freud (Washington), 47

Ashkelon, 21, 29, 34, 49

Associação Internacional de História da Psicanálise, 44

Auerbach, Erich, 185

Aulagnier, Piera, 86, 198, 234

autoerotismo, 75

# B

Bacha, Marcia, 201

Balzac, Honoré de, 222

Barbero Fuks, Lucia, 241-248

Barcia Gomes, Purificacion, 193

Batsheva, 25, 32

bebê e mãe: segundo C. Le Guen, 106, 108-109, 123; segundo J. Laplanche, 117-119, 123

"Bebê Hércules", 71-72, 74

Beersheva, 29-30

Berlinck, Manoel, 45, 164-167

Berman, Marshall, 250

Berenstein, Isidoro, 257

Bernardi, Ricardo, 156-158

Bion, Wilfred, 55, 186, 202, 213, 259

bissexualidade, 220

Bnei Brit, Sociedade, 47-48

Bonaparte, Marie, 207

Bonneval, Colóquio de, 231

Borba Marquez, Ilcea, 211

Bourdieu, Alain, 245

Brecht, Bertolt, 217

Bretano, Franz, 22

Brun, Danièle, 37, 218-220

# C

cadeia simbólica, 110-111

Calderoni, David, 199

câncer, 205-206, 207

caráter, 207

Carone, Marilene, 136, 139, 141

castração, 32, 34, 116

catarse, 68, 191

Cesarino Costa, Camila, 173

Charcot, Jean Martin, 250

Chauí, Marilena, 227-228

Chnaiderman, Regina, 244

Christie, Agatha, 208

Chuí, 30

cena primitiva: segundo C. Le Guen, 106-107, 116; segundo C. Stein, 106

Catullo de Goldfarb, Delia, 203

Cervantes, Miguel de, 222

Cintra Bortoletto, Marisa, 195

Clínica Verbo, 195

Claudel, Camille, 214

Coelho Jr., Nelson, 197

complexo de castração: e fantasias incestuosas, 33-34; e onipotência, 111; segundo C. Le Guen, 108-109, 111; segundo C. Stein, 109-110; segundo Freud, 278 complexo de Édipo: 32-33, 45, 47; como construção na análise, 110; e vivência infantil, 95; na Teoria das Configurações Vinculares, 257; segundo C. Stein, 93-96, 110-112; segundo J. Laplanche, 122-123

*Confrontation*, 235

continência, 190

contra-transferência, 186

construção da história do paciente, 105-106

contradição: 102-103, 112; e originário, 116; na experiência emocional, 280

convênios psicológicos, 195

criança(s): abuso sexual da, 246-247; clínica com, 198-199; como substituto do pênis, 36

curiosidade sexual da, 269, 271-272, 277; desejos incestuosos na, 30, 34; e ambiente familiar, 198, 255; e fracasso escolar, 202; educação da, 200-203; olfato e analidade na, 253

# FIGURAS DA TEORIA PSICANALÍTICA

culpa, 89, 93, 192, 238
Cymrot, Paulina, 190

## D

Da Vinci, Leonardo, 280
Dan, 21, 29-31
David, 23-24, 27, 29-33, 38, 45
Dejours, Christian, 250-251, 254
Delouya, Daniel, 223-224
Departamento de Psicanálise do Instituto Sedes Sapientiae, 41, 189, 229, 241, 243-244
desamparo: do bebê, 71-72, 76, 117
desejo(s): 148; da mulher, 218; e sujeito, 95; edipianos, 34, 95; incestuosos, 30, 34, 93
desenvolvimento psíquico, 151
deslocamento, 97-98
Deutsch, Helen, 260
dialética: da psique humana, 99, 102, 169-171; do narrativo e do teórico, 279-282; e contradição, 102-103; presente no real e nos modelos conceptuais, 107, 112
diferença dos sexos, 109-110, 166, 220
Diatkine, René, 231
disfunções eréteis, 217
Drexler, Jorge, 259
Droguett, Juan Carlos, 224-225
Dupas, Margarida, 202
dupla negação, 99

## E

Édipo, 32
Édipo originário, 103-104
educação, 200
Egito, 26-27, 34
ego: "domesticando" a pulsão, 55, 57, 65; e inconsciente, 139; e narcisismo, 246; e princípio de realidade, 61
Eissler, Kurt, 259
Elias, Norbert, 250

Índice Remissivo

energia livre e ligada, 52, 61
entrevista inicial, 247
envelhecimento, 203-204
escolas de Psicanálise, 148, 156-158
escrita: arquitetura do texto na, 290-293; círculos concêntricos na, 288; fase da
   livre-associação na, 283-284; fase do diagrama em colunas, 289; gêneros da,
   266; meios de persuasão na, 275; modos da exposição na, 290-291; no romance policial, 290-291; público imaginário na, 276
Espinosa, 199
Ésquilo, 191
esquizofrenia, como matriz clínica de Bion, 155
estímulo: como agressão, 67, 70, 71-73, 74; como carícia, 74-75; do objeto-fonte, 119;
   necessidade de dominar o, 74; olfativo, 253; oral, 75 ss
*Etudes Freudiennes* (revista), 229, 235
Eurípides, 191
excitação: proveniente do "corpo estranho" interiorizado, 69; sexual, 67
Ey, Henri, 231


# F

famílias monoparentais, 256-259
fantasia(s): agressivas, 216; de castração, 34; de maternidade, 220; do Homem dos
   Ratos, 269, 271-272; do professor, 201, 203; e desejo, 65; e entrelaçamento
   com os conceitos metapsicólogicos, 55, 76-77, 79, 82; e interpretação, 79-80;
   e realidade histórica, 145; fundamental, na família, 258; incestuosas, 33-34,
   92-93; paranóides, 272; sexuais, 216 fantasias originárias, 116
Fédida, Pierre, 85-86, 166, 174, 195
feiticeiras: caça às, 63; como figuração da superposição entre teoria e fantasia,
   77-78; como formação de compromisso, 78; interesse de Freud por, 62-63;
   metapsicologia comparada à, 55, 57-58; no *Fausto* de Goethe, 59-60, sentido
   da imagem da, para Freud, 63; seus atos como sintomas histéricos, 63-64
Fellini, Federico, 222
feminilidade: 218-220, 234; e bissexualidade, 220; e câncer, 205; na escrita, 193;
   teoria freudiana da, 219-220
Fenichel, Otto, 262
fenícios, 27
Ferenczi, Sándor, 79, 97, 166, 186, 22, 261
Ferro, Antonino, 186


311

Fichtl, Paula, 207

Figueira, Sérvulo, 159-163

Figueiredo, Luiz Cláudio, 186

Filisteus: bíblicos, 21, 24, 27-28, 34, 39; modernos, 22-23

Filosofia e Psicanálise, 143, 146-147

Fliess, Wilhelm, 21, 25, 28, 38-39, 42, 206, 252

formação reativa, 33

fracasso escolar: 202, terapêutico, 208

Freud, Anna, 207, 260

Freud, Jakob, 33, 46

Freud, Martha, 23

Freud, Sigmund: ambigüidade dos modelos metapsicólogicos em, 114; angústia de castração de, 32-33; auto-análise de, 37, 43; caráter de, 207; como cientista, 137-138; como escritor, 53-55, 137, 267-268; como interlocutor do psicanalista, 85, 126, 189, 219-220, 243; como "objeto-fonte" para o psicanalista, 126; como objeto da transferência do analista, 233-234; complexo de Édipo, teoria do, 31-33, 37; conceito de caráter em, 208; conceito de sintoma em, 208; conceitos ligados à realidade em, 196-197; concepção da cultura em, 137-138; conferências na Sociedade Bnei Brit, 47-48; coordenadas essenciais na obra de, 153-154; criança como substituto do pênis, 36; curiosidade sexual infantil de, 36; e a Bíblia de Philippsohn, 26-27; e a afasia, 146; e a histeria, 146, 155; e a feminilidade, 219; e a literatura, 222; e a Psicanálise aplicada, 221; e a religião, 174-176, 224-225; e as dissidências na Psicanálise, 261; e Charcot, 250; e Dora, 266; e o parricídio, 33; e o "bebê Hércules", 71-73; e o Homem dos Ratos, 266 ss.; e o olfato, 253; e o rei David, 26, 28, 30 ss, 37-38, 42, 46, 88; e o Romantismo alemão, 60; e os filisteus bíblicos, 21; e os filisteus modernos, 22-23, 49; e seu pai, 31-33, 36, 38, 47, 62, 223; e sua babá, 37, 62; e sua mãe, 36; e suas pacientes, 35; e Wilhelm Reich, 260-261; fatores da elaboração teórica em, 87-88; imagem da terra em, 35, 36; imago materna, 36, 70; judaísmo de, 42-43, 45, 47-48, 223; matrizes clínicas de suas teorias, 155; o insuficiente em: segundo C. Le Guen, 124-125; segundo C. Stein, 124-125; segundo J. Laplanche, 124-125; segundo S. Figueira, 160; "recalcado teórico" em, 126; obedecendo ao superego, 30, 42; fatos da sua biografia relevantes para a invenção da Psicanálise, 43; sentido do seu nome, 35; sobre educação, 200-201; sonhos de: "*Goethe ataca M.*", 37; "*Mãe Querida*", 27, 30, 32, 34, 36, 45-46; teoria da identificação em, 37; teoria da sedução em, 12, 28, 31, 33, 35, 42, 46, 64, 121; teoria da sexualidade de, 145; teoria do narcisismo em,

Índice Remissivo

246; teoria dos sonhos de, 213; tradução brasileira de, 137, 139, 141; últimos dias de, 206-207

Friedländer, Kate, 254

Fuks, Mario, 242

futebol, narração radiofônica do, 270, 275

# G

Galeano, Eduardo, 259

Galende, Emiliano, 245

Galileu, 217

Gat, 22, 29, 34, 36, 49

Gay, Peter, 136-137, 260, 284

gêmeos, 211

Gigliotti, Fiori, 270

Goethe, 222, 282

Golias, 24

Guilhon de Albuquerque, José, 199

Granoff, Wladimir, 28, 189, 231

Grenouille, Jean, 254

Green, André, 86, 231, 280-281

Grinstein, Alexander, 27, 34, 45

Guilead, 25

# H

Hegel, Georg W. F., 100, 112

Heimann, Paula, 166, 186

Heine, Heinrich, 22

herança filogenética, 145

Hércules, 202

Hermes, 199-200

Heródoto, 26, 33

Herrmann, Fabio, 221

histeria, 28, 146, 155, 249, 252, 254, 271

Homem dos Ratos, 266 ss.

Horney, Karen, 260

*hybris*, 192

# FIGURAS DA TEORIA PSICANALÍTICA

## I

identificação: com a mãe, 246; com o não-mãe, 104; do aluno com o professor, 201; e reminiscências infantis, 38; entre gêmeos, 211

histérica, 37

identificações, vacilando durante a análise, 192

imagem: desenhada pela criança, 200; do corpo, 204, 206; na mente do analista, 185, 186-187

imaginário, 147, 167

imago materna, 36, 70, 92, 235, 238

imago paterna, 69

incesto: desejo de, 91-92; e onipotência, 91-92; horror ao, 92; impulsos incestuosos, 34, 36; na história de David, 34; inconsciente: acessível pelo sonho, 213; do adulto, segundo J. Laplanche, 118, 123; do educador, 201, 203; e herança filogenética, 145, 209; e herança transgeracional, 210; e ideologia, 162-163; em Freud, 138, 153; fantasma do, segundo C. Stein, 91, 94

*L'Inconscient* (revista), 235

infantil: atualizado no processo analítico, 95-96, 115; ligação do com as vivências do adulto, 97, 154, 169; no Homem dos Ratos, 269-272; reconstrução do, 105-106, 110, 268, 269-270

Ishbóshet, 25, 29, 32

inveja, 181

*International Psychoanalytic Association* (IPA), 160-161

interpretação: e as categorias metapsicológicas, 81; e reconstrução da história infantil, 105-106, 110; de sonhos, 213, 272; efeitos surpreendentes da, 105; motivos da eficácia da, segundo C. Stein, 89; na situação clínica, 80-81, 105; na prática kleiniana, 180

*insight*, 139, 141

## J

Jerusalém, 26, 29

Joab, 25-26

Jônatas, 23-24, 39

Jones, Ernest, 260-261, 284

Júlio César, 28

Jung, Carl, 261

Índice Remissivo

# K

Kant, Immanuel, 113, 277

Kojève, Alexandre, 100

Klein, Melanie: ampliando o escopo da Psicanálise, 259; "bom" objeto em, 149; biografia de, 260; como referência para o analista, 166, 244; complexo de castração em, 111; criticada por C. Le Guen, 99-101; e as perversões, 216; e o fracasso escolar, 202; nova edição brasileira de, 179-180; paradigma kleiniano, segundo R. Bernardi, 156-158; processo analítico segundo, 186; semelhança da sua concepção do complexo de castração com a de C. Stein, 111; suas matrizes clínicas na neurose obsessiva e na depressão, 155; teoria da fantasia em, 145

Kaës, René, 210, 257

Kanaan, Dany A., 222-223

Koestler, Arthur, 284

Kogut, Eliane C., 215

Kohut, Heinz, 162, 244

Kon Rosenfeld, Helena, 187

Kuhn, Thomas, 156

# L

Laio, 32

Lacan, Jacques: criticado por C. Le Guen, 99; e a cisão de 1953, 230-231; e a etologia, 147; e a Psicanálise *extramuros*, 231; e o *a posteriori*, 100; e o imaginário, 147-148; e o objeto "a", 149; e o retorno a Freud, 42-43, 83-84, 86, 128, 139-140, 178, 244; estilo de, 166, 173; estilo dos discípulos de, 174; influência sobre C. Le Guen, 100; influência sobre C. Stein, 96-97, 231; na América Latina, 244; no Brasil, 178; no colóquio de Bonneval, 231; papel do conceito de falta em, 101, 140; paradigma lacaniano, segundo R. Bernardi, 156; paranóia como matriz clínica de, 155

Lacoste, Patrick, 80-81

Lanzer, Ernst, 266 ss.

Laplanche, Jean: 28, 231, 279; acordos e desacordos de, com Le Guen, 125-126; e a elaboração dos conceitos em Freud, 87-89; e a especificidade da Psicanálise, 114; e a epistemologia da Psicanálise, 113-114; e a Psicanálise "extramuros", 221; e a situação analítica, 115, 121-122; e a teoria da sedução generalizada, 279; e o narcisismo primário, 75, 125; e o originário, 115, 117-118, 119-120,

122; e o problema do conflito, 123; teoria da pulsão de, 119; teoria do objeto-fonte de, 119-120; teoria dos significantes enigmáticos de, 118-119

Lasch, Christopher, 258

Lebovici, Serge, 231

Lebrun, Gérard, 68, 285-286

Leclaire, Serge, 158, 231

Le Guen, Claude: cena primitiva em, 106; concepção agonística da Psicanálise em, 101; diálogo com Freud em, 98; diálogo com a história da Psicanálise em, 101; e a epistemologia da Psicanálise, 107; Édipo originário em, 103; mecanismo de apoio / *a posteriori* em, 101-102

leitura psicanalítica de textos: camada fantasmática deles apreendida pela, 57; método da, 56, 63, 67, 76-77; risco de projeção na, 56

Leipzig, 23

Lino da Rocha, Ana Maria, 214

Lipovetsky, Gilles, 245

Lispector, Clarice, 223

livre-associação, 283

Luiz, Sílvio, 270

Lumière, Irmãos, 215

# M

Machado de Assis, 222

Magalhães, Cristina, 45

Mahony, Patrick, 267

Mannoni, Octave, 231

Marcuse, Herbert, 148

Martins, Soraya R., 249

Marx, Karl, 112, 169, 267

Marzagão, Lúcio, 206

matrizes clínicas das teorias analíticas, 155-156

Maugüé, Jean, 136, 141-142

McDougall, Joyce, 254

Medusa, 278

Meiches, Mauro P., 191

Menezes, Luiz Carlos, 188-190

Merleau-Ponty, Maurice, 176

Índice Remissivo

metáforas: em "Análise Terminável e Interminável", 57-58; em "Pulsões e Destinos de Pulsão", 65-67, 72-73; indicando a paisagem imaginária sob um texto, 57; na escrita da Psicanálise, 187; no trabalho do analista, 187-188; nos *Três Ensaios*, 76; o trágico como metáfora do analítico, 192

metapsicologia: caráter operativo das fórmulas da, 60; como especulação e teorização, 59; como "feiticeira", 55; como estruturando a interpretação, 80-81; como instrumento essencial no pensamento clínico, 80; como modo de exposição em Psicanálise, 79; da imagem, 185, 186-187; deduzida das constantes do processo analítico, 87; definição de, 51, 153; do sintoma, 208; figuras e conceitos na, 78, 185, 186-187; no pensamento de C. Le Guen, 98, 107; no trabalho clínico, 60, 246; sua relação com a fantasia, 59

Mihal, 27

*Mil e Uma Noites, As*, 193

Miquéias, 29

modelo: em C. Le Guen, 101-102; em J. Laplanche, 114; intersubjetivo, 186; metapsicológico, 51

Moisés, 27, 223

Monzani, L. R., 28, 144-147

morfismos em Psicanálise, 114

Morgenstern, Ada, 278-279

# N

narcisismo: afetado na potencialidade melancólica, 198; afetado pelo envelhecimento, 204; caráter especular do, 246; colapso do, 246; das pequenas diferenças, 157, 261; defensivo, 212; destrutivo, 180-181, 238, 246, 258; do paciente, segundo C. Stein, 89; do psicanalista, 134-135, 165, 189; e disfunções eréteis, 218; e idealizações, 181; e relações monoparentais, 246; e solidão, 212; e sublimação, 214; infantil, 198; nos gêmeos, 211; primário, 75, 147; secundário, 148

não-mãe, 103-104

negação: como fundamento da Psicanálise, segundo C. Le Guen, 104

neurose: como reação a fantasias inconscientes; de guerra, 259; estrutura da, 268, 270; fatores desencadeantes da, 144, 271; infantil, 271; obsessiva, 271, 273-274; origem da na dilapidação dos recursos psíquicos, 68

Natan, 26, 39

Natureza, 36-37

Nietzsche, Friedrich, 191

Neyraut, Michel, 231

# FIGURAS DA TEORIA PSICANALÍTICA

## O

objeto: da Psicanálise, 106, 115, 174; das ciências; e olfato, 253; e representação, 148-149; e significante enigmático, 119; em Filosofia, 148-149; fetiche, 217; fonte, 119; Freud como objeto-fonte para o psicanalista, 127; interno, 103-104, 119-120, 149; narcísico, 156, 192, 246; perdido, 156, 192

Ocariz, Maria Cristina, 208

Occam, navalha de, 210

ódio, 237-238

odores, história dos, 252

olfato, 252-255

Ogden, Thomas, 186

Oiapoque, 30

onipotência: do psicanalista, 135; e complexo de castração, 111; figuras da, 38; segundo C. Stein, 88-89, 91

originário: como transcendental, 113; segundo C. Le Guen, 106, 123; segundo C. Stein, 87, 106, 108, 116-117; segundo J. Laplanche, 115, 117-118, 120, 123

## P

Pacheco e Silva Filho, Antônio, 221

paixão amorosa, 214

paradigmas, 156-158, 259

pedofilia, 120, 216

*Percurso* (revista), 41, 48-49

Pereira França, Cassandra, 216-218

Pereira Leite, Eliana Borges, 185

perversão, 215-216

pesquisa: impasses na, 287-288; uso da empírica na Psicanálise, 217

Peter Pan, 209

Philippsohn, Bíblia de, 26-27, 45-46

Platão, 286

Poe, Edgard Allan, 212

Polanski, Roman, 222

Pontalis, Jean-Bertrand, 231

Portela, Eduardo, 190

potencialidade melancólica, 198

# Índice Remissivo

prazer: e sedução, 76; como redução da tensão, 61, 69, 74; momento inaugural do, no autoerotismo, 75; oral, 75; para os gregos, 285-286; preliminar, 284; princípio do, 68; sexual, 285-288; teoria freudiana do, 284 ss.

processo analítico: apoio e *a posteriori* no, 101 ss; interpretação e construção no, 110; inveja no, 181; momentos trágicos no, 191; segundo C. Le Guen, 101, 105; segundo C. Stein, 89-92, 94, 96; segundo J. Kristeva, 173; segundo J. Laplanche, 115; teoria do, 74, 154

processos primários: 55, 61; e cinema, 19; e processos secundários, 79; elaboração como passagem dos, aos secundários, 79; passagem dos aos conceitos, 78; presentes no pensamento abstrato, 56

processos secundários: 55, 61; como condição da abstração, 78; elaboração como passagem dos, aos primários, 79; fatores de fracasso do, 208; vínculo com os conceitos, 79

Psicanálise: "bom senso" psicanalítico, 233, 237; caráter científico da, 51-52, 99, 106, 143; como fruto da curiosidade sexual infantil de Freud, 36; condições sociais e culturais da, 159, 163-164, 172, 243, 245; criação de conceitos na, 09-10, 44-45, 219; e artes plásticas, 221; e cinema, 215, 221; e educação, 200-203; e escultura, 214; e Filosofia, 143, 146-148, 199; e judaísmo, 223-224; e literatura, 188, 193, 212, 222-223; e medicina, 218; e mudança psíquica, 208; e pesquisa empírica, 217; e política, 199; e Psicologia Médica, 206; e psicoterapia, 195-196; e religião, 174-176, 221, 223-225; epistemologia da, 107, 113-114, 152, 154-155, 183, 251; escrita da, 185, 186-187, 189, 219, 234, 265 ss., 276; especificidade da, 114, 149, 160, 232; experiência da, 176, 188, 219; formulação da interpretação na, 10, 46, 185; história da, 166, 172, 177-178, 181, 186, 213, 248, 252, 253, 255, 260; instituições psicanalíticas, 159; leituras filosóficas da, 143-144; modo de teorização na, 52-55, 76-77, 80-81, 127, 150, 183, 269 ss., 273-274; na Argentina, 242, 244, 256; na França, 83, 168-169, 173-174, 244; na Inglaterra, 177, 180; no Brasil, 157, 159, 177-178, 184, 189, 244; no Uruguai, 256; natureza da, 108, 114, 154, 172-173, 235, 248; objeto da, 106, 115, 148; pluralidade de tendências na, 152, 155, 159, 165; questões metodológicas na, 45, 279; resistência contra a, 234, 262; sua invenção ligada ao judaísmo de Freud, 42; sua relação com a auto-análise de Freud, 43; sua relação com a vida de Freud, 43, 48; sua relação com o modernismo vienense, 292; transmissão da, 233; unidade da, 150, 154, 157-158; vigor da, 184, 189

Psicanálise aplicada: a conceitos e teorias, 10, 48; à literatura, 188, 193, 212, 221; à ópera, 222; à religião, 174- 221; ao cinema, 215, 221; ao teatro, 222; às artes plásticas, 221; e ideologia, 138, 158, 162-163; método da, 55-57, 63, 221

FIGURAS DA TEORIA PSICANALÍTICA

psicanalista: condições de trabalho do, 134-135, 165; como objeto da transferência, 94, 161; como sujeito social, 159-161, 165; continência do, 190; diálogo do com Freud, 85-86, 127, 189, 219-220, 243; e a regressão, 97; efeitos da fala do, 89; escuta do, 166-167; formação do, 49, 235, 244, 247; formulação da interpretação pelo, 10-11, 105, 166, 185, 186-187; imagens na mente do, 11, 13, 185-186; isolamento do, 134-135; maturidade do, 208; motivação do, para escrever, 46-49; narcisismo do, 134-135, 165, 189; paixão pedagógica do, 238; recusas do, 119; resistência do, 234, 237; sensações corporais do, 187; seriedade excessiva do, 283; transferências do, 234, 236

psicologia do ego, 262

psicopatia, 215

psicoterapia, 194, 195-196, 260

psicopatologia psicanalítica, 154, 180, 196, 215, 217

psicose, 175, 181-182

pulsão: como oposta à sedução, 71; como estímulo interno e constante, 67; como "personagem" em "Pulsões e Destinos de Pulsão", 67-68; conceito de, 52; de saber, 202; de ver, 270; domesticada pelo ego, 55, 57, 65, 67; e prazer, 76; e sujeito, 71; em conflito com o ego, 61; objeto da, 145; olfativa, 254-255; segundo J. Laplanche, 119; seu paradigma no sadismo, 74

# R

Rank, Otto, 221 realidade: e originário, 147; como elemento da constituição do sujeito, 198; como ponto de apoio para a fantasia, 145; no trabalho analítico, 135, 196-197; princípio de e perversões, 216; psíquica, 197

regressão: e narcisismo, 88; na fundamentação do argumento, 276-278; na situação analítica, 88, 91

Rimbaud, Arthur, 211

Reik, Theodor, 97

Reich, Wilhelm, 194-195, 254, 160, 261-262

Relatório Moynihan, 258

resenhas, 133-134, 184

Rieff, Phillip, 136-137

Rocha Barros, Elias da, 179

Rodin, Auguste, 214

Rodrigué, Emílio, 260

Romeu e Julieta, 222

Rosenfeld, Eva, 34

Índice Remissivo

roteiro transferencial, 93, 116
Roudinesco, Elizabeth, 257, 260

# S

Samaria, 29
Samuel, 24, 32
Sartre, Jean Paul, 212
Saul, 23-24, 28-29, 32, 39, 45
Schneider, Monique, 12, 37, 61, 67, 69-71, 285, 289, 194
Scheherazade, 193
Schur, Max, 207
sedução: como estímulo excessivo, 69; como núcleo do "corpo estranho", 69; como
    organizador da vida psíquica, 122; do enigma, 119; e feiticeiras, 64; e transfe-
    rência, 91; excluída das fantasias originárias, 116; infantil, 119; ligada a uma
    figura nebulosa de mãe, 69 ss; na situação analítica, 90, 121; no processo
    educativo, 201; oposta à pulsão, 71-73; originária, 115, 120; precoce, 119;
    segundo C. Stein, 90, 116-117; segundo J. Laplanche, 113, 115, 119, 121, 279;
    temática da, em Freud, 28, 30-31, 33, 35, 42, 46, 64
Shakespeare, William, 222
Sherlock Holmes, 210, 222
significantes enigmáticos, 118-119
simbolização, 120, 122, 175, 202
Simon, Riad, 196
sintoma: em Freud, 208; em Lacan, 208
Sísifo, 202
situação analítica: como "cuba", segundo J. Laplanche, 115, 121; como "originá-
    rio real", segundo C. Stein, 106; como ponto de partida da teoria, 87, 116,
    127-128, 189; como reveladora das condições de existência do homem, 94;
    elaboração na, 122; realidade psíquica na, 197; sedução na, 90, 116-117, 122
Slavutzky, Abrão, 283
sobredeterminação, 165
Sófocles, 191
solidão, 212
sonhos: 213, 272; de Freud: ver em Freud. *"Homem perseguindo outro com um machado"*,
    34; na prática clínica, 213
Souza, Paulo César, 136, 140
sublimação, 208, 214

FIGURAS DA TEORIA PSICANALÍTICA

sujeito: contemporâneo, 245-246; contradição no, 104; e a lei, 166; e o outro humano, 148; identificação do com o não-mãe, 104; na Teoria das Configurações
Vinculares, 257; segundo C. Stein, 95; singularidade do, 273-274

superego, 30, 42, 246, 288

supervisão, 183

Stein, Conrad: autoanálise de, 87, 232-233; carreira psicanalítica de, 230-232; "crise" de, 232; cena primitiva em, 107; como modelo identificatório, 43-44; e a
identificação histérica, 46; e a paixão pedagógica do analista, 288; e a sedução,
90, 234; e a situação analítica, 87, 232-233; e a teorização em Psicanálise, 238;
e a transferência, 89-90, 234; e o complexo de Édipo, 93-95; e o sujeito, 95;
encontro com, 227-229; estatuto do originário em, 108; paradigmas do real
em, 110; relação de com Lacan, 96-97, 231; virtualidade e atualização em,
107; seu estudo da *Interpretação dos Sonhos*, 44-45, 232, 234, 236

Strachey, James, 12, 21, 42

# T

Tamar, 32, 34

Tanis, Bernardo, 212

Teixeira, Chico, 211

Tenório da Motta, Leda, 173

Teoria das Configurações Vinculares, 256-259

Teoria dos Campos, 205

Torok, Maria, 210

transferência: "em oco", 122; e o feminino, 220; idealização, 161; e sedução, 90; na
prática kleiniana, 180; na situação analítica, 175; análoga a um transcendental,
113; na vegetoterapia carátero-analítica, 194; no "método" de Scheherazade,
193; segundo C. Stein, 89-90, 94

trauma: e perversão, 217; e subjetividade, 244; na mastectomia, 205; no ambiente
familiar, 200; trabalho, clínica do, 249-251

# U

Urias, 25, 32

# V

Vaerhaeghe, Paul, 245
Viderman, Serge, 86
vegetoterapia carátero-analítica, 194-195
Viena no início do século XX, 292
Violante, Maria Lucia, 198
*Virgem dos Rochedos* (quadro), 280
voyeurismo, 217

# W

Wagner, Claudio Mello, 194, 260
Watson, Dr., 142
Weissmann, Lisette, 256-259
Winnicott, Donald, 162, 213, 244
Wollheim, Richard, 136, 139-140

# Z

Zecchin, Rubia Mara, 206
Zygouris, Radmila, 210

Impresso por :

gráfica e editora

Tel.:11 2769-9056